叢書・ウニベルシタス　708

ネオ唯物論

フランソワ・ダゴニェ
大小田重夫 訳

法政大学出版局

ネオ唯物論　目次

凡例

一　本書は、François, Dagognet, *Rematérialiser*, Librairie Philosophique J. Vrin, Paris, 1985 の全訳である。

二　原書本文は章見出しのみの記載であるが、目次に記載されている見出しに即して節見出しを設けた。原書本文の一行アキや節見出し該当以外のアステリスクが付いた箇所は、一行アキとした。

三　原書で脚注になっている原注は序論および各章ごとに（1）、（2）で、また訳注も同じく序論および各章ごとに＊1、＊2で示し、巻末に一括して挙げてある。

四　（　）は、原文の挿入箇所であり、〔　〕はフランス語を含めすべて訳者の補足・説明である。なお、原文のラテン語は訳文をカタカナ表記とした。

序論

物質の問題、すなわち唯物論、さらには「脱物質化」の問題は、多くの理由でわれわれを捉えたままである。これはすでに哲学の主要な問題の一つと見なされている。

非我は、自我以上にわれわれを虜にするかもしれない。実際、われわれが自己認識できること、そして自分自身のうちに侵入できることは、そう意外ではないはずである。——実は自己認識は不可能であり、それを可能だと信じることで、大きな被害を被ることなく、錯覚による一種の思弁的な満足感を得ているにすぎないとしても、である。主体は自己を喪失し、結果的に自分自身を解明できず、本来的な主観性は、いわば主体自身から逃げ去ってしまうものかもしれない。しかし、われわれは自分自身と「合致し」、「私は何者であるか」という問いに答えうるのだと信じられる心地よさを、手放さないようにしよう。

自我と反対に物質は、われわれの前に横たわっているにもかかわらず、われわれに即座に挑戦してくる。意識という牢獄から脱け出て、物質を探索し、占領し、支配することなどできるのだろうか。物質を探索するために、自分自身から出ていくことが可能なのか。本当にこの想像を絶する旅を望むことができるのか。どんな船に乗って旅するのか。したがって、問題は、知性はどのようにして、自分の持つ手段と策略を用い、自分自身による支配から逃れ、はるか彼方の星と同じくらい未知なる世界に入っていくことができるか、ということである。もっとも、遠い星々のほうが、（おそらく自身のことよりもよく）わかるのだが。この種の国外追放は、何を明らかにするだろうか。

哲学者は、しばしば自分たちの仕事をしやすくした。いわば自我によって住まわれ、用途が意味を与える日常的な対象の中に、閉じこもったのである。だから当惑させられることがなかった。彼らは、甘い間接的なナルシシズムのうちに気楽に身を落ち着けていた。日常の対象とは、一片の蜜蠟や粘土、黒板、ただのテーブルや椅子、水に溶ける砂糖であり、講堂を飾る彫像、壁に掛けた鏡など、要するに日常的な装飾品であった。しかし、言及されたこうした対象や資材は、一つの使用法のうちに具体化されているので、この使用法により完全に定義されてしまう。その結果、こうした対象を構成している資材は、目的によって吸収され消滅する。日常品とはそもそも、自我によって入念に加工されたものであり、自我に捧げられた「非我」である。だから意識は、日常品を目にするあらゆるところで自分と出会うことになり、意識の光が照らす領域の外部は無視できる。哲学者は、はじめから状況を少し隠しているのである。すでに理念が特権化され、それだけを考慮すればよいと考えているのだろう。

だからこそ、伝統のこの枠組みを乗り越え、より現代的で革新的な事物、たとえば、しなやかでありながらも堅固であり、抗体でありながら展性を持ち、極度に軽く薄いが、絶縁体で強靱でもあるといった矛盾を抱える物体（厚みがないのに、鋼鉄の棒より堅固で裂くことができない物体）について考えねばならない。つまりわれわれは、月並みな現象主義（フェノメニズム）、講義室の中や教材に限定された現象主義が展示する結果や性質を越えるような「基盤」を発見したいと願っている。このような現象主義のせいで、基体は貧しさ、不活性、無意味といった性質に限定されすぎている。諸々の道具や複雑な製品が取り除かれた（チョークのかけらと黒板消しだけが存続する）「場」、すなわち言葉が支配する半ば砂漠のような、物体が何も存在しない場所において語らねばならないからといって、非物質主義とそれに随伴するすべてを支持する必要はない。たとえ思想家が、観念を指示することに固執しようと、「諸々の物質」が世界を支配するようになれば、そうはいかないのだ。しかし、表現に含みを持たせよう。われわれは、「生産力」が後を引き継いだと考えてはいない。おそらく重要なものは、潜在的技術力から、すなわち、諸々の偉業（諸々の結晶、金属、分子）を可能にする器具や道具の製造に成功する研究者の創意工夫から、生じるのだろう。したがって知性はたしかに勝利するのだが、それは知性が効力のある新たな素材を手にした時である（また知性が新たな素材を入手できるのは、ある構造の複雑さによってではなく、その構造の欠陥によってである。こうしたことが、優秀さを競う際の独創性を構成するのである）。

われわれは、新たな自然となる驚くべき「人工物」に占拠され始めている。こうした最近の物体は、有機物に属すると同時にいわゆる鉱物界に属する。かなり古くから物体を区分けしていた、形而上学的かつ物理学的な古い分類はもはや通用しなくなる。化学には長い間、区分けがあった。ラヴォアジエ[*1]の化学でさえ、そうだった。つまり、生命の産物とそれに隣接するすべては区分けされてきた。ところが現在、この区分けはもはや維持されえない。一つの学問がそれらすべてを包括せねばならない。その学問とは、化学−物理、あるいは諸々の素材の、さらには生命−素材の科学である。現在の学術都市は、再編を経験している。そこでは境界が壊され、新たな学部が創設されている。さしあたっては、科学の諸学科の構成に関する認識論、それらの信頼性を共有する機関や運営委員会の構成に関する認識論が確立されることを願おう。これによって、新たな方向性と発展途上にある学際的な学科とが明らかになるだろう。後に言及せねばならないもう一つの特筆すべき性質がある。工業は科学から分離できないので、私は工業についても言及するつもりである。いまや工業生産は、製造品の属性を決定しようとする（創造〔デミウルジー〕）。かつて工場は、材料として受け入れたものを扱い、しばしばその形式を変えようと努めていた。今日では、材料として受け入れるものよりも、工場において属性を決定されたものがより多く使用される（たとえば、半導体、新合金、焼結製品、重合体〔ポリマー〕）。古いものをただ変容するだけではなく、未知の物質を創造するという、こうした完全な転回の例を、いくつか提示しよう。こうしてわれわれは、「諸々の繊維」を手に入れるが、次にそれらを組み合わせたり、編むことが重要となる。

しかし、いわゆる物質とはエネルギーが凝固したものと定義されうるから、エネルギー処理して、組成の配置を変えたり、秩序ある組成を少し混乱させることも可能で、これは驚くべきことではない。同素性の多様体として知られているものには、不可思議な謎があるわけではない。ただある金属は、温度の変化に応じて、ある所与のシステムの中で、すなわちそのシステムが骨組みを提供する、あるタイプの格子〔レゾー〕の中で結晶化する。同時にこの金属は、この配置と結びついた特性を持つ。鋳鍛〔ちゅうたん〕が思い出されるかもしれないが、突然冷却すると、通常の状態では存在しないが高温でのみ存在する相が安定する。つまり力と構造を捕捉するのである。さらにはより巧みに、操作の速度を変化させることで、望まれる、すなわち追求される特性に、一定の組成を与える。われわれがこうした操作を管理する。つまり人間は、自然が製造できなかった総体（アンサンブル）を創造するのである。われわれは、こうした成功のいくつかを、すなわち結果として創造された物質の成功、所与のものを操作できたがゆえに、それを変革し超出した成功例のいくつかを示す。

過去にわれわれは、すでにこの問いに専念していた。だから、この問いに遭遇するのは初めてではない。すべての物質の中で最も驚異的な「医療素材」、医療用物質、薬物の成分を詳述しようとしたのである。これらが驚異的なのは、苦しむ人間の苦痛を緩和するからである。つまり、人間を侵すのである。こうした物質は、物理的なものと生物学的なもの、さらには大脳に関わるものとの接合点に位置する。精神薬理学、つまり「精神」を変容させ、揺さぶる薬剤に、とくに配慮せねばならない。麻酔は、発明されると同時に人々を驚かせた。突然人の意識を失わせるのに、生命は傷つけないからである。必要に応じて、随意に意識を回復させたり低下させる。――危害を加えることのない、巧みに調整された諸相を伴う、瞬間的で可逆的な首切り、見かけ上の一種の死。クロード・ベルナール[*2]は、一八五七年の彼の名著『毒性および薬物に関する講義』に見られるように、これを援用して生理学的な知識に変換した（適切な道具と資材を持たない科学実験など存在しないのだ。実のところ、化学によるメスは最も決定的なものであるように思われる）。クラーレ[*3]は麻酔と同じ系列に属し、（とくに胃腸病学において、腹部を切開し、胃腸の膜を破るような手技を行う場合はつねに）細胞壁の硬直から起きる「筋肉の緊張」というもう一つの防衛メカニズムを襲う。こうして（苦痛と筋肉の拘縮という）二つの防御壁を、低くしたり取り除くことができるようになり、生命という聖域への侵入が、突如として容易になった。精神分析学が、患者の「抵抗」を回避しようとするのと同様に、薬理学は、苦痛と筋収縮を取り除くことができる。つまりわれわれは、生命体の内部に侵入し、機能的な区画（ブロック）までも分割する。この区画とは、とくに大脳に存在するのだが、それは「全体論」によって特徴づけられる。われわれは、動物を眠らせながら、「夢見る」ことを妨げることができたり、あるいは患者を半睡眠状態にしながら、発話や反応を滑らかにすることもできる（警戒心の緩みと半睡眠状態での会話がもたらされる）。これは、自白を引き出すことを可能にし、政治－警察的な利用を思いつかせる。あるいはさらに、意識は変質させずに、精神病患者の苦痛を取ることができ、社会的な「相互作用」を損なわずに暴力を防ぐ。つまり精神薬理学は、巧妙な分割を可能にする。このような薬物は、心的なものに差し向けられるだけではなく、一定の領域やある特定の能力を高揚させ、それらと不可分だと思われていた別の領域の能力を阻止することで、心的なものを分解する――たとえば夢と睡眠である――。一方だけが可能になり、もう一方はできなくさせる。交感神経系の接続と伝達を決定する「化学伝達物質」を破壊するものによって、幸運にもついに諸々の分離が可能となったのだ。

かつて人々は、ある技術に関心を寄せていたが、その技術は構成途上の一種のメタ化学の領域で十八世紀に開花したものであった。混合、凝集、熟成、蒸留、純化という多様な操作を行う陶芸家、ガラス工、染色工、冶金工の技術である。これらの人々は、操作を行う際、水銀の流動性、鉛の柔性、銅の靭性、金の延性、アンチモンの脆さなど諸々の物質の多様性を考慮する。彼らは、可能な元素結合の多様性だけではなく、それらの元素構造にも通じていた。ラヴォアジエの活躍する前の時代には、（森林をすぐに消費しつくしてしまうので）木の消費を抑え、さらに鍛冶と精錬術を改良する必要があった。どのようにして鋼鉄や鋳鉄よりも錬鉄の製造量を少なく抑えるかが問題だった。大砲（戦争）と機械（産業機械）が、製鉄業に依存することはわかりきっていたので、ヨーロッパ全体において、鉄のさまざまな様態とともに、火を用いた技術にも情熱が注がれたのである。[*4]

本書の指摘を明確にするために、われわれは二元論に対置する立場に立ってみた。二元論は、心的なものと身体的なもの、あるいは知性と脳をあまりに遠く隔ててしまう。そこでわれわれは、身体に刻まれた起伏や皺、つまり目に見えるもののうちに一種の人類学的な証言、諸々の沈殿を識別していた人相学の古くからの傾向と手を結ぶまでに至った。われわれは、自分の身体とともに、すなわち自分の身体を通して、活動し思考する。つまり身体は、もし実際にその内部に少なくともわれわれの個別性の根源部分を保持しているのなら、正当に評価されねばならない。

生命力は実際のところ物質と非物質、あるいはむしろメタ物質との無比の媒介物を構成しているのだから、われわれが生命力に重要性を認めるのは、以上のことを想起すれば十分に明らかである。生命体について実験することもできる。それに加えて、われわれが信じているように、生命力は基体を複雑にし、その結果、あらゆる潜在性を明らかにする。われわれの主張の正しさは、生命力をどのように理解するか次第であることを認めよう。

すべては生命力とともに、生命力について、生命力から出発して決定される。以下の二つの可能性がある。生命とは、自らの装備をはみ出し越え出るものである。ある生の哲学が信じるように、この装備とは、生命にとって超出の唯心論の玄関口である。それゆえこの場合、身体は、制限あるいは船の底荷の役割を果たす。もう一つの可能性としては、本書で考えているように、生命はただ身体を完成するだけのものである。ここからネオ唯物論が生まれる。この場合には、生命は新しい王国を設立すること、すなわち一種の理論的な国家をより広大な国家の内部に設立することには、役立たないだろう。最も特徴的で捉えにくい活動——生命を特権化するアリストテレス以来、純然たる生気論者にとって大切な運動[*5]——は、それらの活動の障害と同様に、それらを可能にし説明しさえする生化学の回路の内部で理解され、そこに再び位置づけられた。ATPを供給する、その微細なメカニズムが明らかとなっている呼吸に関しても同様である。生化学のおかげで、空気や寒気という非常に基本的な生理学者の概念を使用する必要性はなくなった。呼吸は、その結果として何よりもまず水を作り、残った水素を排出する。これは、驚嘆すべきだが正しい定式である。要するに、生化学の回路やタンパク質の構造が実際に未知のものだった時には、生を空虚の中に置き、物神化せねばならなかったが、現在、この（構造と機能との）ずれは、もはや維持されえないだろう。こうした交換と反応が呼吸という現象をもたらすのだから、われわれが物質から過剰に奪い取ってしまっていたもの、すなわちその豊かさと複雑さを物質に返さねばならない、ということも結論として導き出される。

本書では、最も示唆的で模範となる物質として、生物学的なものと化学的なものとの交差点、さらには生物学的なものと工業的なものとの交差点（バイオテクノロジー）にある物質として、小繊維に一つの章を当てるが、それは意外ではないだろう。小繊維から、まずは自然繊維、次いで人工繊維（第3

章）が生じる。同様の理由から、われわれの時代のパラダイムであり、無限の相と特性を持つ鉄についても詳述する。鉄はこれまでも変容され複雑にされてきたが、今後いっそう豊かなものになるだろう（第4章、鉄、コンポーザン[*8]、コンポジット[*9]）。説得力を持つものとして本書で取り上げるこれらの要素を通して、物質は自己を展開し、自らの存在を示し続ける。物質は汲みつくしえない内容のようなものと解釈されるのである。はじめの二つの章についてだが、第1章は過度の脱物質化による諸々の弊害、この脱物質化が引き起こす、観念論的な着想によって構想された教育法の弊害を扱う。これに対して、第2章では芸術を、絵の具（あるいは音）、色素、諸々の配置、さらには新しい装置を適切に賞賛したものとして定義する。芸術家のおかげで、違った視点でものごとを眺め、自ら以外を目的としない他の「アサンブラージュ」や混合（メランジュ）（これらはわれわれを、順応的態度と情報操作からも解放する）を提案するよう促されるという意味で、芸術はたしかに形式主義的なものと見なされうる。しかし本書では、芸術をとくに物質的かつ物理的なものと見なす。諸々の展開や操作が、大部分において、構成要素、表面、道具に依存するからである。芸術が影として科学につき従わないことなどあるだろうか。芸術は科学を取り入れる。芸術が自らの方法で科学を具体化し、援用することは、歴史が証言する。だからわれわれは、これらの恒常的で実り多い交換を過小評価することも、忘れ去ることもできないだろう。ただ次のことを想起しておこう。(a)色彩の化学者シュヴルール[*10]は、絵画を間接的に変革した（印象派は、その魔法の大部分を彼に負う。印象派は鮮明にされた色合いという歌曲を習得するが、これらの色合いは無味乾燥な自然の色彩を凌駕する）。また、(b)同様に、未来派[*11]の映画および彫刻においては、分解され復元された運動を研究した生理学者マレー[*12]の存在を無視できないだろう。

新たな物質は、新たな定義と形而上学の根本的な再編を要求する。本書の立論の目的と意義は、ここから生じる。伝統的哲学に逆行するのである。伝統的哲学は、「即自」から諸性質を剝ぎ取ることから始め、さらに悪いことに、物質がどんな方向にも折り曲げられ、たわむことを理由に、物質をよりいっそうつまらないものとして、とりわけ不活性、単調さ、伸長の可能性、脆さを纏わせるからである。必要とあらば、泥状で、粘着性があり、染みが付着したら落とせないなど汚れやすいという、明らかに敵対的な諸特性を強調するのである。

かつて「非‐我」は、不可解な領域と定義されていた。非‐我を説明したり探究することができないので、われわれは非‐我を警戒しながらも、それに触れないようにしていた。この「即自」は消滅するか、あるいはしばしば誤った策略によって自我から引き出されたものである――よりよい自己実現のために、自我は非‐我を受け入れていたのである。支点も抵抗も踏み台もなければ、努力は成就することもなく、自我の展開を望むこともできないからである。

できるなら本書では、こうした哲学からはあえて距離をとりたい。なぜなら新素材は、多様性と多様な使用法によって、注意を引くからである。たとえば新素材は、人々が強調してきた制御不可能な抵抗とは対照的に、選択的な〔熱と電気の〕伝導性と透過性を促進する。物質には古くから不活性という性質が付与されていたが、新素材は不活性どころか、感受性すら備えている。さらに、保存も可能で、同時に受動的なあるいは瞬間的な反復を行わない。ごくわずかな変化や衝撃に結びつけられた可変性、ここから（少なくとも二項の）差異の働きのみから生まれる情報との関係性が出てくる。この可変性は、保持する可能性（鉄のヒステリシス）[*13]と同様に、基体に対する非難めいた観念を完全に変えてしまう。基体はもはや、盲目の運搬人として機能するだけではない。精神的な生の本領は、この上昇を可能にしていた当の物質性（マテリアリテ）を昇級させることのうちにあった（相互的な発生）。

そういうわけで、以上のようなことを指摘するだけでも、「物質化するもの（マテリアリザトゥール）」という呼称を要求するのに十分であったが、さらにこの用語に適したものを挙げて、次の二つの教訓を忘れないという条件も加えておこう。(a)まずテクノロジーの歴史は、物質化するものという、精神的な生のこの複製を広めることから生じる。これが複製であるのは、精神的な生の写しとして文化的、科学的発展を可能にするからである。したがって物質は、物質を発展させるわれわれ自身の能力の成果となる。(b)物質それ自体は、この富化を潜在的に担う一つの星雲として理解されねばならない。つまり物質は、その内部に一つの構造と階層化さえも含むので、一つの無秩序やさまざまなものの混交と混同しないでおこう。物質は、場合によりいくつかの層へと配分されるが、ここから、これらの層を相互に結びつけるのはもちろんのこと、それらの数多いすべての組み合わせを生み出す、多くの可能性が引き出されうる。水滴の一つ一つが、それだけで大洋に似ているように、物質の各々の断片は、宇宙を含んでいる。秩序は諸事物の基層をも支配する。科学技術の専門家は、この秩序から着想を得、スペクトルを拡大する。まず潜在的なものを顕在化するのである。

自然に関する哲学は、実際にはこの方向には進まなかった。なるほどこうした哲学は、「外在性」に

（磁気的、電気的、光学上の）諸々の力とストレンジネス（エトランジュテ）〔奇妙さ〕さえも付与することで、自然の事物を称揚していた。だがこうしたことを承認するのは、精神的なものあるいは心的なものの世界、つまり感応力、伝播、照応の世界を拡大するためであった。錬金術も同じ霊感に依拠していた。精神は、はるかに離れた物体の内部さえも支配するだろう。しかしわれわれは、反対のことを望んでいる。つまり物質をアニミズムに帰着させるのではなく、（鉄の磁化のような）この隠れたアニミズムを「即自」とその組成のうちに住まわせねばならない。この組成は、諸々の構造を可能にし、それゆえ「外在性」に付与されていた多様な特性の土台をその内部に担うことができるからである。ここから出発してすぐに、より高性能な「コンポーザン」を開発することができるだろう。

　本書の企図が誤解される危険性があるかもしれない。すなわち、物質を称揚することは、観念の価値を低下させることになると思われるかもしれない。しかしいわゆる物質性の評価を拡大することは、観念の力を過小評価することではない。本書の意図はまったく反対である。実在が複雑であることが明らかになるにつれ、心的なものは実在的であるように見えてくるのである。つまりこの研究は、還元主義的なドグマを支持するのではなく、オペレーター、いわゆる基体の軽視に反対してなされる。われわれは、過度に二元論的な理論に反対し、それに反論を試みるのである。

　基体は研究され、称揚されねばならない。精神は、基体を排除したり無視するのではなく、賛美すべきである。生命は、基体をよりよく完遂するためにのみ誕生する——生命は「物質」が雲散霧消してしまうことを防ぎ——、同様に意識は、生命を延長し救済する。安定させ、保存し、集中させる。われわれ人間はこのことを目指して技術を洗練させているのである。

しかし、こうした壮大な描写はここまでにしよう。われわれの起源を無視することなく、われわれがよって立っているおぼろげな地盤をよく見てみよう。だから科学技術の専門家や芸術家とともに、われわれに先行している、この「われわれ自身の目の前のもの」に掛けられた覆いを取り去りたいと思う。これは、われわれから実際に切り離すことができず、両者は相互に決定しあっているのだから、それだけにいっそう、これを覆い隠してはならないのだ。

第1章

認識論と教育学における傾向

UN GLISSEMENT ÉPISTÉMOLOGICO-PÉDAGOGIQUE

拒　絶

物質を拒絶すること——一般的な脱物質化——は、多くの原因によって生じた。われわれは、これらの原因のうちのいくつかだけを分析したい。

哲学、あるいは少なくともある種の哲学は、脱物質化へと行き着くが、現代芸術の大部分、社会生活、学校教育、文化も同様の道をたどる。だからわれわれは、論告から始めるのである。われわれをうかがい、すでに包み込んでいる統合失調症的な不安を突き止め、その悪影響を告発するために。形而上学は、文学と同様に明らかに「主観性」を特権化する。これに異議を唱えるのは困難だろう。実は思考の歴史とは、二つの傾向——物質的なものと精神的なもの——の絶えざる抗争の歴史のようである。しかしこの抗争は、プラトン[*1]がデモクリトス[*2]を拒絶するという意味において精神的なものがつねに勝利する。デモクリトスは、最初の原子論的物理機械論者であり、自律した要素の形状と位置しか考慮しない。キケロ[*3]は、すぐさまルクレティウス[*4]を追放し、その後デカルト[*5]は、ガッサンディ[*6]を凌駕し、ベルクソン[*7]は大脳局在論と同様に実証主義の支持者たちを排除する。後に検討するデカルトの形而上学は、「内容」と完全に価値を剝ぎ取られた感覚的なものに依存するすべてを排除する。主体であるコギトは、真なるものの優位を保証し、それ自体のみで真なるものを基礎づける。コギトは、それ自体のうちに神を発見せねばならないのだ。世界の基礎や諸原則は、もはや神に属するのではなく、われわれ自身のうちに、知性の襞のうちに見出される。

文学のテクストは、ほとんど実在に注目せず、反対に個人的な印象、感情、相互主観性を全面的に受け入れる。まるで人間だけが豊かさと複雑さを保持しているかのようである。木、パンあるいは葡萄酒のような「物」について、長々と論じる者がいるだろうか。たとえ論じたところで、最も一般的なものしか想起させないのだから。こうした物は、せいぜい装飾の部分や社会関係を表現する題材として価値を持つだけである。たしかに、いくつかの例外を指摘できる。たとえば、フランスの現代詩人の一人フランシス・ポンジュ[*8]は、『物の味方』(一九四二年)を出版した。そこで彼は、砂利、蠟燭、オレンジ、苔を舞台に載せる。彼はまた、「石鹼」ただそれだけを扱うことに一つの作品を捧げた(一九六七年)。つまり、この「魔法の石」と「睡蓮」について長々と考慮したのだった。しかし、この一例だけではどうしようもない。あとのすべては、慣れ親しんだ事物を忘却し、拒絶し、侮蔑するようにわれわれを仕向ける。

少なくとも視覚芸術は、われわれを窮地から救い出し、世界の肉とその穀物と繊維を、少しは取り戻させると期待できた。しかし視覚芸術ですら、それらを即座に遠くへ追いやり、たちまち蒸発させてしまうだろう。抽象絵画は、まさに形象化不可能なもの、あるいは知覚不可能なものを表現することに打ち込む。カンディンスキー[*9]の絵画によってわれわれは、物質を雲散霧消させ消滅させる道へと入り込む。後述するが、本書ではカンディンスキー自身についてではなく、空虚によって不意に捉えられた現代芸術を貫く運動の代表者として、彼について検討するつもりである。

カンディンスキーによれば、精神芸術は、三つあるいは四つの時代を経てきた。前衛主義は、この時代区分、この秩序を持った規則的な継起によって支えられ、これを延長し、その最終期に含まれることで満足するだろう。流れに逆らって歩むことなど、現実には可能だろうか。歴史、すなわち進行する弁証法は、純粋に形式的なもののうちでの飛躍を正当化するだろう。最初は素朴に、自然が描かれた——バイソン(野牛)、武器、女性といったものである。当然「対象」を固定しようと願うだろう。複写は、喪失や不在を補うために必要とされたようである。ここから、葬儀における肖像画や自分を称えるための肖像画が登場する。肖像画は、想起あるいは不完全な現前の機能を担う。おそらく後にさまざまな複写法が、さらには写真術が、この役割を引き受けたので、芸術はいまや——第二の必然的時代には——、見る者の印象だけを表現する役割を引き受ける。こうして印象を生み出す事物が軽視され始める。噴霧と埃を舞い上げたようなぼかしの支配が始まる。すでにわれわれは主観化の道を歩み始め、原因を包み込んではいるが消去してもいる視覚的効果だけを表現するようになった。しかしもう一歩進もう。諸々の色彩や虹色を通して、まだ存在が透けて見えていた対象が、引き裂かれ認識不可能となり完全に消滅する。人々は、亡霊のような対象の名残を破壊し、最後の煙を追い払おうとした(キュビスム)。[*10] これで終わりではない、曲がり角——抽象化と空虚なカンバス——にまで到達せねばならない。いまだなお対象を前提とする主題の解体ではなく、もはや「白い地の上にある白い四角形」のような主題の不在である。以後は、完全な簡潔さへと、すなわちわれわれを疎外し抑制していた具象主義の習慣に背を向け、純粋な線へと到達せねばならない。ついに古くからの服従が終わるのだ。

これまでたどってきたこの歴史において、すべてが偽りと見なされるべきではない。しかし後に見るように、この歴史は、不在の闇夜へ、つまり外的対象の排除へと到達するために、いささか歪曲されていると見なされねばならない。

二元論

実際に芸術の哲学も、この極限へとたどり着いた。

まずカント[*11]である。自由な美と付随的な美[*12]という有名で古典的な区別は、すでに周知のものである。第一の美の特徴は、これが何も意味しないということである。ギリシャ風の描線、額縁の葉形装飾などのように、無動機であることがまず挙げられる。さらに、簡潔さである。カントは、描線の単純さを変質させてしまうような色の重ね塗り、複雑さ、装飾ないしは装いに対して批判的である。たとえば彫像の美が、熱狂的な芸術愛好家やうっとりとそれに見とれる人のうちに完全に内面化されたという意味において、カント主義全体は、ここにおいてもコペルニクス的転回を成功させねばならなかった。必然性が実在のうちにあるわけではなく、善良さがただ一つの振る舞いや寛大な行為のうちに存在するわけではないのと同様に、調和とそこから生じる賛美は、われわれの内部においてしか、またわれわれによってしかほとばしり出ることはないものである。したがって、渦巻き装飾、絡み合った描線、テーマを持たない幻想的な作品といった、展示され描かれた形状は、いささか空虚な中身をさらけ出す。

カントの分析をここでは過度に一般化し単純化しすぎているかもしれないが、それでもその細部においては、カントにこの種の強い「主観化」があることは否めない。カントは、見かけにおいて和解させられた悟性と想像力との形式的な合致、知解可能なものと多様なものとの形式的な合致へと関連づけるために、芸術作品をあらゆる従属から引き離す。人々が一つの概念において、あるいはその概念のもとに閉じ込めてしまわないように用心した感覚的なものを、「統一されたもの」として把握することでないとすれば、趣味判断とは何を目指すのであろうか。

カントが取り上げる実例によって、この種の定義は十分に強調されている。彼は、暖炉の火、さらさら流れせせらぐ小川のような変化する形象を賞賛したり、それらに言及したりする。それらはつねに、絶えず自らを解体する場面、つまり性急に同定可能である静的な形象の死、さらには同じことだが、無定型の染み、バロック的なもの、中断されることのない運動である。この観念論哲学において、自然それ自身またはその産物は、間違いなくまったく美を要求できず、美を保持していると主張することもできない。しかし、いくつかの状況が、そうした機会を提供してくれる。鳩の羽が表現する形状の多様さ、花の鮮やかな色彩、渦巻き状の形をした貝殻を通して、より一般的には、あらゆる流動的な変化において、自然は美を保持している。たとえばカントは、彼自身、固体化する水で満たされた結晶、固体化する蒸気、雪の結晶化さらには鍾乳洞にさえ言及する。カントが、「固体性よりも先なるもの」と判断した流動性を高く評価するために、こうした選択をした理由はよく理解できる。流動性は、突然の移行(凝結)、状態の溶解、可能的なものの働き(流れ)に高い価値を与えることができるからである。それゆえカントにとっての敵は、停止あるいは安定したものという一つの名前を持つことになる。植物であれ動物であれ、生物は、カントの美学──生物学についての洞察を欠くことのない──において、回路や組織の複合体、つまり実際に驚嘆を引き起こすような、豊かさと対照に満ちた一つの総体のようなものとして言及された。

最後にカントは、おおよそ未決定であるものを支持する彼の分析と例証を通して、伝統的な様式に過度に縛られた宗教芸術から離れ、現代的な創造としての諸理論すらも先取りする。何人かの注釈者たちは、この点で間違っていなかった。彼らは、この哲学から抽象芸術を解釈し基礎づけるものを汲みとる。O・シュダン氏[*13]は、はっきりと記している。「このように美学的な反省の理論は、具象的でない芸術、さらには対象を再現するのではない芸術創造の理解にきわめて適している。画家が、認識可能な対象、彼のやり方で多少デフォルメするだけの対象を、描く限りにおいては、想像力はそれらの対象の標準的なイメージとともに作用する。しかし、同定可能ないっさいの形象が消去されて以降は……[(1)]」。

ほかにも符合しあう理由はあるが、こういうことからカントが、あらゆる芸術の中でも、言葉による芸術、主に詩を音楽にも絵画にも勝るとして頂点に君臨させたのは驚くべきことではない。なぜか。他の芸術に比較して、詩においては想像力がより自由であり、土台になるものの非現実化がうまく機能する。規約によって機能するがゆえに、語の現れは希薄であり、それらに伴う物質的な規定の不在によって、自由な喚起が促進される。最も繊細な芸術は、最も嵩ばらない素材しか要求しない。これは革新的な芸術についての理解だろうか。きっとそうだろう。しかし本書は、ある特定読解のみを目的としているので、いくつかの観点のうちの一つ、まさに「脱物質化」へと至る観点のみを取り上げることにする。

ヘーゲル主義[*14]（彼の美学）は、そのいくつかの側面によって、袋小路と見られていたこの脱物質化の道をさらに延長している。だがヘーゲルはなんとかして、この道の行き過ぎを改めたり、逸脱を抑えようとしているのだが。

事実ヘーゲルは、「具体的な理念」を、すなわち絶対的なものを感覚的なものに強固に結びつける紐帯を、優れた個体性をもてはやす。換言すれば、彼の思想によって、ついに精神は物質化する。あるいは同じことだが、物質は精神化する。こうした分析は、われわれを満足させる。例を挙げれば、絵画において、とくにモデルを見事に描出した肖像画において、芸術家は「対自」の反映を滑り込ませることに、つまり彼が暴露する自我の秘密を滑り込ませることに成功する。われわれはそこに「精神」を見るのである。

こうした融合は賞賛されるものだが、しかしヘーゲルはまた、性急にこの融合の可能性を告発しもする。「精神は、その実際の概念に従ってまったく表象されない。というのも精神は理念という無際限な主観性を構成するからである。この主観性は、絶対的な内在性として、それが閉じ込められているところの身体という監獄の内部では、自由に表現されえないし、完全に開花することは不可能だからである。

理念が、その真理において存在するのは精神において、精神によって、精神のためにのみである」[2]。内部は外部に対して、まもなく完全に勝利するだろう。内部は外部が非本質的だと攻撃するのである。前もって与えられていたものを、性急に切り離す。「ロマン主義の芸術──われわれは後にそこに立ち戻るのであるが──においては、精神的な要素こそが支配的である。精神は完全な自由を享受し、自己を信頼するがゆえに、諸々の冒険や外的表現の諸々の不意打ちを恐れず、風変わりな形象を前にして後退することはない。そこでは精神は、感覚的なものを偶然的な要素として取り扱う」[3]。『精神現象学』の定式も思い浮かべてみよう。それによれば、ギリシャの彫像は、魂が逃げ出しているので、もはや死体に等しいといわれている。

このようにヘーゲル主義は、矛盾をはらんでいる。一方で理念は、必ず自らを生きた全体、すなわち内部から認識される、外部との調和のとれた統一の中で客観化し現実化する。──しかし他方、キリスト教の彫像では、魂はこの偽りの混合から急いで身を引き剝がし「開花するために感覚的な手段に訴える必要もなく、あるいは少なくともそうした感覚的手段に影響される必要もなしに、自分自身のうちに実在性を探し求める」[4]。そしてヘーゲルは、表象されたものと表象するものとのずれを現れさせようと、すすんで奇妙なあるいは無秩序な現実化を要求しさえする。

しかし、この矛盾はともかくとして、不和なら一時的に緩和することはできる。物質がつねに、二次的で最小限である自らの役割を果たしながらも、この物質が次第に重量を減らしほぼ消滅すれば十分なのである。そこでヘーゲルは、物質の消滅を主張する。ロマン主義は、古代の芸術（象徴的なものと古典主義、とくに完全な驚くべき適合から生じた後者）とは対照的に、精神の解放と同時に、精神を表現するこの外部にあるものの、究極的な減少を特徴とするだろう。

その証拠は何か。ヘーゲルもまた躊躇せず、さまざまな創造的活動を階層化し、カントと同じく絵画と音楽に勝るものとして、創造的活動の頂点に詩を置く。この序列化ないし分類を正当化するのは、感覚的なものの負荷が絶えず減少すること以外に何があるだろうか。この軽薄化は、限りない無化へと到達するのか。（ロマン主義の）絵画において画家は、色彩と光という最もはかないと同時に軽い可視性だけを描くにとどめる。理念は、それが具体化される外部なしに、自分を表現することはできない。しかし外部は、できる限り気化されねばならない。いまや外部は、単なるざわめきになる。音楽が、主観化を延長する。音は騒音と比較されえないだけではなく、さらに（純然たる共鳴として）物に関係することをやめるだけでもない。音は時間の中を動き、最も特筆されるべき点として、生み出されると同時に消滅するという特性を持つ。「この否定的な感覚物は、そこに存在することなしにそこにあり、その非在において絶えず自分を消去し生み出すことによって、すでにその未来存在を生み出している」[5]。階層の最上位で、音はついに言葉へと変身し、「それ自身で存在するために、自分が表現する思考に従属した単なる手段となる」[6]。意味は、土台を完全に食い尽くし、吸収してしまうだろう。こうして、自由が完遂されうる。

こうして外部は、不規則で奇妙な描線になり、いわば自己崩壊するか、ほぼ存在することをやめるかだろう。とくに詩において、外部は発生するイメージによって掠め取られ取り替えられるからである。

精神的なものが、物質を侵食しつくし、立ち退かせる。こうして思考は「自分自身と向き合う」ことになる。ヘーゲルは、この気化を裏付けるために、次のような驚くべき指摘を付け加える。「厳密な意味での詩にとっては、それが声に出して読まれるか、暗唱されるかは重要なことではない。同様に詩は、重要な変更を被ることなく外国語に翻訳されることが可能であるし、韻文は散文へと翻訳されうる。このように諸々の音の間にある関係は、まったく変化させられてしまう」[7]。もっともなことである。表現手段はもはや重要ではないからである。それほどまでに価値を剝奪されてしまったのだ。

絵画が、まず最も鈍重なもの、最も現世的なものを消去し、その結果として、表層、地平およびいくつかの色調のみを保持する過程を創始した。これは間違いない。さらに音楽は、最後の感覚的残存物からさえ解放されたと、ヘーゲルは認める。われわれは、次第に実在から遠ざかる。そしてもうおわかりのとおり、これらの「主観的な芸術」の対極に、「造形芸術」——建築と彫像——が位置する。それらは、嵩、重みという、精神的なものと対立する表現手段のどっしりとした現前のために、神格化されえない石の芸術である。たとえ精神的なものがそれらを貫徹し、意味を与えることに成功するとしてもである。脱物質化という観点から、創造の歴史が解明されるのと同様に、脱物質化によって芸術間の序列が決定される。創造の歴史は、不可避的に自らの身の破滅を招く。

ヘーゲル主義が、表裏の二面を持っており、結合を、つまり理念が開花するところの実在を通した理念の開示を、優れた意味での個体性を期待させたことを強調したい。つまりヘーゲルは、真理と実在の調停を目指し、書き込まれることのない、つまり自らを外化するに至らない努力（まさにこれが美しい魂である）を糾弾していたものと思われる。しかしヘーゲルは、これと同時に、最も二元論的で分離主義的な美学的概念（抽象の世界）を破壊し、ついにはそれと合流したのではないか。まるで芸術が、自己破壊へと向かっているかのように、感覚的なもの、基体を貶めるところにまで至ったのではないか。芸術は、理念がそれ自体を支持していたものを消去してしまう限りでしか勝利しない。それ自体を媒介していたものから身をもぎ離す思惟のみのために、ヘーゲルは「イメージ」に対する宣戦布告を行ったのではないか。いずれにせよ、詩があらゆる芸術の最上位に置かれ、これが感覚的なものの消去という原則に依拠しているのは、驚くべきことである。それゆえ、別の道をたどったにもかかわらず、ヘーゲルはカント主義と決別していないのである。ヘーゲルは、カント主義を超克あるいは継承することをやめなかったのだが。

本書は、古典主義の美学に反対しているのかといえば、まったくそうではない。反対に、彼らの理論の表と裏を明らかにしようとして、表面よりも裏面を強調したのである。つまりある坂道を下ったのだが、その坂は後に再び登ろうと考えている坂なのである。現代芸術は、このような方向を辛辣に非難する責任を負わないだろう。反対に独自の仕方で、自らが認める別の方向（対象の死と物質の賛美）の重要性を際立たせるだろう。

二十世紀の現代抽象絵画も、最も否定的もしくは観念的でさえあると判定される側面を支持し、増幅している。現代抽象絵画は、詩を凌駕し最高位に位置づけられたという意味で、カント主義とヘーゲル主義というただ一つの序列を混乱させただろう。これまでに、現代抽象絵画ほどに自然が克服され、追い詰められ、狩り出されたことはなかっただろう。もはや何も残っていない。つまり現代抽象絵画は、詩を乗り越え、偶然性の残滓を攻略できないだろうと信じられていた領域においてさえ、それらを消滅させた。それは、観念論的美学の願望を、模範的な仕方で達成する。しかし、対象や内容を持たない絵画、空虚なカンバスは何を提示するのか。そんなものが可能なのか。われわれは、自分たちが価値を低下させ、袋小路と見なそうとしたものに直面して立ち止まらねばならない。不可視なもの、あるいは形象化不可能なものを見せるという企図は、元来驚嘆すべきものなのである。

(a)まず現代抽象絵画は、定義からして超ミニマリズム[*15]へと向かっている。それはただ一つの色あるいはごくわずかな描線のような、いくつかの絵画的要素しか保持しない。あらゆる場所で究極の希薄さが追求されるのだ。さらにカンディンスキーが規定したように、それは意図された効果をもたらさない、うんざりさせるだけの過剰を、可能な限り避ける。いっさいの増加は、減少となる。最大は最小によって翻訳される。希薄化の激化が、豊穣と強度に取って代わり、充満が剥奪に相伴うという、並はずれた企図を支える逆転が存在する。「黄色、より深い黄色、さらにより深い黄色は灰色と等しい」。また、削減されねばならない描線についても同様である。結果的にカンディンスキーは、ぼやけた色調と厚みのない線を使用する。豊富さ、組織化、強調ではなく、絶対的な簡潔さが重要なのだ。付け加え、飾り付ける人は、一般的に変化をもたらそうとするものだ(万華鏡)。「対象の最も強い否定とその最も強い肯定は等しい」とカンディンスキーは書いている。とはいえ、彼は徹底しすぎた。なぜここまで譲歩するのか。冤罪でも被るというのだろうか。いっさいの客観性への配慮が、ついに消え去ってしまった。客観性の資格剥奪と消去を正当化すべきではない。それは変節である。
(b)いまや痩せ細った描線の意味を理解する時である。描線は、表象するという拘束から解放され、未決定の状態に置かれている。描線は、もっぱら対象の外観を象ったり、輪郭を描いたり、境界線を引くことに使用されすぎた。今後それらは、自ら鳴り響き、振動し始める。描線の響きを聴き取るだけで十分である。水平に引かれた描線、垂直線、対角線、さらにはジグザグに引かれた線が持つ力は、これらの線が、三角形、円、四角形あるいはとくに決まりのないいくつかの線の交差のような諸々の平面を構成する以前に、諸々の角度がそれら自体で有する力と同様に、容易に区別される。われわれは、一つの方向、あるいは一つの配置が持つ力と重要性へと開かれる。たとえば、底辺を下にした三角形と、頂角を下にして体勢を維持している三角形を混同する危険性は存在しないのだ。
これは、キュビスムではない。キュビスムは、しばしば複雑でごてごてと装飾されており、幾何学や世界と、またそれが拒絶しようとした宇宙と緊密に結びついたままだからである。純粋に必然的なものと真に非物質的な諸現前の王国に入るために、これら最後のよりどころを放棄しよう。カンディンスキーは、実用的な意味と数世紀来の従属が完全に窒息させてしまった「内的な響き」を聴き取ることができる(音楽が、視覚的なものを貫き、これらはついに混じり合う)。「驚異的なものは、空虚なカンバスだ。それはいくつかの絵画より美しい。最も単純な諸要素。まっすぐな線……、それぞれの線が『自分はここにいる』と告げている。それは自分自身を維持し、雄弁な顔を覗かせている。『私の秘密をお聞きください』」。「驚異的なものは、一本の描線である」[8]。

(c)われわれが輪郭を描き出したばかりのいくつかの要素は、極限まで和らげられ、ついにはそれら自身へとゆだねられ、〔遠近法によって空間を構成するのではなく〕カンバスの上に平面的にさらけ出されるが、それは構成的な諸々のアンサンブルを形作るためである。なぜなら、少なくとも色彩をデッサンに調和させることが重要だからである。

「それらは、平面的にさらけ出される」。われわれは、虚構によってレリーフを作り出す、かつての手品師や虚構の専門家（だまし絵）にとって大切な第三の次元に関心を持たないからである。しかし、これらの面ないし描線は、分裂することを意図するのでない限り、それらの色調と調和し強調しあわねばならない。たとえば鮮やかな色彩は、とがった形象のうちで強調され、反対に鋭い形象は強烈な色彩を呼び求める。ここから、黄色く上を向いて先のとがった三角形が出てくる。反対に深い色彩は、それらに適した円や丸い形象のうちに閉じこもる。組み合わせは、厳密に内的なこうした補完性、調和、合致を要求するが、これらが内的だというのは、これらは宇宙がわれわれに書き取らせたものではないからである。

しかし、このアンサンブルには奇妙な哲学が付随している。(a)それは、類比を恐れないすべての大胆な人が、自分のものだと主張する以下のような不変的な指摘である。つまり現代物理学は、存在と局在化を放棄したが、同様に絵画は振動あるいはエネルギーのみを捉えねばならなかった。内容や反映という錯覚を否定し忘れねばならなかったのであり、もはや有効でないものを放棄せねばならなかった。(b)この抽象絵画の運動が、神知学[*16]と神秘的で説明不可能な経験に依拠していることは明らかである。結果として、流体の影響、テレコミュニケーションの影響、力学（一種の動電気）の影響を認めねばならないだろう。カンバスの上に、これらの影響力を確認することが重要である。

これは、不可避の結果なのだ。なぜなら、われわれは罰せられることなく大地から離れることはできないからである。つまりわれわれは、最も希薄な空虚のうちへと上昇する危険を冒すだけでなく、メスメル[*17]流の、さらにはスウェーデンボルグ[*18]流の大雲に包まれる危険をも冒す。実際にカンディンスキーは、実証主義全体が隠し、侮蔑し、無視しさえしたものを表現しようとする絵画を支持して、あらゆる点でヒンドゥー教や唯心論に依拠している。

こうして、ここで大まかに言及したこの芸術（抽象絵画）は、秘教的になり、これと同時代に流布された一種の唯心論のうちに己を喪失し複雑なものとなる。繊細であろうとして、自分自身の消滅を余儀なくされたのである。火は最後には灰になってしまわないだろうか。われわれは、この芸術を絶頂についての経験、「極限への移行」の経験、偶像破壊的な錯乱の経験と見なす。しかもカンディンスキーは、宗教的に次のように記している。「神を探し求めるどれだけ多くの人が、木に刻まれた像の前で最終的に立ち止まったことか[(9)]」。つまり抽象絵画の徹底的な脱自然化は、否定神学の原則から着想を得ているのだ。

しかし、美学的観念論と絶対的な非客観性の道は、袋小路へ行き着くと思われる。後に続く芸術は、おそらくこの「失敗」から学んで、急いで反対の方向へと進むだろう。この美学的観念論の道は、ヒロイズム、強いモメント、また神学－形而上学的傾向に関連した衰弱、疲労について教えるだろう。この道は、絶えず幻影におびやかされ、世界の外側への遁走へと魅了された文化のうちに注ぎ込み浸透するが、われわれは本当に逃亡できるのか。われわれは、非物質的な絵画、非表象の表象、純粋な総体(アンサンブル)への拡大に関する教訓だけでなく、絶頂への危険な上昇についての教訓も記憶しておこう。

しかし、この排除と完全な故郷喪失の作業は、知らないうちに本質的なものを保持していた。それ自体は、その本質的なものから解放されたと信じたのだが。それは、自分が捨てた社会の形式かつ都市の形式という埃を、自分と一緒に、少なくとも靴底に付けて持ち込んだ。カンディンスキーの絵画は、神秘的に着想されたものだが、グー氏[*19]は(とくにマルクス[*20]とフロイト[*21]の)偶像破壊についての見事で示唆的な分析の中で、躊躇することなくこの絵画を資本主義の歴史と産業社会の進歩に関連づけている。本書の見解は、グー氏のものとは異なるが、この発想に刺激されたものである。「絵画における抽象は、意味様式の哲学的次元における、論理歴史的に必然的な段階である。その段階とは、物質に関する経験主義的、感覚主義的、機械主義的ないしはフォイエルバッハ[*22]的な考え方(すなわち感覚的対象としての物質)から、物質を感覚的実践的活動と定義する別の考え方への移行の段階である。……手短に言うと、脱物質化という明白な芸術の運動……は、たんに観念論的な地平においてのみ解釈されてはならないのである」[(10)]。この研究に従うならば、この引用はわれわれが物質を軽視することはできず、またわれわれが決定的に放棄したと信じていたものが、まだ消え去っておらず、むしろわれわれはそれをしっかりと抱え込んだまま来たということのさらなる証明である。われわれは、これ以上の証明を要求しない。

教育学における逸脱

いくつかの芸術が、しばしば誤解を受けることで流布させようと専念してきたこと、それが脱現実化（デレアリザスィオン）なのだが、教育は、これもまた逸脱させられ、いくつかの側面において、われわれを脱現実化へと導く任務を負っていた。要するにわれわれは、ここで別の訴訟を始める。この訴訟は、同じ隠蔽を告発するのだが。

この隠蔽から、誤った精神、分割された社会、とくに不平等を正当化する役割を担った文化が結果として生まれる。形式主義、すなわち社会の中に投錨されていることの忘却と軽視によって、われわれは実在の重要性を無視することに慣らされる。いまや実在は、相互に代置され、あれこれの意味へと翻訳され、「等価主義」によって消滅させられている。この「等価主義」から、便乗者とは言わないまでも、多くの寄生者が間接的に生じることになる。実際のところ、いくつかの国を悩ましているのは、官僚主義ではなく、複雑なシステムである。このシステムは、好きなだけ二次的な流通を多様化させる。寄生者たち（販売代理人、代表者、利権屋、投機家、仲買人、代理人など）は、生産的な労働に参加することなく、そこから利潤を得る。数多くの仲介者が、商品とその使用との間に存在する。彼らは、自らの利益のために、記号と交換によって成り立つ経済システムを逸脱させる。これらの記号と交換も、もはや実在には固守せず、不正取引のためにのみ行使されるしかないのである。

労働と実際の変換の隠蔽、諸々の基盤の省略、「抽象的普遍」の継起的な称揚は、操作者と決定権保有者の機能とクラスに有利に作用する。またそれらは、より隠されてはいるが同様に疑わしい「意味の守護者」の機能にも有利に作用する。この意味は、昇華され、神聖化されており、つねに際立たせられている。要するに、祭司のカーストである。

しかしここでは、これらの極端な例ないしは政治－社会的階層を、さらには平衡を失った経済とある階層の別の階層による搾取を考察するのではなく、二つのタイプの教育あるいは実践を詳細に検討したいと思う。われわれは、これらの実践をその役割から逸脱させてしまった。それゆえ、口先だけの「機能主義」へと向かうこの逸脱を明らかにし、それを問題にしたい。まずは幼稚園から大学に至るまで実践される「テクストの伝統的な要約」を考察しよう。

この実践は原理においては最も高く評価されている。基体と理念を混同しないこと、すなわち基体から理念をうまく切り離す能力が不可欠だと考えるからである。偶然的な付属物と本質を同じ次元に並置してはならない。外国語の翻訳を学ぶよりも、母国語のテクストをそのまま母国語に移し替えることから始めるほうが価値がある。こうした発想から、フランス語のあるテクストから要約されたフランス語への移行（代謝）が生じる。通常は一〇分の一の長さへと要約される。フランスでは、ほとんどの重要な入学試験（グランゼコル）と公務員試験が、長い文書を忠実な要約文へと変換するこうした試験で始まるが、このことに、十分な注意が向けられてこなかった。重要なことを切り離しなさい。結果を根源的だと見なさないように。対象に没入しないように。要するに、さまざまな状況における知性（細部を無視したり、それらに拘泥しないこと）と同様に、文書言語の修得レベルを評価しようとするのである。さらに受験者は、しばしば自分自身の「要約」を「要約する」、あるいは全体を代表すると同時に指示語（インデックス）の代わりとなる表題を（一文ないしはいくつかの語で）付けねばならないこともある。最後に、これも周知のことだが、一種の機械語によって、この濃縮されたものをもう少し気化させることもできる。この濃縮されたものを再び速記し、代数化し、本質を抽出する記号で新たに置き換えることによってである。これは、超要約である。

非常に貴重で、示唆的な作業である。すべての言明を記録として保存せねばならないのであれば、まず麦と麦藁を分ける作業、選別によって価値あるものだけを保存するのが急務である。重要でないものを排除し、薄まったものを抽出して捨てるように努めなければ、われわれは、大量の紙に埋もれてしまう。これが重要なものだけをとどめておくべきもう一つの理由である。圧縮、保存、保護。

情報解読の操作とは、結果として、より嵩ばらない基体の上に再記号化することになる。しかし、この変換、嵩の減少が、留意すべきもの、あるいは構造に関するものの理解を前提とし、それを促進している点が忘れられてはならない。あらゆる知的な努力が、こうした移行、つまり還元ではなく変換する再－エクリチュールであることは、確かである。このエクリチュールは、メッセージを変容させるが、伝達するものを変更しはしない。知的な努力は、多様性ないしは嵩張りを、意味自体によって置き換えてしまう。

仮にそうだとして、では何が危険なのか。第二のテクスト（要約されたもの）がオリジナルと完全に等しく、オリジナルの代わりになると性急に思い込む点である。たしかに、情報の性質と濃度に関して、要約はオリジナルを凌ぐが、他面において要約は、伝達という側面から考察するなら、オリジナルの価値を低下させる。この点を説明しよう。著者は、論文を構成する際に、自分の研究の結論、つまり著者が最後に導き出す結論は隠すべきなのである。そうしないとエクリチュールから劇的要素が過度に失われてしまうのである。著者は時折、読者を結論から遠ざけさえするだろう。いずれにせよ、迷っているのではないとしても、少なくとも今まさにそれを探求しているように装わねばならない。著者は、重要なことを少しずつ明らかにしていく。時折、読者を惑わすのも悪いことではない。さらに、読者からの反論を想定し、途中で論駁することもあるだろう。また、著者自身も共有するような読者のためらいを解消することにも腐心する。複雑な証拠を示し、ひょっとすると悲痛なものになるかもしれない決着のつかない論戦について詳述する。こうした小さなドラマが終わると、読者はこの道程の痕跡を消去できる。この道程は、効果と意味を喪失したからである。最後に著者は、論述の過程で、暫定的な結果を確立しておくことを忘れなかったし、他方でより説得力を持たせるため、すでに確立されたことを繰り返しもする。冗長さは、読者の弛緩した精神に適している。あちらこちらに見られる、苦労を要した点、論述に躊躇した点、不安な点についての告白、とくに余談ないしは休息の時間も、排除しないでおこう。テクストは、読者の心理を誘導するためのこうした厚み、休止、テクスト自体についての内的なコメントを必要とする。ところが、「一〇分の一の要約」では、舞台演出や個人的なもののいっさいを消去せねばならない。要約はとりわけ結論を表現する。つまり、テクストでは失われた分が、要約においては獲得されたのである。

一つのテクストが、結論を導出する論証的テクストと、たんにそれ自体を提示するテクストという、少なくとも二つのテクストを含むのは明らかである。それらは、合致するとしても明らかに異なる。われわれは、苦労してそれらのテクストを分離している。分析的な道と綜合的な道、あるいは過程と目的とを分離することで、間違いなく両者をうまく区別し、次にそれらが交錯している点を把握できる。それはあたかも第三のテクストの誕生に立ち会うかのようである。それは二つのテクストを含む第一のテクストでも、第一のテクストから抽出された第二のテクストでもなく、それら二つのテクストの相互作用あるいは接合のテクストである（仕立てられたもの、織り地）。方法の問題（すなわち、登り道ないしは下りの道）を感知していたデカルト、スピノザのような哲学者たちは、二つの記録（前進的なものと公理、発見に関わるものと幾何学的なもの、発見の記録と演繹の記録）を別々に提示することを恐れなかった。『エチカ』における注解が、諸定理の展開に区切りを入れ、論理の隙間を垣間見させるという点において、スピノザが二つの記録を相互にやや絡み合わせているのも、明らかに見てとれる。哲学史家の作業の本領は、以下の作業のうちにのみあるのかもしれない。それは、二つのテクスト相互の重なり合いにもかかわらず、その重なり合いのうちに（ここでの区別を受け入れるならば、第一のテクストと第二のそれとの干渉から生まれる第三のテクストのうちに）それらの調節部分を見分けると同時に、その重なり合いの中から一方のテクストに埋もれている他方のテクストをうまく掘り出す作業である。

そもそもこの重なり合いには、どれほど多くの問題が存在することか。(a)議論の心理学的な展開は、きわめて厳密で激しさを伴う展開を、われわれに予告すると言いながら、その展開を妨げ危うくしてしまってはいないか。(b)水と火の混合が、本当に実現可能だろうか。それらを混ぜ合わせることなどできるだろうか。

これほど突き詰めて考えるまでもなく、われわれは教育学の論争のうちで、端的に（再び）一定の立場をとらざるえなくなる。この論争は一見無害に思われるが、非常に重要だと、本書では考えている。「テクストの要約」というテーマに関しては、二つの対立する学派がある。(a)一方は、丹念で厳密に忠実な作品、つまり一種のミニチュアを要求する。たとえば著者が、彼の物語ないしは文書を三つの段落に分けるとすると、われわれはその文書のマイクロ写真のうちに、根本的な三分割、つまり同じリズムを見出さねばならない。どのような権利で、著者自身が区分したものを変更するのか。このレトリックの、すなわちこの展開の論理を尊重すべきではないのか。厳密に韻律を再現する短縮は、配分や分節に触れることを禁じなくてはならない。さらにより小さな縮尺においては、細心綿密かつ全面的復元が要求される。(b)反対に他方は、原文をより自由に解釈し、時には原文自体の最後の箇所から始める。主張される最終的なテーゼを明らかにし、それからその根拠となる議論が続く。この要約を導く計画はどんなものだろうか。支持される最終的な主張を明らかにすること。次に展開されるのは、この主張の根拠となる諸々の議論である。この書き直しは、証明すべき定理を提示する幾何学と同じく、まずはじめに証拠書類を提示し、次に証明を目指すので暴力的なものだが、それは原文が登った坂を下る。しかし、少なくともそれによって、原文はこの坂を登ったのだということと、その道のりを逆にたどれば出発点に戻ることが確認される。これは、前進しなかったことを意味するのではなく、原文を高みからにせよ、再発見できることを意味する。われわれは、原文から完全には離れてしまってはいなかったのである。あるいは、すでに為されたことをやり直さねばならない。これは、既成のものをよく理解する方法である。

われわれは、この第二の解釈を好み、用心深く、機械的で、不毛であり、たんに分量を削減するだけの第一の要約を厳しく非難しさえする。要約は、原文のコピーではなく、それを再び新しい基礎の上に生産するという意味で、ある仕方でそれを再 - 発明あるいは再生産するものである。重複だけでは、何も教えられない。第一の要約は、縮減し、いくつかの断片を気化し、推敲するにとどまる。それは、ごまかしであり、誤らせる。そもそもどのようにしてより少ないものが、取りまとめようとした当の多くのものを内包できるのか。それは、目的と手段を取り違え無差別のうちに放置したままにし、目的と手段の区別を拒む。しかし、真の「要約」は、情報の全体的な量をスリム化し、有効な結論を導出するために、文章の彫琢の過程の動揺、個人的なメモ、紆余曲折を消去すると、われわれは考える。

だが最も深刻なことは以下の点である。要約がこのように誤って理解されると、生徒は言語を軽視し、文学を抑制の利かない無駄口と考えるようになる。こうした要約は、広く普及するが、これを抑制すべきである。これは手探りで進んでいたが、修正される。こうしたことから、文字、人間、人間による証言、人間によって作られる物語に対する一種の憎しみが植えつけられる。「さっさと本題に入りなさい」。

われわれは、巧妙に、子どもたちに素早さと確認が要求される社会、暴力的社会、指令による社会への準備をさせているのである。とりわけ「媒介」の厚みと豊かさが軽視される。抽象観念、意味されたもの（シニフィエ）が重視されるが、これは自らの「シニフィアン〔記号表現〕」、あるいは沈殿、暗示、さまざまな音色で満たされた基体から切り離されている。「現実感を喪失させる」教育法が、実践され推奨される。

不可欠で厳密な訓練だが、それが誤って定義され、それゆえ間違った方向に指導され、最終的に歪曲される時には危険な訓練になる。この訓練では、二度あるいは三度の検討を通してオリジナルのテクストをできるだけよく感じ取り、理解するために、このテクストに立ち返ることができねばならない。だがこの訓練によって、テクストから離れること、それを軽視することも鼓舞される。この訓練は、ついにはオリジナルテクストに取って代わる。要約は、要約するのではなく――便利なので、指示がこれに付け込む――「縮約する」のでもない――、ただ別の方法を正当化する。等しいのではなく、平行しているのであり、等価（これは最も危険な語である）ではなく、それ自体の内部にある「別のそれ自体」なのである。たしかにある見方においては、大まかに位置づける、保存する、指標を付け、認識することで満足するのならば、オリジナルテクストなしで済ませることができる。まさにここから、より多いものの「より少ないもの」への、また「極端に少ないもの」への変換の実践的な利益が出てくる。

学校教育は、断固として改革されるべきだが、こうした議論をまったく気にかけない。したがって学校教育は、邪説の中でも最悪のもの、つまり一言で言い換えること（締まりのない文章と穴だらけのだらしない一〇〇語の文章の代わりに、一〇語で十分である)、素早い変換、表面的な代置を促すという危険を冒す。こうした訓練、やっつけ仕事は、盗み、抽出および不正取引のプロを育成する。学校教育は、社会的な諸々の亀裂を再生産すると非難された。だがそれどころか、そうした亀裂を悪化させ、新たな亀裂を生み出している。

素朴な哲学はだまされて、この教育学におけるごまかし(誤って理解された要約)に荷担してしまう危険性もある。「意味」が保存され、集中され、その意味を展開し外在性のうちに消失させると思われていたものから異議申し立てされた瞬間に、この哲学は意味を救援する操作を支持することに喜びを見出すのだ。溶剤は排除されたのだ。表現は、それを薄めている蒸留液から解き放たれ、純化された。言明は、「本質性」へと送り返され、秘跡化された(聖化の機能)。しかし、いったい一つの主張を、その表現と身体から分離可能な一つの理念で支えることなどできるのだろうか。こうした主張は、幻のようなものではないか。思想は、語、文、それらの運動の内部に記入されるのだから、思想をこのように非現実化すべきではない。非現実化を示唆すべきではない。もしくは、諸々の制限を設け、慎重に、かつ明確に限定された範囲内でのみ示唆すべきである。

副産物と残滓

私は先に、二つの教育分野、二つの典型的な学校教育の状況についてコメントしたいと語った。詳説したばかりの「文学」に続いて、「科学」へと進むが、それを二つに分けたいと思う（まず化学について、次に物理学について、そしてそれら双方の教育法について指摘する）。領域は変わるが、訴訟自体を取り下げるわけではない。実際に、文学と科学という二つの学問分野は、同様の逸脱のうちにあり、同類である危険性がある。

本書では、第一のもの、つまり化学の例に関して、この科学の教育ではなく、この科学それ自体、より正確にはそれを実践した人々を公然と非難するつもりである。逆に、発明に関する真の歴史を見ると、それは、「無視しうるもの」と「基礎的なもの」あるいは重要なものとの間に設定され、維持されている分離に反対するものだということが証明されるだろう。もっとはっきり言えば、いったん棄却されたもの、つまり鉱滓と死人の頭[*24]を再び引き受けることで、新たなものが発見されるという実り多い経験を、どれほど多く積み重ねてきたことか。「成分」を含んでいたが、それを薄めていたものから、当の成分を抽出すること。ここにとどまることは、実体論的で観念論的な深みという錯覚に関与することであり、これは、「意味」のみをとどめ、それを閉じ込めていたものを軽視するのとおそらく同じ錯覚なのだ。

周知のように、果物の内側には堅い種があるが、外側は風味豊かな果肉が取り巻いていることがある。その反対もまた真であり、（アーモンドの場合のように）外皮が最も貴重なものを保護していることもある。だから、それらを分離せず、二つの側面のどちらも犠牲にしないで等しく扱おう。気化を優先させる危険にわれわれをさらしたのは、理論物質学の研究なのだが、にもかかわらず、それはそうした危険に対して免疫を持ち、それ自体安全だと信じられてきたのだろう。言い換えれば、化学は純粋なものを求めて、「昇華し」、「精製する」ことをやめなかったが、にもかかわらず不純なものはそれ以上のものを化学にもたらし、より実りある諸々の展望を開いてきた。結局のところ、何物も混合物（メランジュ）なしでは存在せず、透明だと考えられていた物質の中にある、その対立物質で当の物質とはまったく異なる物質を識別せねばならないのだ。

実際のところ分析科学の歴史から学ぶことは、まさしく副産物のほうが、意図的に抽出された物より重要性を持つようになったという事実に他ならない。たとえば、ニコラ・ルブラン[*25]は、塩田の枯渇した残留地の上に炭酸ナトリウムを見出し、その直後、同様にアントワーヌ・バラール[*26]が同じ残留海水から、褐色がかり、吐き気を催させる液体である臭素（βρῶμος、ギリシャ語の悪臭）を分離する。しかしより注目に値する例は、分析の中心である十九世紀に見出される。石炭の乾留（大部分は灯火用のガスのためになされた）後の残留物を加工することを思いついたのである。この残留物は、黒色で汚いべとべとした粘りを持つ沈殿物で、実業家と同様に化学者も一種の廃棄物と見なしたもの（コールタール）である。この真の宝庫（コールタール）から、いくつかの物質が分離可能になるやいなや、有機化学が急速に普及し始める。かつてないがしろにされ、排除されたものが、探し求められていたもの（光）を、明らかに凌駕したわけである。

しかし、さらに二元性に対する批判、揮発物ないしはエーテル（諸々の精〔精神〕）に優先的に向けられた関心に対する批判を展開しよう。方法に関するこの病は、錬金術の主要な道具である高炉竈、蒸留器を構成すると同様に、錬金術全体を構成している。気化する操作（ガス、ガイスト、エスプリ）[*27]が、人を驚嘆させ、不思議がらせることを認めねばならない。たとえばこの操作によって、冷たい液体で、しばしば濃厚でありさまざまな特性を持つワインから、これとは対照的な、においがきつく透明で、発火性の気体（つまり、湿りと冷たさではなく、内的な火、すなわち乾きと熱がある）が抽出される。すでに、発酵によって気泡を発することで、圧搾された新鮮な葡萄搾汁から、清澄で幸福感をもたらす飲み物（スピリッツ）が製造されていた。しかし、沸騰させることで、再びアルコールが「ワインの精の形で」取り出される。要するに、二度の分解に成功したのであり、きわめて巧みに冷たいものと蒸留液を取り除いたわけである。原則は、次のことに他ならない。「精」と呼ばれるものは、他の構成要素より早く気化するので、その分より早く分離される。つまり、冷却され濃縮された産物が採取され、これにより以前の産物より分量は少ないが、そのすべての効能を含む新たな液体が得られる。つまり「魂」が、巧みに抽出されたのである。この操作（一種の再蒸留）を繰り返すことで、さらに純粋かつ濃厚な状態で「魂」を獲得することもできる。

一般に考えられているよりやや複雑な、こうした「改良」に関する詳細な分析には立ち入らないでおこう。事実、加熱することで、非常にたくさんの産物、とりわけ芳香性のエーテル（ブーケ）[*28]などと同様に、有害でもあるアルコール（メチルアルコール、アミルアルコールなど）が放出される。われわれは、放出される蒸気を三つの部分に区別する。最も気化しやすい、いわゆるトップといわれる蒸気、ミドルの蒸気、最後により重いアルコールと水分を含んだベースの蒸気である。問題は複雑である。たんに分解するだけではなく、ミドルの部分、つまり最も水分を含み、燃えにくく、香りが強い「リキュール」をできる限り分離することである。

どのようにしてそれらを分離すればよいのか。分析化学は、この問題の解決を目指して発展する。（蒸留塔などを備え）ますます選択を巧みに行う創意に富んだ装置を利用して、この問題を解決せねばならなかったのだ。混合物を分離するための蒸留という馴染み深い操作が思い浮かぶが、もちろん、同一の沸点を持つがゆえに分離できない「共沸混合物」が存在することを忘れてはならない。こうしたものが存在するので、粘り強い「会合」を解きほぐすために、他の分離過程を発明せねばならないのだ。しかし、最も単純な蒸留器は、底にバルブを備えたボウルないしコンテナーが重なり合ったものだった。蒸気だけが、上昇し装置を持ち上げていき、やがて最も軽い蒸気は濃縮され、再び降りてくることはできない。蒸気は装置によって巧みに捕らえられたのだ。

しかしブランデー製造者は、操作の最初の段階で採取される少量の抽出物と、とくに、最後に採取される部分が除去できること（あるいはこれらを最初の液体の中へと戻すこと）で満足した。良い香りを発散させる「心臓部」のみをとどめるためである。ブランデーの製造においては、分離を速める強火を避け、最も弱い火で暖めるだけである。こうして六〇度から四〇度までの「命の水」のみをとどめる。最初の蒸留液は、アルコール度数八五度ほどのものであるが、蒸留の最後の段階のもの——二〇度以下で留出されるすべてのもの——を分離するために、蒸留水が涸れるまで作業を進める。こうして「ミドルの部分」を分離することができると、あとはゆっくりと加熱する。周囲の空気で冷却された大きな蒸気釜の上部では、十分な速さで濃縮を始めることができる。これによって、農産地の収穫物（さまざまな香りを含んだエッセンス）と絶対的なものからはほど遠いアルコールとの、念願であった混合が促進される。たしかに分離（分別蒸留）が行われただけだが、それでも、さまざまな香りに満たされた空気状のものだけを保存するために、最も地上的なものを追放したことは、事実である。

この種の掠め取るための操作、完全な「贖罪」あるいは値打ちのないものの変換を当てにするキリスト教的な性格を持つこの操作は、諸々の精神を鼓舞しただけでなく、そのプネウマ[*29]と超自然性によって、宗教的な精神を、つまり祭司の世界を、多少とも異端的な修道士、牧師たちを魅了した。化学は、実験室で営まれる以前に、プリーストリー[*30]をはじめとする牧師や宗教家たちによって、まず育成される。葡萄は、清澄なワインになるが、その後に同じワインが「スピリッツ」を生み出す。月経の闇、あるいは石をはじめとする最も重い物体のうちに隠されていた精神的なものが解放されたのだ。ジョセフ・ブラック[*31]は、（一七五四年に）熱と酸を使って石灰石から「固定空気」を取り出した。同様にアンリ・キャヴェンディシュ[*32]は、金属から「可燃性空気」を生み出した。ここから「一般化された脱物質化」の傾向が出てくる。有名な「燃素（フロギストン[*33]）」は、こうした傾向の中から生まれた。蒸発し濃縮されないものは存在しない。ここで本書は、ガストン・バシュラール[*34]の理論から少し離れることになる。初期の化学が、心的なものの投影に関連するのではなく、むしろ形而上学的な表象と結びついていたのがわかるからである。この表象とは、精神と、それを隠し失わせると同時に外化するものとの対立、要するに観念論の原則と、それと相関的である感覚的なものの拒絶である。

しかし、当初の指摘に戻ろう。この指摘は、後述することになる「繊維」に関する議論の展開を先取りする。それは、諸々の「精髄」を好み、スラグ〔残留物〕を捨てることが、発見だけではなく分析の進歩をも遅らせたという主張を十分に確かなものにするだろう。自然学自体を阻害したのは、まさに形而上学なのである。

骨炭の残りから、すべての色彩で彩られた虹が生じ、また同時に飛躍的な発展が約束された学科が、習慣的に使用されていた自然の源泉を用いないで随意に色調を作り出す技術が、生み出される。習慣的には、たとえば藍や茜のような植物性の資源が、さらには外来の資源が最も頻繁に使用されていた。産業は、完全な自由を手に入れることになる。パイプを詰まらせる汚いタールから、それ以上の価値を持つものを巧みに見出したのだ。このタールから、さまざまな物体、壁、街（衣服だけでなく、壁紙、幕、旗、教区の旗、槍やマストのさまざまな旗）を覆い装飾するようになる、きらきらと輝く多色のメタ物質が生み出される。思いがけない重大な発見は、（灯火用ガスを確保するために必要だった）蒸留による廃物をもはや軽視せず、この廃物をも蒸留したことから生じた。こうした廃物から、その中に含まれる物質をまず抽出せねばならなかった。しかし、蒸留のための高い温度によって、重合化が促進された。

ここから、より大きな成果といわゆる一連の芳香族と呼ばれるカーバイド[*35]（Ar、アリール）が生じた。これらは、閉じた環状配列を持ち、付加反応を容易に起こし、とくにそれらの呼び名のもととなる香り（きつく不快な香り、燃焼臭）により認識されるという事実によって、直線的な配列を備えた脂肪族から区別される。したがって、ベンゼンからナフタレン（$C_{10}H_8$）、ついではアントラセン（$C_{14}H_{10}$）への移行性が高い。しかし、ここでは詳細に論じることも、後で取り上げねばならないいくつかの指摘を行うこともせず、以下のことに言及しておこう。つまり、新たな物体が発見されただけでなく、「色彩の調整」の基礎となるものも、すでに現れていたのである。すなわち、ある物質はある程度光のエネルギーのすべてあるいは一部を吸収するが、その結果は、光が横切る層の厚みと同時に光の波長の長さによってもまた変化する。とりわけ、選別度を化学分子構造に結びつけることをわれわれは学んだのである。この構造は、光を解体し選別しうる鋭敏な鏡となる。多価で不飽和な炭化水素基の導入は、それら（C＝O, C＝S, C＝N）が炭素を豊富に含む分子自体の上に固定されれば、光吸収帯をスペクトルの可視的領域へとずらす。反対に水素が含まれると、発色団との二重のつながりが廃棄されるため、理論上、色彩は消えてしまう（この時、白色の派生物が得られる）。この失われた色彩を再び生じさせるのは容易である。なお以下の点を指摘しておこう。最終的に虹色の輝きは、分子構造に大きく依存するので、発色団が、それらが結びつけられるベンゼンの核の中で、パラ位に配置される時に構造は青を示すが、あまりに近い状態、いわゆるメタ状態に配置される時には、同じ構造が赤を提示する。

しかし、イギリスの化学ロイヤル・カレッジ教授の一人であるオーギュスト・フォン・ホフマン[*36]は、絶えず検討され続けてきた障害——鉱滓をなおざりにしないこと——に責任を持って立ち向かい、ついにそれを乗り越えた。実際彼は、環状炭化物であるベンゼンの派生物、その中でもとくにナフタレンをタールから抽出する。分析によればナフタレンは、マラリアの治療を可能にするキニーネに非常に似通った化学式（キニーネの炭素二〇、水素二四、窒素二、酸素二に対して、ナフタレンは炭素一〇、水素八）を示す。ここから彼にとっての課題が生じた。それは、一方を他方へと変換すること、わずかなものを差し引いて、若干何かを付加する作業、要するに若干の代置を体系的に行うことである。

しかし、ホフマンはこれに失敗する。だが彼の若い弟子の一人であるパーキン[*37]は、袋小路を抜け出すために、明らかにより簡単な方法をとった。つまり、ナフタレンの代わりに、ベンゼン、トルイジン（$CH_3-C_6H_4-NH_2$）、アニリン（$C_6H_5-NH_2$）から始めたのである。その操作の過程で、パーキンは無色のペースト状の物体を手にしただけだったが、その物体を特定するために、彼はそれをアルコールの中で溶解した。ここから強烈な紫の色彩が得られた。しかし、同様の結果ないしは類似した結果に到達したホフマンの弟子たちは、試験管の中身を廃棄してしまった。彼らは白く透き通る結晶を期待していたので、この黒色や紫色のものを、不純なもの、あるいは中間段階の混合物（メランジュ）だと思ったからである。すぐにこれを濾過してみよう。パーキンの大胆な名人芸は、この段階で立ち止まり、この色のついた物質を利用して、繊維の断片を染めようと思い至った点にあるのだ。打ち捨てられ価値がないと見なされたもので実験したパーキンが、その結果、キニンを発見したのである。人々が混交色（ラベンダー色）をした残余を重要なものだと考えなかったからである。こうして、アニリンの時代が始まった。

事実、少し後にリヨンの助手であるエマニュエル・ヴェルガン(11)は、錫の塩化物を利用することで、アニリンとトルイジンの混合物（メランジュ）を酸化させ、フクシンと名付けられた燃えるような赤色を生み出した。彼が、これをフクシンと名付けたのは、この紫がかった色彩がフクシア（それを見つけ記述したスイスの植物学者によってそう名付けられた）という植物の花を想起させるだけではなく、彼の兄弟で、（絹織物とブロケードの街である）リヨンの実業家であるルナールに、大きな利益をもたらすことになるその特許権を譲り渡さねばならなかったからである（フランス語の「ルナール」には狐の意味があり、ドイツ語では狐のことを「フクス」という）。リヨンのこの製品を模造し、偽造した人々が多くの訴訟で訴えられた。紫（モーベイン）と赤（フクシン）に続いて、アニリンはさらに緑を生み出す。それから一八六〇年には、ジラールがグループNH_2の窒素分子を、芳香族の複合体（コンプレックス）で置き換えることで、いわゆるリヨンの青、別名トリフェニルフクシンを手に入れた。薄い紫（モーヴ）、赤、緑、青……と、色階は絶えず広がり続けた。

その一方で、ほぼ時代を同じくして、医学は化学と同じ道程を歩むことになる。ビタミン、菌類などが、樹皮や黴の中に見出されたが、それらは果実の核である種子やアーモンドを得るために打ち捨てられたもの、つまり木の実の殻の中に含有されていたものである。過度の精製には用心しよう。外皮や包みは、ざらざらした感触や二次的な機能しか持たないにもかかわらず、不当な評価には値しないのだ。

ここでの話は、廃物の産業的かつ科学的重要性を証明しようとするものである。考察した事例（コールタール）において、少なくとも二度、決定的なものから遠ざかったが、それは哲学的かつ錬金術的な共通の有害な理由があったからである。(a)まずここで、黒色でべとつくもの、また燃焼臭を放つものが排除された。それらは、発光するガスあるいは暖房のためのコークスだけが必要とされたために、コークス工場でただ沈殿していたものである。(b)次に、分析の手続きを煩雑にする、雑多な色合いの無益なものには関心が払われなかった。薬剤と、できる限り白く純粋な結晶体だけが探し求められたためだ。色彩だけにとらわれないように気をつけなくてはいけない。

ここでは、後述するすべての「色調」の発見の歴史に立ち入ることはできない。しかし、道を切り開いたはずのフランスが、なぜすぐにドイツに先を越されたのかを知るための設問は、まったく別の領域で立てられるべきだろうし、事実立てられている。ドイツは、自国のアニリンと薬剤を世界中に供給した(メチレンの青について考えるにせよ、トリパンヴァイオレットを考えるにせよ、二つの役割あるいは二つの使用法は、しばしば関連しているのだ)。しかし、ただ一つの先入見——不純なものの廃棄——の分析にとどまろう。またアンチテーゼとして、(最初は)有用でないものが後には、当初はより好まれていたものに比べて重要になることも記憶しておこう。混合物が、しばしば諸成分の混沌とした集合を含んでいるだけではなく、各々の成分もまた多くの価値を内含しうる。これらの力のうちの一つでも無視してはならないし、「死人の頭」や汚物を、(黒いものや雑多な色合いのものを排除して)本質、抽出されたもの、光り輝くものだけを重んじるがために軽視すべきではない。化学は、いったんは否認したもの、あるいは誤ってあまりに性急に放り出したものに、再び精力を注ぐことで進歩しているのである。(12)

等価主義

本書で、批判の対象とする科学教育の「標本」を二つに分けたが、化学の次は、物理学が登場する。物理学において同様の形而上学を支持する傾向を浮き彫りにしよう。本書が反対しているものは、「等価主義（エキヴァランティスム）」と命名されうるだろう。それは十九世紀に、教義としてのフランスの化学全体を覆い、この学をエクリチュールの戯れと、諸々の物体の一方から他方を派生させる諸現象の戯れに変えてしまった。これによって、化学は実際の構造式、とくに原子価を拒絶したのだった。

しかし等価主義は、化学だけに関係するのではない。熱力学について、その第一原則であるエネルギー保存則については、いくつか指摘するだけにとどめよう。このエネルギー保存則は、エネルギーが電気であれ、熱であれ、磁気であれ、運動によるものであれ、仕事量と熱量の間に例の等価関係をもたらす。すべてが、それらを同化させる（一方から他方への可逆性）。

「熱のニュートン」であるメローニ[*38]の数々のすばらしい発見によって、熱に関して、たちまちその実体が明らかになった。彼は、熱の放射と光の放射、さらには音の放射の間に深い類似があることを明らかにした。ある固体の振動によって生み出される音は、空気中あるいは他の環境の中を同じ様態で伝わる。光の放射と熱の放射は、同時に同じ法則に従う。しかしメローニによれば、光を最もよく通す物体

（透光性）が、熱を伝えず、反対に透熱性を持つものが、光を通さない。こうした奇妙な反転ないしは不一致にもかかわらず、二つの波形について、同タイプの反射、分解、屈折、分極が認められるにちがいないのだ。それゆえメローニは、まさに熱のためのレンズとプリズムの開発を行った。メローニは同一性について、光の放射と熱の放射は、同一のスペクトルの実態の二つの側面を規定するとまで主張する（光、熱、化学物質というさまざまな放射の同一性に関する論文、一八四二年）。カルノー[39]が一八二四年に、次いでジュール[40]が一八四三年に、重りの落下によって水の中で羽車を回転させることに成功した（ここから、この熱量計のうちに、水の摩擦が存在することになる）。到達された水の温度によって、彼らはそこから計算した「熱量」を測定することができた。実に、固体が落下する高さによって、温度上昇に必要な運動量を推し測ったわけであり、これにより、名高い「熱と運動の等価性」が導き出された。他の多くのより複雑で精密な方法が、これを引き継いでいった（ヒルン[41]、ヴィオル[42]、ローランド[43]）。一方の記録簿から他方の記録簿へと移行し、熱と運動の対応すなわち並行関係を正確に評価できるようになったことには変わりはない。当の運動は、熱のうちに消失してしまうのだから、ジュールはすでに熱を運動量で計量していたのだ。一リットルの水の温度を一度上げるだけの熱量を生み出すためには、一メートルの高さにある四二三キログラムの重りが必要である。つまりこの数字が、熱の（機械的な）等価物と見なされた。

たしかに間違いないことだが、これが一般化されたのだった。われわれは、この一般化に疑問を呈することができる。エネルギーの総量は不変であり、あるシステムから別のシステムへと推移するだけだと主張され、ここから、エネルギーの不変性の法則が生じる。こうしてこの力が、なんらかの相、なんらかの物質のもとで、またその様相のもとで、一様に翻訳されると考えられるようになった。しかし、この主張は行き過ぎではないか。一種の形而上学が実在に取って代わってしまったのではないか。

こうしたためらいには、少なくとも二つの理由がある。(a)まず、二つの翻訳の間――一方は熱、他方は運動――には、不可欠な装置が介在している。たとえば、蒸気機関においては、熱による水の気化、気体の圧縮不可能な膨張、ピストンの運動、とくに、その往還運動を連続する回転運動に（線を円環に）変換するクランクシャフト・システム[*44]が介在している。熱が行程の最後において、一つの移動へと変換されることに異論を唱えることはできない。同様に、熱量と運動量という結果のおかげで、熱量を測定するために、運動量を利用できる。しかし、このことから、これら二つの力に差異が存在しないとは言わないまでも、〔一方を他方へと〕還元し、誤った表象的概念へと移行してしまうのだ。一方が、他方を産出するのは、組み立てられた（モンタージュ）装置のおかげでもあるのだ。したがって、結果に依拠して、二つの力の原因を暗黙のうちに同一視してはならないだろう。モーターは、電気の流れ、操作肢、風力、水の落下、火などによって動かすことができる。ここから、類似していないいくつかの方法が、同一の結果を引き起こすと結論するのは正当だろう。しかし、この結果から（結果によってのみ等価である）諸々の力を同一と見なす根拠を引き出すのは困難だろう。要するに、確実なつながり、ありうべき対応関係、移行は存在するが、一種の類縁性までは主張しないでおくべきなのだ。

もっとも、先ほど示唆したように、この方向は、さらに推し進められている。熱を（潜在的な）運動、振動する分子の運動以外のものだと想像するのは、ほぼ不可能である。同一化あるいは可能的な転換は、こうした運動理論へと導かれる（遠隔からの振動が伝達されるためには、ある環境もまた必要とされるだろう。これは特別な弾性を有する環境であり、これがエーテルである）。先に、熱を固体の隙間に宿り、あらゆる方向へと投射されうるような流体（熱といわれる物質性）と見なしたが、これは人を誤らせるもう一つの同一化である。これらの誤った見方は、関連づけを濫用したり、あるいは混同したせいで生じている。つまり、最も把握しがたい現象を、すでに認識されている現象に帰着させるだけでなく、原因をも性急に結果へと関連づける。原因は結果を生み出すのだから、原因は結果に属している（本質的な同質性）。ここから、運動する分子、ないしは流動する液状のものというメカニズムが出てくる。

(b)もう一つの議論が、多元変換に依拠した等価主義的な暴走を防ぐべきだったし、防げるはずだった。熱力学の第二法則は、熱を等価性と可逆性という完全な回路の外へと引きずり出す（非対称性）。つまり熱は、もはや無差別に一方の物体から他方の物体へと移行しない。水の落下との類比が認められる。ハミルトンの原理[*45]を援用すれば、これはいっそうよく理解される。これは「最小作用」と「より少ない効果」の重要性を強調する。水は流れ、再び登りはしない。同様に、熱は坂を下る、ないしは減少方向にしか移行しない。それは他のエネルギーよりもよく発散し、喪失されていくだけである。したがって、熱の大部分は使用不可能である。

いわゆる「潜在的な」エネルギーを考慮せねばならないからといって、すべての（等価な）様態は等しいという結論を導出するのは、困難だと思われる。掛け時計の振り子が振り上げられた状態で停止している時、それを振り上げるのに使用されたエネルギーは、潜在的な状態で振り子自身のうちにとどまっている。つまり、それが消失するのは、振り子が降下する時のみである。さらに、屋根の上に載っている瓦は、そのうちに「潜在的なエネルギー」を保持している。こうした定義によって、エネルギーの消失が妨げられる。エネルギーは、下絵のようにつねにどこかに存在するからである。こうした原則的な見積もり、いわば計算は、いかに正当であったとしても、なおある原則を支持し、その原則をあらゆる否認から守ろうとしている。われわれは、一つのシステムのうちに閉じこもるという危険を冒しているのである。

事実を歪める危険を冒すにしても、ここでは、あえてより簡潔に、以下の点に注意しておきたい。流れ、つまりはエネルギーが創造され、次にそれによって変換が創造されるためには、それらの変換が、水、電気、火、熱、運動のいずれに変換するにせよ、まず高低差が存在せねばならない。たとえば、低温と高温というような、二つの源が存在せねばならない。すなわち、緊張を生じさせる偏差が必要なのである。生産は、自らを無化しようとし、ほとんど自分から無化されることを目指す不均衡を表現している。つまり交換は、差異が存在する時にのみ、またそれが中和されるまで介入する。たとえば太陽は、明らかに、太陽自体に近い温度の物体を暖めることはできない。それらの間には、どのような流れも存在せず、等温の物体にとっては、太陽は冷たいものとして存在することもあるだろう。潜在的に存在するが使用不可能なことが多いエネルギーを排除すれば、仕事あるいは流れは、太陽が打ち消す作用から結果するのである。しかし、エネルギーの多元変換が、等価性と様態の無差別を強調する一方で、ずれと不一致（異質性、空隙、段階）を重視する、この説明は、反対に水準の分離を賞賛する方向を志向することになる。

変換をうまく行うために、伝達を可能にする「組み立てられた装置」の製造が重要であることにも言及しておこう。物理学者は、（電気機械工学、電磁気学、電気化学という部門における）こうした移行の技術を学ぶ。どのようなものであれ、あるものから別のものへの変換（等価主義はその過程よりも、結果を重視する）には、「増幅器」や「交換器」が存在することは隠しようもない。つまり、どちらの方向へも起きる可能性のある変換のような、流動を生じやすくしているのだ。こうしたことが実現したことによって、諸々の偶然的な現れを超越する不滅の実体（その保存は、その変換に結びつけられている）が存在するという形而上学が支持されているおそれがある。われわれはすでに、内容を無視し諸様態を急いで相互に融合させる傾向に深くはまり込んでいる。いまやわれわれは、要約されたテクストにおいて、文学が目指していたのと同じ方向へと進んでいる。文学は、意味にしか、すなわちテクストを貫くただ一つの電流にしか重要性を与えなかった。媒体や反復される主張（冗長さと希釈）は、まったく重視されない。危険で誤解に満ちた訓練であることは、すでに示したと思っている。精神を貧しくして、迅速さ、効率を求める訓練であり、そこでは基体や状況を示すものを無視することを、うんざりするほど学ぶ。「要約」が「等価物」の代わりをするばかりか、蒸留液が取り除かれたもの、また「要約」が凝縮しようとしていたものを越え出ている。テクストを変換し、衰弱させるのだ。われわれはつねに、教育学において「脱物質化」を志向し、それに精通している。(13)

交　換

最後に、本書の論告が何をもって終焉するのかを、コンディヤックとマルクス[*46]に問うてみよう。彼らを関連づけるのは奇妙に思われるが、本書の主張は彼ら二人によって指導されているのだ。本書はこの論告によって、政治経済と貨幣経済に関するいくつかの最終的な考察へと入る。当然のことながら、コンディヤックから始めよう。

先に教育学について記したことは、驚くべきことではない。モンテーニュ[*47]からジャン＝ジャック・ルソー[*48]まで、さらには教育について論じたそれ以降の哲学者も、あまりに現実感を持たず、はかない知識に、現実的な重みを持たせようと望んだ。彼らは、学校教育の形式主義に警戒感を抱いた。しかし本書は、ルソーに完全に追従することはできない。彼の反体制的で難解な哲学には、ノスタルジーによって歪曲された過去へと回帰するために、現在を糾弾する傾向が顕著だからである。恨みが、彼の哲学に活力を与えている。彼は、都市、前産業文明、工場、市場を公然と非難し、農村での仕事、とくに手工業を大いに称える。人間を森のまっただ中に置き入れ、人気のない道や土地で孤独に存在する新たな、あるいは現代の「ロビンソン・クルーソー」になることを望む。しかし、こうした文脈を抜きにすれば、理屈好きの多弁家に対する反撃となる力強く、熱のこもった、無視できない議論がなんと豊富なことか。

ルソーによれば、真の教育は、まず具体的なもの、物質、素材（それらの状態や特性）にまで開かれていなくてはならない。こうしてエミールは、沸騰、溶解（鍛冶）、凝固、膨張、弾性について次々に深く考え、自ら、サイフォン、秤、コンパス、温度計という道具を製作する。ルソーは、生きた「実物教育」を考案した。しかし、実際には早急に対抗策が打たれ、人々はルソーの本質をねじ曲げようとする。彼は変造され「世俗化」される。こうして実物教育は、風変わりなものあるいは遊びへと転じてしまう。

ルソーの著作からいくつか引用しないわけにはいかないが、そこでは、書物、アカデミー、学者、学校教育を受けたブルジョアに対する最も激しい非難が表明されている。学校教育は、子どもを言葉の洪水で溺れさせ、その一方で真の知から遠ざけ、（木、蠟、ガラス、鉄、ルソーが付言するように、とくに金ではなく鉄、ダイヤモンドではなくガラスなどのような）「物」を避けるよう回り道をさせた。子どもは、途方に暮れた状態で学校から卒業する。もはや木を識別することもせず、最も単純な物についてさえ混乱し、大鉋や鋸のような最も基本的な道具を操作することもできない。彼は、錯乱し無頓着になる。子どもは、自分を取り巻くものの価値を高め、それに命令し、操作し、利用するための準備をさせられただけである。

多くのアンソロジーの中でもとくに辛辣な選集があるが、これはまさに、ここで手短に想起させたばかりのことに正当性を与えている。エミールのこれらの文章は、少なくとも彼の思想の典型を示してくれる。

「私は、言葉による説明を好まない。幼い子どもはこれにあまり注意を払わないし、ほとんど覚えてもいない。事物、事物、事物！　われわれが言葉に力を与えすぎることを、私はどんなに繰り返しても繰り返しすぎるとは思わない。われわれのおしゃべりの教育では、おしゃべりしか作れない」（第三巻）。

「私は書物を憎む。書物は、知らないことについて語ることだけを教える」（同第三巻）。

「ヨーロッパの学者の諸団体が虚偽を教える公立学校にすぎないのは明白であり、科学アカデミーにはヒューロンの全民族中よりも多くの誤謬があるのはまったく確実なことである」（同）。これらは、怒りを表現するために書かれたものではない。エミールには、こうした文章がちりばめられている。こうして、再びアカデミーは非難され、手作業、職工が讃えられる。「彼は、ロンバール街のいちばん小さい菓子屋のためなら、科学アカデミーの全会員など見向きもしないだろう」（同）。

コンディヤックは、こうした非難に対して警戒心を抱いた。しかし、本書が信じるところでは、コンディヤックの哲学は一種の根本的なアポリアを解消しようと試みたものだった。それは、外界、要するにわれわれを取り巻くすべての物を離れると同様に、直接性、つまり自発性をも離れるが、それを捨て去るのではなく、少なくとも「ガードレール」ないしは「試金石」として使用するということである。コンディヤックの哲学は、二つの側面を持つ。つまりそこでは、なお自然性が維持されている。それは変形され一見遠ざけられたようにも見えるのではあるが。

ここから、直接的な結果として、コンディヤックのうちに、標定可能なものにもはや対応せず、過度の危険性を持つ抽象に対するおそれと同様に、自己のうちに閉じた語に対するおそれが生じた。「語は、物の本性を説明すると確信したので、われわれの探求において努力すべきことは、新たな表現を見出すことしかないように思われる」[14]。ここに見出されるのは、かなり凡庸な指摘だが、この指摘が言葉や記号に価値を与え、賛美することに最も努力した哲学者によるものだということが付け加えられるなら、この指摘は深みを持つものである。コンディヤックは、観念の重要性を明らかにしたが、その観念と同じように、記号は実在の軽薄かつ鋭敏で可動的な代表としての価値しか持たないからである。記号は、実在に依存し、それを代表しているのだから、実在を忘れさせるべきではない。哲学者は、最も新奇な観念あるいは複雑な観念を、分解し再構成することで、それらについて判断するものなのだろう。すなわち、観念が自らを彫琢した道、あるいは彫琢されてきた道程を反対方向からたどる。とくに数学においては、道を後戻りすることが可能である。われわれは数学の道程に諸々の段階を念入りに設定してきたので、他の領域においてよりも、それらの段階をうまく再踏査することが可能だからである（生成）。ここで数学の遡及的方法から着想を得ることにしよう。したがって、方法上必要な場合に分析は、起源へと、つまり第一の経験へとさかのぼるが、それは始まりを志向することではなく、明白な隔たりあるいは過度の隔たりを有効にすることのみを可能にするためである。コンディヤックは、ここに位置している。彼とともに、自然はつねに最初にある。われわれはまず自然につき従い、次にそれをできる限り遠くまで延長せねばならない。自然は、道を開くが、その道はただ規則的な最初の段階から延長されるだけで十分である。これは、感覚主義（感覚の理論は、あまりに強調されているが、この理論はこの原則を適用しているだけである）ではなく、束縛を断ち切らなかったにもかかわらず勝利する象徴主義なのだ。高名なるコンディヤックが、パルマの王子を教育する責務を負ったのは周知のことである。このことからコンディヤックに教育学への関心が芽生え、古代と現代の歴史に関する著作のほかに、話す技術、書く技術、推論の技術という教育学の範疇に入る多くの著作が生み出される。コンディヤックは、自律化にまでは至らないとしても、実存を軽視することに取り憑かれたエクリチュールの乱用と危険性を倦むことなく明らかにする。こうして、哲学者たちは、見かけ上は徹底的である方法、つまり偽りの方法に依拠したために糾弾された。たとえばデカルトである。彼はすべての観念を検討するのではなく、観念に警戒心を抱きながらも、そのうちの一定数はそのまま受け入れた。デカルトの言うところの懐疑とは、懐疑ではない。何を証拠にそう主張するのかといえば、デカルトが生得説に固執したままだったからである。これはコンディヤックには擁護しがたい説である。なぜならそれは、思考や観念の産出を認めない理論だからである。「もしこの哲学者が生得観念を支持していなかったら、認識の新たな土台を手に入れるただ一つの方法は、観念をそれらの起源から再把握するため、観念自体を破壊することだと理解したであろう」[15]。それゆえ、この反省的吟味の哲学は、それ自体が実際に成し遂げられなかったことまでも行うつもりなのである。

もっとも示唆的な書物の一つ——計算の言語以外の、つまり先に触れた象徴体系の発明以外の書物——は、まさに貨幣に関係している。貨幣は、それ自身、害悪をもたらす破壊的なものだが、必要な道具でもある。

こうして本書の訴訟に戻ってくるわけだが、コンディヤック(『通商と政府』)の助けによって、この訴訟を継続できるだろう。ここで貨幣は、生産において重要な役割を果たすが、その役割は認識の領域において言語が果たす役割に等しい。両者はけっして分かたれない。貨幣の利点は数えきれない。生産物の一般的な記号である貨幣は、それを商品化できる。貨幣は、コンディヤックが重農主義者に対抗して擁護した工場生産の飛躍的発展を、さらにはこの単位－原器による、商品の抽象的な操作および素早い交換をもたらす。要するに、等価主義的な精神はここに格好の領域を見出し、記号が代わりを務める当該の製品よりも、まもなくこの記号自体を好むようになるだろう。これにより、豊かさ、重商主義、独占、さらには記号だけを扱う者と製造のみに釘付けにされた者との間に階級分化が生じる。エクリチュールは、最善と最悪をともに行うことができるが、同様にこの金属でできた富は、社会を近代化すると同時に腐敗させもする。数学的な記号と同様に、言語は第一の単純な機能である表象機能から絶えず分離するが、それはより複雑な操作のためである（たとえば、累乗、根、対数である。これらによって、ますます素早い計算が可能になる）。同様に、経済における言語の対応物である貨幣もまた、一方で価格、流通および交換を通して、物にますます巧みに代置されるが、他方では、すぐに「脱物質化」と複雑な信託という収奪の回路に入る。これによって「不正取引」が、数多くより速やかに行われるようになる。まず貨幣は、堅固な金属で製造され重量があったので、その重さが流通を邪魔し、停滞させた。なぜ鉄と銅ではなく、銀と金なのだろうか。コンディヤックは、こうしたすべての問題に取り組んだ。銀と金は、輝きと強靭さに加えて、より「変質しにくく（安定性が高く）」、分割しやすく、十分に希少である。それでもなお、貨幣秤によって、この代用物を測定せねばならなかった。しかし主権者の肖像（ルイ十四世、後にはナポレオン）を刻印すれば、貨幣の純度と価値が保証されるので、こうした検査の作業は省略され、信用が確立されるだろう。コンディヤックはすでに思い至っていたにちがいないが、金に準拠することは実際には行われなくなり、帳簿操作で十分になる以前には（帳簿で借方に記入する）紙幣さえあればよく、さらに今日では電子譲渡が行われるというように、この運動は続く。売買の流れに還元された実在を、遠ざけたり交換したりすることを促進していたものが、同じ消滅（脱貨幣化）を経験する。本書は、この点を強調する。ここで消滅は頂点に達する。われわれが所有するのは、もはや可能性のみである。そしてコンディヤックの全著作は、こうした完全な等価主義の危険性と利点を明確にしようと試みているのである。

コンディヤックは、この象徴が有益であり必要だと理解したが、この点に関してわれわれは、彼に感謝せねばならない。事実、社会あるいは個人は、最初はある食料品を他の食料品と交換できるだけであり――物々交換――、それらの食料品は、いつでも存在するものの場合もあるが、時には生鮮食料品の場合もある。しかし、どのようにして小麦で葡萄酒を、また葡萄酒で小麦を入手できるのか。どこでそれらの買い手に巡り会えるのか。申し出られたものを、どのようにして輸送すればよいのか。これでは市場は、おのずと死に絶えてしまう。しかし、「貨幣」を入手するやいなや、社会は経済と生産によって変身する。われわれは、（相手の欲求を）直接的に埋め合わせるものを所有する必要なしに、簡単に売ることができる。（貨幣という媒介によって可能になる）事後的な、現場から遠く離れて遂行されうる買い入れ「契約」を行うだけで十分である。さらにコンディヤックは、最も決定的な事実について主張する。すなわち、商取引においては、必要なものと交換に、不必要なもの――過剰なもの――は、譲渡されるという事実である。類似したものに対して、財はいっさい譲渡されない。無駄なもの、あるいはより少ないものが、より多くのものを生み出す。力と富を倍増させる前代未聞のこの手段が持つ能力に、夢中にならないわけがない。そこには明らかな等価性（調節され釣り合いのとれた売り買い）があると考えられるが、その一方で否定しがたい「剰余」も認めねばならない。さらに銀行の為替手形が、市場を宇宙的な規模へと拡大する。金属はもちろんのこと、紙幣すらも運搬する必要はない。これと同じように可動的で非物質的な記号の中でも、これほどの余剰と利益を生み出すものは他になかった。農業と工業は、貨幣なくして存在しない。

しかしコンディヤックは、この等価主義に対して警戒心を抱いた。ローの破産[*49]がこれを十分に証明する。空虚のうちに利益とばかげた予見を求める、目もくらむような争いには警戒せねばならない。コンディヤックは、交換を阻害する人々――さまざまな税金、通行税、組合の諸規則によって――、自分たちの利益のために売買を妨げる専売を行う人々と躍起になって戦うが、手段（記号）にすぎないものを目的に変換した投機師、相場師に対してなおいっそう激しい戦いを挑む。貨幣は、それが刺激を与えるはずの生産に依拠しないなら、どのような価値も持たない。貨幣は、現実の物を増大させるためにのみ、これらの物に取って代わる（解放されたいと夢中になる、代表であり代替である言葉のように）。「金や銀にいかなる価値が付与されようとも、それらの価値は、第一の豊かさであり最も重要な豊かさであるこれらの金属の豊饒さのうちにあるのではまったくない。この豊かさは、消費される生産物の豊富さの中にしかない。しかし、金、銀によって、すべてを手にすることが可能であるから、われわれはすぐに、これらの金属を唯一の富あるいは少なくとも主要な富と見なすことに慣れてしまう」[16]。さらにコンディヤックは、金銀の相対化を目的とした他の議論の中で、これらの貴重な金属を生産する国々が、これによって利益を得るはずであるにもかかわらず、結果として滅びてしまったと指摘する。逆説的だが、金の豊富さによって、その所持者は衰弱し、国は急速に均衡を失う。「かつては王国内で買っていた物を、すべてより廉価である外国から購買するようになった。職人は次第に働くことをやめ、商人は販売することを、農民は農産物を栽培することをやめた。製造業、農業、商業、すべてが駄目になった」[17]。原因は理解され、リスクは明確に限定されている。人々は、諸要因を転倒させる傾向がある。コンディヤックが記すように、しばしば経済学者は、「本末を転倒させた」[18]。彼らはこの点で、結果を原因と見なす。貨幣は、仲介の機能しか果たさない。この機能を絶対化しないでおこう。進歩を生み出す等価主義には賛成である。しかし、それは交換器が役割を放棄せず、たとえそれがすべての物と交換可能だとしても、さまざまな商品を超越しない商品にとどまるという条件においてである。

それゆえコンディヤックは、労働者と市民を犠牲にして豊かになる蓄財家と成金に対して、厳しい政治的手段をとることを推奨する。奢侈のうちに閉じこもる倹約を妨げようとする。しかし、コンディヤックは豊かさを欲したのであって、金持ちを欲しなかった、という結論だけを記憶しておこう。すべての物と等しい貨幣は、それが関係するものを忘却させる傾向がある。科学と哲学は、同じ傾向に、つまり根本的な祖国喪失へと、また離郷による不幸な帰結へと導かれる傾向に、そそのかされている。

マルクスは、いま検討したのとは対極的な彼の分析において、同様の危険性、つまり普遍的な等価主義と、貨幣の平均化する理念化の危険性を指摘している。彼は、この理念化を容赦なく非難する。ある意味、「経済学」というより辛辣な批判について論じている。富についての科学は、そこから利益を引き出したが、すべてを歪めてしまった。コンディヤックは、商品の流通、つまり必要な物と余っている商品を交換することで、価値、すなわち「剰余」が生み出される（マルクスは、これを子どもじみた理解だと考えた）と信じたが、このせいでコンディヤックに対してもマルクスは異議を唱え、公然と非難した。「にもかかわらず、コンディヤックの議論はしばしば近代の経済学者たちによっても繰り返されている。ことに、商品交換の発達した姿である商業を剰余価値を生産するものとして説明しようとする場合がそれである」[19]。

フェティシズム

マルクスによる資本主義システムの分析には、これ以上立ち入らずに、倒置と隠蔽の根本において、マルクスが貨幣とその発生について記したことだけを記憶しておこう。マルクスによれば、この（投機による）罠を回避したと信じていたコンディヤックでさえも、（彼の誤った自由貿易主義によって）それに屈したのだった。基準となる金は、すべての生産物と交換される。この「普遍的な等価物」は、急速に一種の「自律的な理念」になる。これは、われわれが所有しようとする即自的富としてそれ自体を実体化する。しかしいまや産業社会は、真の連鎖あるいは実在を隠す。貨幣を介して見える局面は、不可欠で決定的な生産的労働を覆い隠す役割を持つ。これによって、使用価値が忘却されてしまうほどに交換価値が優遇され、金に対するフェティシズムもまた生じる。本書とほぼ同様の見解を持つグー氏は、反映物を神聖化するという錯覚の告発者であるマルクスの偶像破壊の部分を強調する。マルクスにとって、生産物は労働を具体化するという理由でのみ価値を持ち、これによって生産物は豊かなものになる。この融即（主観的なものが客観的なもののうちへと入ること）だけが、評価ないしは将来の商取引の基礎を構成する。「諸商品は、貨幣によって通約可能になるのではない。逆である。すべての商品が価値としては対象化された人間労働であり、したがって、それら自体として通約可能だからこそ、すべての商品は、自分たちの価値を同じ独自な一商品で共同に測ることができるのであり、また、そうすることによって、この独自な一商品を自分たちの共通な価値尺度すなわち貨幣に転化させることができるのである」[20]。価格の計算表も自由競争も、真に交換を可能にしているものと見なされるべきではなく（これが市場の観点に縛られたコンディヤックの誤りである）、ただ労働（その質と時間）だけが重要であり、それが、労働者の刻印を物質に刻みつけ、物質自体もまた採掘と鉱山での努力の果実となる。その結果、労働は、物質を欲求されるもの、つまり商品にするのである。終点を、始点や起点と見なしてはならない。等価主義的な紙幣は、等価な移行を容易にはするが、同時に取引の意味、ないしは取引というものがこれほど有益なのはなぜかを忘却させるのである。

「商品―貨幣、商品（M―A―M）」という連結は、誤って理解され、すぐさま「貨幣―商品―貨幣」

（A—M—A）へと転換する。道具（A）が解放され、自分を物神化するからである。この「A—M—A」はむしろ「A—M—A'」だと理解されねばならない。「過剰」（A'＞A）が、この連鎖のただ中で生み出されるからである。マルクスは指摘しているが、それは「売り手が商品をその実際の価値よりも高い値で売るからでも、買い手がそれらをより低い値で買うからでもない」。一方が、おそらくそのように（おまけとして）獲得した分は、彼がだまし欺きさえした他人のところで、差し引かれている。マルクスは、商品化、等価物の劇場、つまりその仲介者である貨幣を過小評価することにこだわる。入り口で観察されたものは、つねに出口で書き留められるからである。配分が、変化しただけなのである。全体としては何も失われていないし、この過程では特別に何も創造されてはいない。

しかし、（A—Mにおいてではなく）M—A'において増加が生じるのだから、本質的なことが行われたのは、明らかにMにおいてであって、Aによってではない。生産労働の力だけが、向上をもたらすが、労働者を雇用した資本家は、労働者のおかげで増収した分は即座に自分のものにしてしまうので、労働者は応分の給与を受け取ることがない。企業家は、この強みを保持するためにのみ給与を支払うのであり、自分がその恩恵に浴しているところのものを軽視しているのである（人は、取るに足りないものを低い値段でしか買わない）。マルクスのこの古典的な理解を、手短に想起しておこう。これによってアンチテーゼとして、銀行通貨の流通の信用を失わせ、それを著しく最小化できるからである。交換と流通の働きは、現実の下部構造をあまりに大きく覆い隠し、すでに言及した理念化を促す。そしてこの理念化は、社会全体を駄目にするものである。市場の利益のために、生産における転換の内容が格下げされ忘却されさえする理由もここから理解される。市場を認識することではなく、そこから利益を上げるのが、まず重要なのである。物よりも記号が好まれているといえるだろう。そしてマルクスは、物質を軽視する危険性、つまり迅速な投機的取引の危険性を強調せねばならなかった。金銭は、実在の世界に対する盲目を正当化し、同時にこの投機的取引を加速させる。

現代の都市が、交換を助ける手段ないしは記号なしでは立ち行かないことは間違いない。しかしそうした都市は、すべての物を獲得できる金に魅せられ熱狂するうちに、転落してしまう。金はすべての代わりをする。すべてを凌駕する。それは崇拝されるべき偶像へと変化する。また破壊不可能であり、あらゆる権力の源であり、偏在的で（世界基準である）、簡単に分割でき（これによって、場合によっては少量で使用できる）、輝きを放っている。善とは、豊かさでないとすれば何だろうか。いまや、「金でどうにかすることができず、売買できないものは何もないのだ。流通は、大きな社会的蒸留機である。ここですべてが沈殿し、貨幣という結晶へと変換され、ここから出ていくのである。聖人の骨でさえも、神聖不可侵の事物でさえも、何物もこの錬金術に抗うことはできない。商品間のすべての質的差異が貨幣の中で消されてしまうのと同様に、徹底的な均等化を行う貨幣は、いっさいの区別を消去するのである[21]」。

ここでの金は、それ自体また、定義によって以下のことが忘却された存在である。それは、金は採掘され、純化され、加工されねばならないのだから、それ自体一つの商品であったということ、あるいは、一つの商品——数多くの「労働」から結果するもの——にすぎないということ、である。金は可鍛性を持ち、黄色やバラ色の光沢にあふれているので、奢侈品や装飾品（金箔）に数えられるが、性急にその気品はあるが物質的な役割を離れ、普遍的な代替物という役割を引き受け、それ自体を超えた存在となる。黄金への呪われた渇望よ（Sacra auri fames）、金はその所有者や占有者が物質を扱う行為から離れ、これらの行為を別のものによって取り替える（等価主義）のを助けるだけではなく、いわばそれ自身で模範を提出する、つまり消失を伴う進化という、巧妙な消滅の証拠を提示することを責務とする。金銭（pecunia）は、まずは家畜（pecus）の群れと同一視され、次には金属、それから金銭をいまだ前提とする手形へのサイン、最後には純然たるクレジットという信用と信託に基づく媒体と同一視される。

とりわけ金銭は、人間を手形とその基礎から分離することを可能にした。プロテスタントの金貸しは非常に栄えたが、彼らはプロテスタンティズムが容易に随伴しえた精神化のこの運動の結果として生まれた。プロテスタンティズムは、他の宗教あるいは宗派以上に、肖像、印章、はっきりした保証や抵当の図像といったものからなるイコノグラフィーへの執着をきっぱりと断つことができた。それとともに、金属主義も終わりを告げ、迅速な世界規模の経済への道が開かれた。実物とあらゆる代用物が放棄され、信用（credo, credere, crédit）だけで十分になったが、これは、エクリチュール〔聖書〕を重視する宗教――聖書ニヨッテノミ（sola scriptura）――において、パンと葡萄酒という聖体は、もはや必要ではなくなり、信仰のみで十分であるということになったのと同様である。聖変化〔パンと葡萄酒がキリストの体と血という実体へと変化すること〕の問題も消え去った。こうして、理念性、つまり、より効率的で場所をとらない道具的合理性が生じた。この合理性は、その代わりをせねばならない保証人や署名によってもはや縛られることはなかった。交換という機能だけが保持されたのである。しかし、マルクスについてと同様にコンディヤックに関する本書の論評――これらは対極に位置するものである――から、次のような理解を記憶にとどめておこう。諸存在と労働が、記号に取って代わられ、次には記号がエクリチュール（預金通貨）に取って代わられることで、「抽象的普遍」を利するために、操作（変換）、「諸抵抗」の忘却、脱実在化への変化が促進されるのである。

非物質主義

それゆえ、新たな修辞学が生まれることになる。これはそれ以前からのものと同じ性質を持つが、より内容のあるものである。十七世紀においてはなお、現代においては無視されるものを扱うことが学ばれていたのである。内容は、飛び立とうと欲する思考を過度にもたつかせ、特殊化し、邪魔する。修辞学は、思考がその内容から身をもぎ離すのを助ける。

スコラ神学は、よく指導された弁論の技術（説教）を教えている。「類別論をよく理解している者は、言明を増量する多くの素材を見つけることができる。彼らにとっては不毛なものはない。目の前にあるすべてのものについて、彼らは好きなだけ長く話すことができる(22)」とラミー神父は書いている。実際にトポス*50の方法は、まず開くことができねばならない「引き出し」を指示する。さらに、文彩の方法（エパノルトーズ[*51]、イペルバット[*52]、パラリプス[*53]、ユポボール、アポジオペーズ[*54]、イポティポーズ[*55]など）は、展開すべきプログラムを規定する。弁論し、聴衆を覚醒させ、すべての主題について論じることができるが、それらの主題について十分に知る必要や、それらに「没頭」する必要はないのである。これは、見事な修業である。

二十世紀には、明らかにこの種のものに価値は認められていないが、好むと好まざるとにかかわらず、その精神は保持されている。等価主義は、最も曲芸的な代置ないしは有益な転移を可能にする。あらゆるものが、あらゆるもののうちに回帰する。内容と同時に言明が交換され、消滅させられ、取り引きされる。

本書は、感覚的なものないしは基体の消滅に関する三つの例を分析した。この消滅は、知性に大きな操作能力、敏捷さ、慢心を授ける。(a)テクストの要約（これは誤解されていた）あるいは簡潔な表現の喜び。(b)残留物と廃棄物、破棄すべき使用不可能なものの軽視。(c)最後に、過度に重量のある貨幣の使用を免除し、交換を正当化するための決済方法としての手形。これら三つの実践の各々について、その必要性、いくつかの利点とともに、さらにそれらが陥る解釈的傾向を確認してきた。

非物質主義（一般化された脱物質主義）の第一人者は、これらの実践のすべてではないとしても、少なくとも二つを実践し奨励していることが確認できるが、これは意外なことではないだろう。

(a)バークリー[*56]は、近代的な銀行の創設を願った。この事実は忘れられているが、彼は、通貨を金属製のあるいは感覚的ないっさいの枷から解放したいと述べている。バークリーが望んだのは、クラウン銀貨やコインでさえなかった。(銀行の)口座のみを認め、最も薄っぺらい紙切れ、すなわち紙幣、署名というようないっさいの手段の消滅を希望したのだ。グー氏は、バークリーの著作のあまり注意を払われてこなかったこの側面について、多くの注釈を加え、次のように記している。「金属という物体が消滅した後も、貨幣という名称が保持されるならば、商品の流通はそれでもやはり存続し続けるだろうか。バークリーがこうした問いを提起したのは、まさに一七五〇年であった[23]」。バークリーはまさに『質問者』において、「銀行の帳簿上のある人物の名前を、別の人物の名前に書き換えるだけで、銀行の口座によって所有権が非常に手軽にかつ安全に移行できるならば、このことは商業にとって非常に大きな助力であり、刺激となるのではないだろうか[24]」と記している。バークリーは、間違いなく記号本体そのものの廃止を望んでいる。

(b)この哲学者は『サイリス』において、万能薬であるタール水について、微細な火に伴う蒸気(精)と芳香および色彩のためだけに、土中の水分と油を除去する操作を体系化した。彼はこれを科学的に、つまり化学的に行ったのである。

蒸留という技法、つまり精を打ちひしぎ、邪魔するものから、それを救い出す技法に関する注釈において、これほど深く論究したテクストはかつてなかった。バークリーは、いわゆる実在とその迷宮のうちに迷い込んでしまう物理学者、さらには意味を持たない語の愛好家、すべてを複雑にする一方で何も説明しない言葉上の論争(粒子、引力)をすすんで糾弾する。バークリーによれば、あらゆるところで非有体物が、金属、植物、動物のうちに浸透しており、この非有体物は、それらに、熱、さらには光、輝き、生命を伝える。結果として、火によって、この「霊魂」を、その身体から切り離すことだけが重要であり、それが可能ならば、この気体のエッセンスを取り出すことができる。

バークリーによれば、人はどうしてもヘルメスの教義[*57]に固執してしまい、それゆえ自然界の基本要素が相互に転換しあうような作用を思い浮かべてしまう。すべては唯一の知性に依存しているのであり、この知性が、多様な相のもとに巧みに隠されている基本要素の力を説明する。「われわれは水が空気へと変化し、空気が希薄化し、弾性を持ち、他の媒質からの引力によって、空気よりも純粋で、希薄で気化しやすくなるのを見る。しかし、この媒質は流動的で、広がりがあり、それゆえ有体的な存在であるから、それ自身は運動の原理たりえないが、それはわれわれをおのずと必然的に精神と非有体的な動因のほうへと押しやるのである。われわれは精神が運動を開始し、変化させ、決定できることを意識しているが、それはまったく身体のうちに現れはしない。むしろ、経験と反省の両方から、その逆であることが明らかである[(25)]」。すべては一つのものからなっている。ここから、こうした可逆性と準物質的な多元的転換の可能性が生じる。

日の光にさらされた松から抽出される樹脂は、植物からの他の抽出物以上に「普遍的な精」を含んでいる。この精は硫黄や塩に反応するのではなく（これらは単なる媒介にすぎない）、この樹脂のうちに集中して存在しているこの精妙な知性体に反応する。それゆえ松脂を使用して、神経障害に関わるほとんどの病気を治療できる（万能薬）。

(c) さらにバークリーは、同じく『サイリス』のあちこちで、宇宙についての簡略化された解釈を要求するが、それは、種子の素描を投射し拡大したものである。

世界は、巨大で重い一匹の動物に類似する。ところで、生物の全体のほうは、細胞内に凝縮されているものを外化する（これは、おそらく胚の入れ子構造理論の手直しだろう）。したがって、長さや量的な外観は重視しないでおこう。原初のもの、第一のもの、縮約されたものへと回帰しよう。それだけが、光をもたらす。残りのものは、薄め迷わせることしかできない。

これら三つの主題——簡潔な表現、霊薬、純然たる信用による通貨——が、はっきりとバークリーの思想のうちに存在している。彼は、銀行、薬理学、簡略化された言語を順々に基礎づける。これら三つの試みにおいて、シニフィアン〔記号表現〕の軽量化がつねに志向される（これはその消滅にまで至る）。シニフィアンは、あまりに重量を持ち、人を欺くので、意味とわれわれとの間に遮蔽幕を形成する危険性がある。精神それ自体、すなわち世界の精神へと至るべきだ。

バークリーのこのような形而上学は、諸学派と同時にいくつかの哲学に精彩を与え続けた。この形而上学は、多くの人が控えめに望んでいたものを声高に表現する。媒介物の終わり、物質の節約、精神の交流、急速な富裕化を、はっきりとためらうことなく望んだ。消滅による透明性を望んだのだ。

等価主義が、こうした高揚を経験することは、けっしてなかった。つまり、オルフェウス教[*58]の色合いを帯びた『サイリス』は、火の最終的な勝利を詳細に記すが、火はそれ自体が空気によって運搬され、空気（植物と鉱石のうちに存在する空気のことだが、植物の中にある空気の通過のための管と通路が発見されたばかりだったので、まずは植物における空気を指している）のほうは、残りのもの、つまり錯覚によってのみ存在が認められ、せいぜいのところ外皮として役立つだけである残留物質を伴うからである。

分析の最後において、ここでの結論――「脱物質化」の熱望――を、これ以上巧みに、また完全に要約する理論を他に見出すことはできなかった。こうしてバークリー主義は、さまざまな哲学のうちの一つの哲学ではなく、哲学における漸近線、すなわちさまざまな哲学が多かれ少なかれ目指すもの――それらの欲望、それらの現実化した夢――だと思われる。

第2章

新造形芸術家たちによる報復

LA REVANCHE DES NÉO-PLASTICIENS

造形性

おおよその告発を行った後で、最終的に和解の試みにたどり着く。いくつかの芸術運動は、われわれが誘われて行ったさまざまな素材を試そうとする。昨今に至るまでなお、芸術は表象に自らを捧げていた。芸術は、教示し、感化し、人々に呼びかけるものなので、しばしば人を高揚させる光景、さらには壮大な光景を好んだのである。ここで私は、繰り返し提示された一つのテーゼを強く主張する。すなわち芸術は、二十世紀の革命において、古くからの束縛を払いのけ、超物質主義的な作業に没頭した。もはや芸術は、よく知られている機能や有用性により侵食され尽くされたオブジェを賞賛するのではなく、それよりも、このオブジェの構成のうちに含まれるもの自体——絵の具、その厚み、土、鉄あるいは紙でさえも——を解放する。芸術はそれらの肉、繊維のほうへと——音響の面では、リズムや騒音、きんきんと鳴り響く音のほうへと、いわば一段階、下降した。芸術は「ノイズ」を統合するに至った。

こうして画家は、かつての物理学者に似てくる。画家は、多くの要素の組み合わせに配慮し、厚みを出し、引き延ばし、ひっかき傷をつけ、外皮を剝ぐ。それは、つつましい実験ではなく、しばしば微視的な称揚ないしは探索である。ポップアート[*1]、オプアート[*2]〔オプティカルアート〕、ランドアート[*3]、ボディアート[*4]、メックアート〔メカニカルアート〕、また他の多くの流派は——実際の敵対関係にもかかわらず――、すべてが伝統的芸術を拒絶し、ある世界へと入る。この世界とは――異様で非常に多様（肌、風景、機械）であるが――、もはや自分自身を提示する以外何も伝えない表面あるいは支持体（シュポール）である。軽視された「基体」が、ついに称揚されるのだ。

ある批評家が、現代の革命と信じられていることを要約している。「抽象芸術は、その定義によって、外的な実在を想起させることをいっさい拒絶した。世界からの逃避、世界の拒絶である芸術は、第一次産業革命についての見解であった人間の条件についての悲観的な見解の究極的な表明に合致していた。不条理な技術という神話は、過剰な機械化（破壊ロボットの支配）による文明の黙示録的な終わりという着想に関連しているのだが、……こうした神話は今日乗り越えられている。この神話は今世紀の初頭まで生き延びたが、それはロマン主義的な時代錯誤であるように思われる。前衛主義が異論なくリアリズムであるのは、それがこうした否定的な神話を乗り越えたからである」[1]。こうした見解は、いっさいの偶然性から解放され実在から逃れたと信じられていた芸術が、それとは意識しないとしても、再び地に根づくための土台が存在することを明らかにする。それだけにいっそう、この見解に同意する。たとえこの世界から逃亡しようとも、われわれはこの世界から離れることはないのである。

材料に非常に配慮し、構成要素の新たな練り上げに執着するこうした芸術を扱うため、本書で映画に準じるような提示方法、すなわち三つの新たな画風の展開を用いる。まずこれらの画風の誕生に立ち会い、認識しよう。哲学者は、展開を支配することも、導くことも、またそれを評価することもできないだろうから、まずはこの新しさ、この激動を憶えておいていただきたい。

考察される三つの「事例」のうちに、これらを一括りにできる共通点が容易に認められる。

(a)すでに示したように、まず芸術家は「表象する」ことをやめ、提示する、つまりもはや書き写すのではなく、構築する。

(b)それと同時に芸術家は、アトリエの絵画や画架と手を切る。彼は、別のところに、すなわち街全体(場合によっては巨大な作品、たとえば、数キロメートル四方のカンバス)ないしは壁に向かって、あるいはしばしば大地の上に、実験室の真ん中に位置取る。絵画ではなく、一つの構築物なのだ。

(c)こうした造形は、直接的な言語、つまりエリート主義的ではない、際立った言語たろうと欲する。

さらに、別の二つの「類似性」を付加できるが、ここではこれらにとくに注目している。

(a)繊維あるいは織り地に認められる、造形上の重要性、あるいは着想を与える力としての重要性。後述するが、なぜ、どのように繊維あるいは織り地が重要であるかが理解されるであろう。同時に、製綱、エスパルト工芸の技術、組みより継ぎ〔スプライス〕と子縄の技術も重要である。

(b)波形板、捩られた紐、ひび割れた木、皺くちゃになった紙などの廃棄された最も不毛な素材、「廃棄物」もついに利用される。これは多くの理由による。まず、光り輝くものと無傷のものに価値を認める消費と浪費の社会への抵抗である。しかしそれはとりわけ、破損したものが、未使用のものや新しいものにはないもの、すなわち歴史、物語、切り傷、分裂を含むからである。芸術家は、歴史と自然との混合を引き継ぐだけである。彼は「刻印(アンプラント)」ないしは匿名の圧延の意味を延長する。知性を過度に重視した二元論的哲学に逆らって、さらに徹底しよう。新しい造形芸術は、そうした傲慢な分離を拒絶し、

「基体」に偉業だけではなく同時に苦難（破損、摩耗）をも包含する可能性を与える。つまるところ、これらの造形芸術家は、新たな道を、すなわち木、絵の具、石、大地の純粋な形態学の道を開いたのだ。

批評家は、どこに「意味」を見出すのかと反論し、こうした新たな造形芸術は芸術を愚弄する行いではないかと考える。批評家は、あまりに表象——表象においては、支持体は光景を支え、提示するのに役立つだけである——に執着していたので、光景を知覚できないと、表象が窮地に追い込まれたと抗議し、糾弾するのである。さらに、こうした芸術は（素材が、その希薄さと無意味さにおいて卓越した仕方で神聖化されることに加えて）視覚を刺激するだけではなく、同時にぬるぬるした表面や綿毛の感触、さらには、襞や鱗状の形態を露わにし、触覚をも刺激するので、いっそう馴染みにくいものである。筋をつけられ、さらには杭打ちされていたり、あるいはまた、シーツを掛けられ滑らかになっているものもある。耽美主義者は、さらにいっそう抑制なく抗議する危険性がある。こうした人は自分の眼鏡を外すことができないのだ。

フォートリエ、[*5]タピエス、[*6]ユバック、[*7]より最近ではクロード・ラグット。[*8]彼らのすべてを援用しているときりがないので、ここでは彼らのうちの三人（ヴァザルリ、[*9]デュビュッフェ、[*10]ヴィアラ[*11]）に限定せねばならない。それは、彼らが、最も馴染み深い人々であり、新たな物質性の三人の証人だからである。また、他の画家たちも同様に重要であるが、この三人ほど知られてはいないからである。本書のテクストに彼らの作品の目録を付け加える必要はあったのだが。

モンタージュ

そういうわけでヴァザルリは、「造形性」を引き受け刷新した人々に関する本書のごく小さな選集の中に位置づけられる。造形性について、彼がとりわけ何を明らかにしたのかが、ここでの問題である。芸術家は、実在そのものの過小評価されている側面、観点、層を提示する人と定義される。あるものは完全に不可視だと信じられ、そのようにも言われるが、芸術家は、こうした完全に不可視のものではなく、なおざりにされている可視的なものや、見えることが予想されない可視的なものを見させる。たしかに、実際われわれはそれらを見ていないし、よくは見ていないのである。世界は汲み尽くしがたく思われるのと同時に、それ自身変化することをやめない。また世界を考察し、経巡る諸々の道具（たとえば、列車や飛行機で世界を縦横に走るが、それぞれ世界を展望する仕方は異なる）も絶えず変化する。世界が征服され尽くされることはけっしてないであろう。

ヴァザルリの貢献を明確にしたいのだから、彼が拒絶したものは何か手短に明らかにしておこう。彼は、絵画ないしは具象的な造形芸術の終焉にすぐに気がつき、その終焉をすかさず過去のうちにしまい込んだ。絵画は衰退し続け、結果として「抽象（アブストラクスィオン）」および「抽象化（アブストラクティザスィオン）」の方向へと向かう。ヴァザルリは、彼が袋小路と判断したものに対する非難をより巧く表明するために、後者の語を好んだ。

ヴァザルリによれば、絵画はもはや海、木々がうっそうと茂った草原、女性、子どものような従来の古いモチーフにとどまってはいられない。キュビスムの画家たちは、そのことを理解していたので、対象――ギターや水差し――を壊し、新聞を引き裂き、「顔」を認識不可能なまでに破壊する。有益な怒りではあるが、それは結果として破壊（消滅）に到達するだけである。「芸術と人間の歴史のさまざまな潮流は、形象化し、模倣し、描き写し、移し替え、超越し、最後には意味づけを行った。しかし、命名されたあるいは名前を持たない主体と客体が、遠方の文化あるいは野蛮な文化から到来する記号が、反復されたことによって衰える[(2)]」。

しかし、この転換点において、〔以下のような〕他のいくつかの道が創造者に開かれている。ヴァザルリはこれらの道に目印を付けるが、それはこれらの道を公然と批判するためである。(a)あらゆる形式の「反芸術」――常軌を逸したもの、ノイズ、挑発的なもの、ブルジョア階級に合致するような一種の「非芸術」である。ブルジョア階級は、解体に向かってはいるが、同時に愚弄にふけり、人を驚嘆させ迷わせるあらゆる神秘化を弄することができるほどに自信を持っている。(b)タシスム[*12]の芸術家は洗練されることによって危機から逃げられると考えており、第一の道にかなり近いが、わずかに違うのは、尊大にも自らが世界の深層を表現していると信じていることである。描かれているのは、単なる錯綜したがらくた、老木あるいは地衣類、黴、ぼかしに覆われた石の積み重ね、増殖といったものである。しかし、ヴァザルリにとっては、「絵画は、たとえそれが内臓の痙攣、地の底の流出物、電離層の光景、微生物レベルでの物質を描いているとしても、具象にとどまるのである。この種の絵画は、誠実であると自称することで、外的な主体を隠そうと努めているのである」(3)。(c)これに似通った別の失敗。ミニマリズムの「白地の上の有名な白い正方形*13」。ヴァザルリが指摘しているように、問題の二つの白は、わずかに色調が異なり、相互に区別されるのではあるが。この絵画は、それが好む準‐消失の境界線で同一性の形而上学のうちに急速に閉じこもる。それゆえ、この絵画は自らの清算を意味する。

つまり、対象、次にその解体、最後にその不在および排除という三つの段階が、論理的に継起した。けりをつけなくてはならない。ただ一つの真の方向だけが見出される。つまり、伝統に背を向けると同時に、その否定にも背を向けるのである。領野は汲み尽くされてしまったのだから他の場所へ向かおう。そうすれば、必然で不可避であるが暴力的なこの断絶とともに、伝統に付随するすべてが、消失してしまうだろう。まず、道具――カンバス、ブラシ、絵筆、顔料――、次に、最も型にはまったあるいはうまく教え込まれるようなすべての確実なトリックないしは表現――消尽線、遠近法、陰影の作用。これらは、錯覚を引き起こしたり、トロンプルイユ〔だまし絵〕に役立てることができた。最後に、ボヘミアンないしは霊感を受けた人を演じるという芸術家のイメージそれ自体が、この同じ革命の中で消滅してしまうであろう。芸術家は、一般の人々からかけ離れた存在として、奇抜さによって注目を集めねばならないと信じてきた。人々が、芸術家にこの役割を務めるよう課したのだ。要するにヴァザルリは、足踏みしていないで、絶えず進化を続けた芸術の歴史を継承するよう要求する。われわれは、芸術の歴史の抗いがたい運動につき従うよう、ただ促されているのである。まず構図を目立たせるために、逸話あるいは単なる物語性――さまざまな光景や厳粛な行事といった物語性――を排除し、次に、色彩を征服し、運動を併合させる試みなどがなされた。画枠、造形性の様式、構想、実行それ自体が再検討に付されはしなかったことを除けば、それ以外の数多くの段階がこの後継続した。ヴァザルリは、作品の基礎を変更するつもりなのだ。これはメタ革命である。彼がどのような手順でそれを進めたかは周知のところである。一定の数の構成要素となる格子や、(正方形、菱形、円、長方形、三角形、台形、卵形、楕円形などの) およそ三〇のさまざまな形態を利用するのと同時に、(たとえ、黒と白がさまざまな色彩に対して優位を占めるとしても) 形態と同量の色彩を使用する。また視覚力学的な方法を使用することによって、スクリーン上に、これらすべての粒子ないしはユニットの「混合」と「結合」を投射し、かつ、これらのユニットを随意に交換し、「形態‐色」を延長あるいは減少、削除ないしは生成、連動あるいは解体できる。要するにヴァザルリは、自分独自の鍵盤の上で、できる限り多くの構成ないしは嵌め込みを実現したのである。

ヴァザルリは、何を目指しているのか。(オプティカルアートという) 実用的な造形の実験室において、感光性の領野を最も拡大するものを発見することである。あらゆる構成を徹底的に検討し「生み出さ」ねばならない。次に、最も響鳴しそうな構成が保持される。本書は、何がある構成を他の構成から区別し、選出する基準なのかという点に、後で立ち返るつもりである。画家は、これ以降は物理学者ないしは最大化された知覚 (美学、感覚) に関する精神工学の専門家に近くなってくる。その際問題となるのは、新たな実在への通路 (物質学) ではなく、単なるわれわれのまなざし、主観化された網膜像だと反論するのは、たしかに可能ではある。しかし、それらを本当に分離できるのか。造形芸術家は、一つの構成のいくつかのユニットを試し、その構成が一種の向上を引き起こし、豊かなものになることができるように、それらのユニットを組み合わせねばならない。まなざしは、ただ基準として役立つのみであり、実在がたしかに覚醒させられたことを保証する。多様性が、表相を活気づけ、間違いなく複雑にし、強化する。あらゆる実験的手法によって、きらめきと内的運動を生じさせ、さらに交替と対照を助長せねばならない。最も創造性に富んだものを、より少ないもの——諸粒子だけ、あるいは鍵盤の諸価値だけ——で制作すること。モデルを表現するという、芸術家をモデルに服従させていた、こうした古い隷属から、ついに解放されたのだから、これはいっそう実現可能である。これ以降ヴァザルリは、操作を評価し前もって決定することをやめた。「私は、分離された一つの世界、造形的な諸構造の生成、誕生、増殖、複雑化、完成、機能化という純粋な造形性の世界を使って、諸存在を創造したかったのである(4)」。

一般的に、彫刻家や画家は、自由度が乏しく大胆さに欠けるために、物質主義的ではなくマニエリスム*14的で説得力に乏しい手法に依拠してきた。たとえば彼らは、スピードや移動（キネティスム《シネティスム》*15）を表現できなかったし、その能力も持ち合わせていなかった。彼らが表現したのは、振り上げられた腕、階段を下りる裸の人、突進するかに思われる機械（水平になびく煙、霞がかった光景の中の木々）のみである。しばしば間接的な手法によって効果が示された。だがここヴァザルリの作品では、よりいっそうの動乱に立ち会うことになる。というのも、名付けようのない地震が、諸格子を壊すので、けっしてそのままにとどまることができず移動させられることになるからである。それらの格子はいずれも、不揃いであるか砕けているか、丸く張り出している。たしかに、他の現代芸術家も振動を表現することに成功した。カルダー[16]と（ジャン＝ポール・サルトル[17]を魅了した）彼の忘れがたい作品であるモビール[18]、アガム[19]、ソト[20]、ティンゲリー[21]などである。しかしそれらの技法は、あまりに自然主義の影響が強く、ヴァザルリの技法ほどの効果を生み出すとは思われない。私は、ヴァザルリの技法が、周知のあるいは馴染みの振動を表現し、必要な時にはモーターを使用して、一種の玩具製造へと変化し、風や水の流れや光の旋回を転写し使用すると語っているのではない。

ヴァザルリのミクロフォトグラフィスム、幾何学的キネティスムは、二次元ないしは多次元的なすべての構造の完全性、それらの構造の最大のスペクトル的多様性を利用する。このミクロフォトグラフィスムは、すでに実現されたものに無理に従いはしない。(a)それが手なずけ、自らがその「種子」をまき散らした運動に加えて、(b)それが作動させ、絵画のうちに配置する構成の多様さ（それはこうした成功に、より正確に言えば保持されたユニットに、それらの色彩と同時にそれらの配置とともに、番号を付す）に加えて、このミクロフォトグラフィスムは鑑賞者に動きを促す。なぜ鑑賞者を、美術館のように固定された地点ないしは「その場」に閉じ込めねばならないのか。鑑賞者は、自分自身の移動によって、その進行のリズムと共に多様化する効果に気づくことができるし、気づかねばならないだろう。光波のグラフィスムは、いわば移動を要求するが、これによって、変形と別の参照軸が見出される。古典的芸術における歪像画法（アナモルフォーズ）[22]は、やや非現実的な錯覚を起こさせる魔力を有しており、それは同時に二つの意味領域のうちにとどまるものである。たとえば、ある画家（アルチンボルド[23]）は人物像を果物および野菜や魚で構成して描くことを好んだ。しかしヴァザルリが示すのは、波打つような幾何学模様による、あるいはきらめきの力を借りた、単なる多機能的な構造である。それは別のアングルから眺めることによって、正方形が即座に菱形へと変形したり、振動、収縮、つまり一種の段階的な自然の造形性の運動学が突然に確立されるものである。

ヴァザルリが街なかへ繰り出すと、鑑賞者はますます彼に注目する。われわれは、通りで彼の有名な網状模様や作品に遭遇するが、アトリエでの吹きつけ塗装による一連の行程が終わると、その後、彼は必ず多くの中から選ばれた作品（後に、なぜそれが選択されるのかがわかるであろう）を、フレスコ、ステンドグラス、タピスリー、壁画、日常品に書き込んで提示するからである。芸術が産業化し、神聖さと同時にその唯一性を喪失する。芸術が、街全体へと広がり、単調さから街を救出する。これによって、適用（実現）が構想（プログラミング）からきっぱりと分離されたことに気づくであろう。さらに、この構想には、タッチのいかなる形跡も少しの個人的な参与（才能、着想、表現の自然さ、ためらいや手直しの痕跡）も存在しない。幾何学的、機械的に配置された図式だけが重要なのである。ついに芸術作品は、美術館に閉じ込められるものではなくなり、街全体に、そのセメント、安全ガラス、都市組織へと広がる。（ルノーのシンボルのように）自動車を装飾し、（旗と立て看板として）交差点に配置される。芸術作品は、共同体を隷属状態ないしは拘留された状態（たいていは陰鬱な壁、品位のないオブジェ、規格化された広場と通り、単色の役所、仕切壁）から解放する。

差異化し、蘇生させること――これこそが目的である――が重要である。交錯する「同一の諸要素」

は超－変更可能であるから、数少なく操作しやすい手段を用いることで、すべての結合のセットを生み出すことが可能であり、その結果として日常の環境を豊かにできる。過去のオリジナルで複製不可能な芸術は、無償であると同時に〔画家と鑑賞者との間の〕分離を促進していたのであり、その難解な側面および洗練と同時に、結果として分離がもたらされた。いまや実験室では、われわれの理解の及ぶ範囲にある最も基本的な諸構造によって作業がなされる。これらの諸構造は、次には環境のうちに再導入され、それらが刺激する感覚器官に直接到達可能なのである。

ヴァザルリは、いっさいの可能性を生み出すことができるような、諸結合を追求して作業を進めていた。彼がどのようにこの作業を進めたかを理解したところで、彼が発見のうちから「選択」を行う際に役立てた三つの基準を規定してみる必要があろう。

(A)選別の第一基準。われわれは、両義的なイメージに引き付けられるものである。つねに、生気および幸福感を助長せねばならず、それゆえあまりに単調で精神を弛緩させる結果は排除すべきである。多元性、少なくとも強烈な二元性は、いわゆる響鳴をもたらすだろう。

ヴァザルリは、反転可能な組み合わせを好んで使用する際に、ゲシュタルト理論[*24]から着想を得ていることを隠さない。これは、地が図になったり、反対に図が地になる組み合わせである。目前で生じつつある反転を通して、われわれは、一つの構造と同時にその裏側の構造も読み取ることができる。たとえば正方形の中の円は、これがめったにないケースだと気づかせるほどに正方形の中を占領している場合、そのようなものとして価値を認められるし、正方形もまたそうなのである。またわれわれは、高く盛り上がった塊の真ん中に、クレーターないしは窪みを見つける。両者は張り合っている。強調すべきことであるが、われわれの通常の世界は、その一元的な装置の中で、その装置によって消失する。反対に、二元的な構築あるいは構造は、一種の軽い瞬き、きらめきを与える。これは反転可能である。ここには、二つの形象の不安定性、混信、重なり合いではなく、交替可能性がある。つまり生気が存在するのである。

類似した場面の利用ということである。つまり、ヴァザルリは二つの類似した、あるいは同一でさえある網状模様を、ためらうことなく相互に模写する。これらの網状組織は相殺されることなく、互いに強化しあい、また何より、わずかな隔たりによって分離される。強化しあうか分離されるかの二つの方向のどちらかが選択される。われわれは交錯の内部を巡ることになる。こうした事情から、タイル張りの床や、それと似通ったもの、たとえばアルルカン模様[*25]、縞模様、格子縞、モザイク、チェスボード模様、ドミノ模様といったものに満ちあふれた構図（フォトコンポジション）に対するヴァザルリの過度の嗜好が生じる。連続する四角形ないしは並行する等しい帯が、揺れを増幅する。絵画「マレーヴィチへのオマージュ」[*26]もまた、二つの断片からなる。一つは白い正方形の地の上に置かれた灰色の菱形であるが、これは灰色の菱形の内部にあり、この菱形自体は黒い地の上に置かれている。ポジとそのネガあるいはその対立物が併置されているのだ。こうしたやり方は、白い地の上の白い正方形を告発する巧みな方法である。本書が注目し、ヴァザルリが記しているように、たとえこれら二つの白が、わずかな差異で区別されるとしてもである。衝撃をあまりに緩和しすぎたため、ニュアンスのみでは衰弱へと陥ってしまう。ヴァザルリは、こうした結果に、可能的な振動、緊張、喧騒を対置する。ここから第一の効果が生じる。つまり物質が複数化され、その自然的な麻痺状態から救出されたのだ。たとえ「生気のない状態で」提示されようとも、物質はエネルギーと諸対立を露出している。

筆者は、リヨンの住人が語るかのようなヴァザルリの打ち明け話を、とりわけ重要なものと見なす。「一九三三年に、私の妻は、リヨンの絹織物業者のために、数えきれないほど多くの幾何学的なデッサンを仕上げました。彼女がアイデア不足に悩まされることはけっしてなかったのですが、依頼があまりに膨大だったので、私が彼女を助けることになりました。すでに私は、小さな正方形、菱形、切断された円を描いていました。これらは、白い生地の上で、よく振動するいくつかの横糸を形成していました。私の『マレーヴィチへのオマージュ』は、これらすべての結果に他ならないのです(5)」。

この告白は軽視できない。本書の全テクストは、この告白をめぐるものである。またヴァザルリは、こうしたことをさまざまな形式においてしばしば繰り返した。少なくとも二つの重要な理由によって、この打ち明け話は、以後記憶にとどめておこう。(a)まず、芸術は転移されることで進歩するが、それによって芸術はつねに刷新されると筆者は考えている。グラフィスムや造形性は、それら自身のうちに閉じこもるなら成長を妨げられてしまう。糸のうちに織り込まれるのだから、必然的に単純であり、反復され、様式化された織物のモチーフ——機械による膨大な「絵画」——は、それゆえ新たな展開を見せ、画家のカンバス(これは消失したのであった)の上にではなく、画家のオプティカルアートの微細な構成のうちへと回帰する。なんという唐突なとてつもない往還だろうか。現代美術は、こうした往還に満ちている。これは、共感覚のみに関わるもの（一つの感覚域から他の感覚域への移行、また感性の拡大）か、あるいは一つの領野から別の領野へと飛び移る諸々の手段の横断的な転換である。リヨンの実業家たちからの注文、リズミカルな幾何学化、織物の言語が、組み合わせ芸術（アサンブラージュ）の網目模様に着想を与えたのだから、ここで生起しているのは、まさにこうした回帰の運動なのだ。(b)これに十分に類似しており、同様にリヨンに関わる別の指摘がある。当然のことながら、ヴァザルリは製織において、「きらめき」ないしは生き生きとした生地、すなわち「モアレ」[*27]に属するもの（特別な輝きを持つ山羊の毛であるモヘアと似ていることから、こう呼ばれる。光沢を持ったモヘアは、織物にうねりないしは軽い擬－ざわめきの効果、一種のそよぎを与える）を重視し、それに高い価値を与えたにちがいない。モアレは、エンボス加工[*28]、クレープ加工[*29]、フランバージュ[*30]、穿孔（たんに規則的に透かしをつけること）とは異なる。なぜならこれらの加工には、人の注意を呼び起こす運動や襞を導入することができないからである。まさにモアレ加工とは、粒起面や布の表面に光の作用を生み出すものである。というのも、それらの表面は不均等に圧力をかけられたり、曲げられたりしているからであり、その結果、光線は一様に反射しない。これはすべて、他のいくつかの条件の中でも、とりわけ横糸を構成する物質の太さ、その配列、捩れに依存する。それゆえ糸の材料を粉砕することによって、表面の凹凸を変形することに専念した。この差異を生じさせる技術は、リヨンで働いていた、かの有名なヴォーカンソンによって開発され、実現されたものであった。しかし、この技術はイギリス製品のほうがリヨンをはるかに凌駕していた。

細かい話で恐縮だが、ジョン・バジャー家が、光沢機を携えて、一七五四年の十一月十四日に、リヨンのクロワ・パケ広場のフイヤン修道会員の住居へ移住し、そこにアトリエを開いた。フランスの企業が、一人の「移住者」を引き抜き、給与を支払うことにしたのだ。イギリスのモアレ加工は、フランスのいわゆる丸いモアレ加工に比して、いかなる点で優れていたのだろうか。そもそも（エジプト風モアレやいわゆるタベルニエのモアレ、ヴィクトリア朝風モアレ、アルザス風モアレなど）数多くのモアレ加工が知られてはいないか。不規則で大きな染み抜き跡、多様な渦巻き、不明瞭であると同時に変化に富んだうねり。実際、すでに横に折りたたまれた布が押しつぶされていた。この発見は、皺くちゃになった布地のアイロン掛けから着想を得ていた。バジャーの製法の成功は、いずれにせよ、「そよぎ」を与える。この主題に関して、化学物理学者であり、ゴブラン織りの革命的なスペシャリストであるシュヴルールのすばらしい研究、『絹地が提示する視覚効果の理論』（一八四六年）を参照しないわけにはいかない。彼はそこで、リヨンで行った公開授業（一八四二年と一八四三年）を繰り返す。序文に記されているとおり、この公開授業は（困難な状況にあり、近代化される必要があった製造を保護する決意を固めた）産業省からの要請であると同時に、彼の理論に感化された商工会議所の要請によるものであった。織り地は、ただ染色されただけではなく、不均等に圧縮される。これによって、織り地がほどよく折り曲げられたうえで圧縮されたり、あるいはアイロンや蒸気の流れを利用することなく、若干糸を乱すようにさまざまな方向に引っ張られ、下絵になっている模様が表面に出てくる。これはなぜなのか。シュヴルールによれば、もし、織り地の（折りたたまれた）二つの表面がぴったり重なり合うとすれば、ただ平らになるだけで、無地の表面ないしは一様な広がりが生じる。したがって、あらゆる手段（斜めになった折り目、彫りの入った穿たれたシリンダー、というのも内部から暖められ、いくつかの方向において螺旋状の、不規則で弱められたデッサンによって、ここから樹枝状の模様が生じるからである）を駆使して、このシンメトリーを変容することが重要である。ここから生じる細かい皺が、プリズムを備えた一つの形を、一種の二面角あるいは微妙な斜断面をなすが、これによって光の反射が妨げられる。かつてはビロードが、奥行きと細かな起伏を与えていた。明白な一つの運動が、糸と筋の内部から到来するように見えていた。それら糸と筋の起伏と対称の可能性がビロードを引き立たせていたのだが、モアレ加工によって、絹と無地の生地は、再び優位を取り戻したのである。絹のような光沢を持った、不揃いで動的ないくつかの楕円を生じさせるために、内的なパラレリズムが消去された。

(B)第二の創作的ないしは視覚変容的手法。振動ないしは、ずれの代わりに、最も激しいと同時にひそかな運動を表現するもの。そのようにして網細工の内部に入り込み、それを支え、あるいはその秩序を乱すいっさいのものを引き立たせている。

解説に好都合であるので、最も基本的でかつモノクロの一九五二年の「マニピュール」を取り上げよう（挿絵を参照）。そこには、周辺においてはやや密な、中心部ではより間隔をおいた何本かの直線が見てとれる。これは、意匠の蓋然的な球形を示唆するためである。実際のところ、単調すぎると判断される平面性は避けられる傾向にある。この網状組織の中心には、いくつかの張り出し、重要な離脱ないしは膨らみが見られる。これらが周囲へ及ぼす影響をたどると、まず一つの衝撃が、周囲の弦を打ち鳴らし、それらの弦のうちへ拡散していくような印象を持つ。

ヴァザルリ「マニピュール」1952年

ヴァザルリ「ゼブラ」1938年

しかし、もう少し注意深く眺めるなら、一方ではいくつかの凸状部分（張り出し）と凹状部分（くぼみ）が、対比的に存在するのに気づく。それゆえ、問題となるのはジグザグに進む振動であり、思ったほど単純な振動ではない。その衝撃は、一つの波のように広がるのではなく、断片化され、格子上で分離されている。また他方では、不調和で重なり合わないいくつかの側面によって、さらに多元性が書き込まれる。はじかれた弦、局部的な放射、拡張。そして、これらの運動は、上から下へと伝わると同時に、右から左へと伝播していく。結局のところ、そこに観察されるのは、雨のようなもの、つまり一つの法則へと包摂できない不規則性つまり一つの法則へと包摂できない不規則性であるが、これらの不規則性は、十分に簡潔な意匠のうちに記入されているにもかかわらず、実際に極大性を享受するのである。単純な張り詰められた線ないし糸は、分散した衝撃に従ってあらゆる方向へと振動を伝えるのである。

一般的に、「内在化された」キネティスムは、円が楕円として描かれることで、全速力で回転しているように見えるという事実によってより直接的に表現される。これは、とがった角の上に身を持している正方形が、それ自身もまた回転する菱形へと変わるようにである。この正方形は体勢を変えることができる。左あるいは右に傾けたり、平たくしたり延ばしたり、一部を切り取ったり、デフォルメしたりするだけで、こうした操作の根底にあるより少ないものでより多くのものを創造するという、論理的な願望が実現される。

すべてのユニットは、付加され併置されるのではなく、ここで見たように、つねにその場で差し込まれ、延ばされ、捩られる。読者は、こうした格子のモザイクの中で最も有名なものを知っているだろうが、それらの格子は、枠の縁で圧縮されているが、中心は膨れ上がっている。それはあたかも、あるエネルギーが一方を持ち上げ、他方を圧縮しているかのようである。

(C)最も優れた組み合わせ（アッサンブラージュ）を選択するのに役立つ第三の方法。それは、実在するものを直接的に描写して、それを拡大し、超次元的な規模で投射することである。実際、それによってサイズの突然の変化による衝撃が期待できる。慣習的で均整のとれたデッサンは、それが何かを示すものであろうと、抽象的なものであろうと、旧弊な人が設けた限界のうちに、つねに過剰に閉じ込められたままである。われわれは、あまりにそれに慣れてしまい、ほとんど行き詰まってしまったこうした状態に苦しんでいる。衰弱を乗り越えなくてはならない。こうした状況において、巨大なものの機械的な縮減ないしは微少なものの膨張という二重の方策が役立つだろう。参照軸を変更する二つの操作が結びつけられる。このようにして、物質学的でほとんど洞窟調査に近いこの芸術は、最小にして無限のものを必要とするのである。そして、大きなものは小さなものと同様に、さまざまな可能性を与える。それは、大きなものが違和感を与えることができるのと同様にである。

ヴァザルリは、つねに非常に単純な資材を使用する。彼は、過剰なものに対するのと同様に複雑なものに対する嫌悪感を隠さない。同様に彼は、ぼかされていない、人工的で混じりけのない色調だけを使用する。カドミウムの赤、クロムの黄、コバルトの青紫が使用されるが、それはこれらが中程度の輝度を持ち廉価だからである。伝統的な芸術は、大理石や金、スタッコに執着するが、彼は、希少価値があり、そのうえ過度に陰影を含んだ原料を崇めることを拒絶する。最も好都合なものはなんだろうか。それは、平凡さ、モンタージュと動きを簡単に表現できるものである。なぜなら、それらの色を互いにどう組み合わせるべきかを学ぶのであるから。最も優れた道具は、消失し、単独では作用しないものと規定される。それが作用するのは、それが提供する能力を介してだけであるが、その能力とは生き生きとした多色装飾を保持すると同時に、断片化され、他のものと接合されることを容易にする能力である。したがって現代の造形素材が、断然優位に立つ。実際、ヴァザルリは、菱形と正方形の対立と同じく、黒と白の単純な対立を好む。重要なことはなんだろうか。豊かさや複雑さの展覧ではなく、できる限り多くの組み合わせを可能にすることである。最終的にこうした創造は、(円と線の諸作用という) 幾何学性とプログラミングの電子工学との間で揺れ動く。

最も強い印象を与えるモンタージュの選択を正当化するすべての規則のうちから、本書では三つのことを考察してきた。ざわめく多元性 (モアレ加工)、多様性と参照軸の急激な変化を作動させる内在的な運動。これらとともに、最も力強いと同時に鮮明なグラフィスムを指標とすることができるだろう。

これらの操作のうちから、なお二つの特性を選択しておこう。(a) 映画技術者が、利用しつくされ、抉り取られた自然には、何も要求しないことは当然のことである。彼は、自然を乗り越えるだけでよい。しかし時折自然は、示唆的な配置を作動させる。自然は、われわれにいくつかの型の操作を提示する。たとえば、かわるがわる上昇しては下降する線、変則化する格子、さらには交差しているように見えたり、合流するように見えたりする大地に刻まれた線である。それゆえヴァザルリは、取り上げ、敷衍すべきモチーフを彼に「吹き込んだ」いくつかの状況と光景を紹介した。「これらの格子はどこから出てくるのか。それらはいつ重要性を持ち、なぜ重要なのか。私は少し前から、それらを誕生と呼んでいます。一九一三年頃、まだ子どもの頃、私は遊んでいる時に腕に怪我をしました。そして、一日か二日、いや永遠とも思われるほど長い時間ベッドにいたのです。傷はオーガンジーで包帯されていました。それは、少し触れただけで変形する規則的な織り目を持った、軽くて目の粗い布地でした。私は、たいていは同じように見えるが、それでも別様のあり方を見せるこの微少な宇宙をじっと眺めていました。布地の編み合わされた糸を、一本一本引っ張って遊んでいました。一九二〇年頃、高等学校の地理の講義の間、私は地球の等圧地図を見て強い印象を受けました……」[6]。われわれは、ここで一種の相互的な発生に立ち会っている。造形家が、ある織り地を製造した。この織り地には、多様な編み目とその弾性が及ぼす諸作用が見てとれる。さらに、これらの編み目と弾性が、ここで分析したいくつかの理由――キネティスム、形態の転移、可変的な幾何学的形状――によってわれわれを魅惑する。

物質を静止した状態から救済しようではないか。物質が活動し輝くように。伸長し、輝き、収縮するように。糸からなるその構造が、「他のもの」を包摂することができるように――たとえば、透かし（わずかに近接しているもの、それが随伴するものに対して引っ込んでいる、ほぼ近いもの）によって、あるいは鑑賞者が別の視点を選ぶと立ち上がってくる別の見え方によって、あるいは波形（通常はモアレ加工）ないし軽やかな後退によって引き起こされる横糸の移動によって。

(b)この映画技巧的な結合は、もちろん単調さを排除するが、それだけではなく過剰をも排除することを、忘れるべきではない。この結合はつねに、生成的な現実化（次ページの図を参照）か弁証法的な現実化を目指す。前者は、同一のものの増殖であり、この同一のものはより複雑な構造として開花する。弁証法的な現実化が目指されるのは、最も優れたものが同時に「同と他」、つまりそれ自身とそのアンチテーゼを内包するからである。弁証法的な現実化によって、二重化および構築物の転倒を促す内部の鏡のような作用から獲得される、多くの視覚的モンタージュが生じる。いずれにせよ、いかなる方法であれ、デッサンはその対立物の中へ、あるいはその対立物とともに嵌め込まれる。方法は次の二つのうちのどちらかである。二つの非常に類似するもので、左右対称のものが、似ているが左右対称でないものの結合で満足する。というのも、これによって範囲は拡大されるからである。あるいは分離するかである。

単なる量は、無秩序をもたらすであろう。それに対して、ここではすべてのユニットの「緊密な組織化」が志向されている。目指されているのは、形のなさや群がりや反復でさえなく、最も密度の高いマ

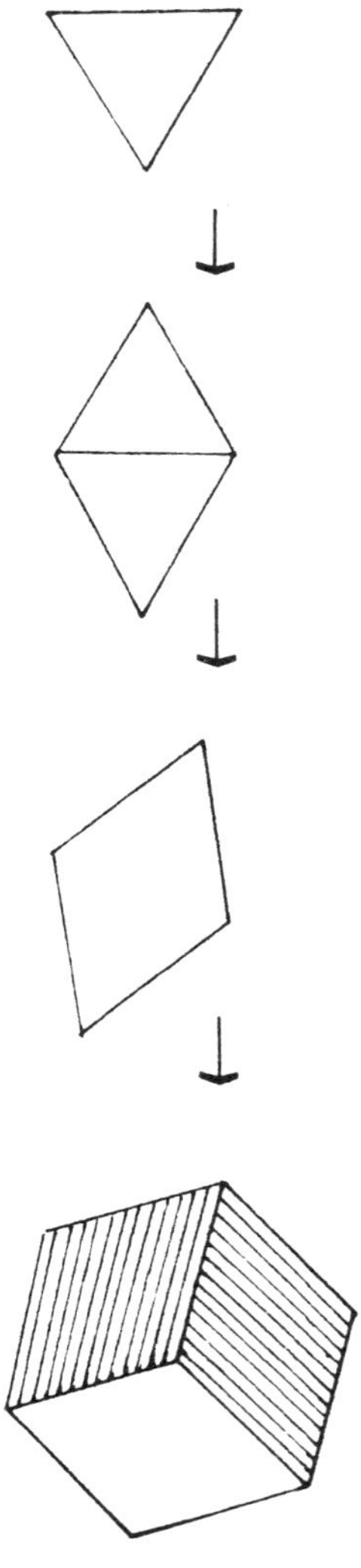

形態の自動的な生成

ルチモードと構成、最も巧みな織り地である。

ここから結論として導かれるのは、ヴァザルリは、これらのフォトグラフィスムの内部で、諸々の接合とそれらの発生の論理を展開させたということである。ヴァザルリは、人間と都市のために、貧しさと惰性から解放された物質性を創造する。この物質性は振動する。ヴァザルリは、最も単純で貧弱な断片だけを使用したが、この断片によって最も劇的で濃密な網を制作した。彼は造形家のうちで最もデカルト的であった。というのも、物質的であり同時に感覚的な一つの論理が、諸々の構成を支配しているからである。そして、すべての結果の組み合わせは、最も力強い効果、すなわち視覚的刺激を与えるもの（いくつかの基本となる色彩と、これらの色彩に隣接するか内部に存在する反映）だけを保持している。つまり、つねに多くのものを含み込むことが重要であるが、それはより少ない資材を利用してなのである。

絵の具と写し

ジャン・デュビュッフェとともに、物質性についての用語は、その頂点に達し、一新される。本書における問いは、この刷新が何を明らかにするかを改めて知ることである。

本書では、〔物質性という〕この地盤は汲み尽くしえないと考えている。この地盤は、永久に変化し続け、ここから着想を得ているわれわれもまた進歩する。それゆえ、この地盤とわれわれとの出会いは、変化することをけっしてやめない。これと縁を切ることができたためしはない。

予想されていたとおり、デュビュッフェは、きっぱりとヴァザルリ主義に背を向ける。プログラムされた組み合わせの造形性は、諸々の断片を、それらを彩る色彩とともに、最も能動的な混合の主知主義に従わせるが、こうした点で許しがたい過ちを永遠に繰り返す。論理は、それが取り込もうとする資源を利用するようつねに命じる。ところがデュビュッフェは、とりわけ計算や結合の技術を介在させずに、それらの断片の解放を目指す。結果として彼は、つねに自分を消去する。それは絵の具ないしは流体が自由に流れるように、あるいは要素が広がり、細長い跡ではなく、網状模様、アラベスク模様として自由に表現されるようにである。彼はただ、絵の具の開花を促すだけで満足するだろうし、またこれは事実であるが、しばしばその爆発を促すだけである。彼は、運動にわずかな方向性を与え、かすり傷をつけ、絵の具をこね、切り込み傷を深くするであろう。自由な発現を阻害されている精神生理学的な全潜在能力を、彼の紆余曲折した目的と興奮状態において顕在化できることが重要である。徹底的な反主知主義である。結果として彼は、イメージ、結果、表象、あるいは知られすぎているすべての特徴を性急に遮断せねばならない。明示したり位置づけたりするあらゆるもの、横領し自由を奪うすべてのものを、である。、文化的かつ知覚的諸条件に対して、われわれはけっして十分に警戒網を張り巡らすことができない。それゆえデュビュッフェは、「生の芸術（アール・ブリュット）」と呼ばれたもの、つまり子どもや「精神病患者」のなぐり書きに身を捧げるのだ。というのも彼らは、社会の諸価値やステレオタイプから、より容易に身を解き放つからである。彼らの業績を手早く収集してみよう。それらは、いったい成功作なのか。専門家は否定するが、彼らは自分たちが、秩序に従っているだけだということを知らないのである。「美はどこに現れるのか。オペラグラスを外して、後ろをご覧ください。背後には、鞭を持った教師が、その背後には警官がいるのです。あなたが生み出そうと意図しているものが、たとえ美であったとしても、あなたは彼らの意見に与しているのであり、彼らの商品台を豊かにし、彼らの説教で身を養っているのです」(7)。

ここでは、結局のところそれ自身発展していくデュビュッフェの作品について言及するのではなく、ただ彼の芸術のいくつかの側面を分析し、とりわけ次の問いに答えることを提案したい。彼が描く際に使用するもの、原料や素材などについて、彼は何を教えたのか。

すでに周知のことだが、これほど反アリストテレス主義的な試みはなかった。理念は過剰に自らを押しつけ、それが表現されるところの資材を占領する。デュビュッフェは反対に、未分化なものに、つまり地(フォン)に身を捧げるだろう。彼は、残余を圧殺してしまうモチーフの帝国主義を拒絶する。絵画は、知覚可能なものと「背景」との分離をつねに強調した。「このような従属ないしは占有を回避しよう。素材だけにその栄光を返還しよう。私の作品は、差異化と個体化などの原理自体を疑問視することを目指している。……これらの作品は、文化が存在を目撃しないところ、文化が未分化な地のみを見るところに存在を現れさせる。これらの作品は、未分化なものだと誤解されているこれらの地が、多くの形象あるいは少なくとも運動に満ちていることを示そうとさえしている。これらの作品において、形象の不在が追求されているのではなく、むしろ形象の数とその性質の拡張が追求されていると、私には思われる」(8)。すでに周知のものであるこの目的を、デュビュッフェはどのような絵画的技術で達成するのか。それはどのようにしてか。これが、本書が検討する第二の問いである。

最もひそかに進行すると同時に執拗な影響力から逃れねばならない。これは難しい作業である。すべてはわれわれを反対の方向へと引っ張っていく。たとえば、日常の語彙は、諸々の分離を設定し、境界線を穿つ。それは命名する。つまり、挿入されるべき空間が存在しないにもかかわらず、引き離し区別する(語彙化された思考、命名好きの思考、それゆえ、固定化し分類したがると、デュビュッフェは記している)。ここから、印づけるものと障壁となるものに対する彼の嫌悪感と、循環するもの、局所化不可能なもの、分散するものに対する彼の愛着が生じる。当然の結果として、単なる舞踏、「連続体」、ぼんやりしたものという晦渋で衝撃を与える絵画が生み出される。ヴァザルリとは対極に位置する典型的な作品において、彼は絵の具に、砂利、塵、細い綱の切れ端、パテ、埃からなるカオスを組み込むのでそれらの絵画はいっそう不快感を抱かせるものである。これらの絵画が、反ヴァザルリ的なのは、詳述したように、ヴァザルリは輝きや幾何学的形象だけを操作するからである。デュビュッフェの作品においいて、われわれが目にするのは、ごった返した物質のひしめきなのだが、この物質性のほうは、自らの脱獄を祝っているのである。物質は、つねに「疎外され」あるいは軽視されていたからである。それは、他のものを引き立たせたり、枠組みとしてのみ役立っていたのである。

膨張するものとひしめくものは、いっさいの階層化と同様にいっさいの安定性を禁じる。そしてここに、文書で残された例として、好奇心をそそる暗示的な数行のテクストがある。「ツバメが空を突き刺す、と言うことがある。ということは、ツバメをコウノトリと同じグループに入れて、鳥というカテゴリーを作るのではなく、別様にも、つまりツバメを短刀（とがっていて、穴を開けることができる物体）の同類と見なし、コウノトリを事務机の電灯（脚を持ったものについての上位のカテゴリー）の同類と見なすことができたのである。芸術家と詩人の役割とは、まさに慣習的なカテゴリーをかき乱し、解体し、そうすることで、視覚と精神にそれらの率直さと新鮮さを返してやることなのである」[9]。舞台化や慣習的な劇場を回避する意図が把握されるが、デュビュッフェがこれらを避けるのは、見られるものと見るもの、舞台と観衆とを過度に隔てるからである。融合だけでなく混乱でさえ、つねに促進されるべきである。われわれにとって、すべてがそれほど成功しているようには思われない。つまり、明らかなこの「非芸術」の手法は、永続的に確立された諸規則を回避しようとし、壁に掛けられたいっさいの構成原理を持ったタブローを拒絶するが、この手法がもたらすことができたのは、べたべたと塗りたくられた実際の染みではないとしても、大きな受け皿を想起させる顔、巨大な目、戯画化された鼻を持った、過度に様式化され、ある程度の粗雑さを持って描かれた「平板化された人物」のみである（メトロ、一九四三年を参照）。これは、評価されるものではないが、明確な形を持たない顔や自分自身に対する忌避を表明する絵画を描くという企ての難しさと大胆さを指摘しておこう。自らを無効にする状況を、どのようにして表現するのか。つまり、ここでは、風景へと変えられた顔、壁のうちへと溶け込み、もはやそれと識別されない顔を、認めたり許容せねばならないだろう。相貌は、明らかに、特別に叩かれ、脱神聖化されねばならなかった。西洋は、相貌を神聖なものと見なしたからである。特異性を公示したのである。いまや、顔は単なる付け足しへと変形される。それはしばしば、膨らんだ腹部に嵌め込まれる。腹部のほうは、ごちゃ混ぜの臓物、管、その内部で渦巻く液体によって満たされている。つまりここでは、非常に含蓄があり、世紀を経てさえいるヨーロッパのシェーマを消去する「頭部の除去」に驚かされるのではなく、単なる棒きれ、軌道へと単純化された腕や脚と同様、まったくの雑然とした寄せ集めによって衝撃を受ける。しかしこれらの人物を認識し受け入れるのが、困難に感じられ、これらの人物像があまりに混乱していると思われるのに対して、「絵画の選集、土の祝祭、賢者の石、攪拌された絵の具」(地肌学、材質学)は、革命的であると同時に実に理解しやすい。要するに、地面から湧き出るような芸術、地質学的であるような探求、これらはすばらしいもので、最も古く濃密な要素である「第一素材(プリム・マチエール)」を開示するものである。

伝統に対する手厳しい反対者であるデュビュッフェは、最も踏みつけられ無視されてきたもの(土)に加えて、とりわけ以下のものを求めたことにも言及しておこう。それらは、汚物(タール、繊維の束、スラグ)、さらには輪郭を消去する流動するもの(引きずられた跡、緩慢に変化するもの、絡み合ったもの)、あるいは最も非個性的なもの、とりわけ砂である。世界の中で、砂以上に砕かれ、その存在が消え去るまでにすり減らされたものはないからである。サハラ砂漠に対するデュビュッフェの情熱は、周知のものである。彼は、そこ(エル・ゴレア)に数回にわたり長期滞在することになる。砂粒のみが、それら自体を運び去るうねりによって、運動と軽快さを持っている。これは、陽気な素材ではないか。

彼は、簡潔さ、消失する風景を評価する。地形の（空虚における）永続性、それは同時に高速で移動する砂丘や砂州の運動を通しての永続性であるが、彼は砂漠のこうした詩情を誘う矛盾を評価する。彼は、土壌の焼けるような白さに熱を上げるのと同様に、この非現実―現実に夢中になる。多くの作品が、砂漠を映し出していると思われる。ここから、点によって構成された雲状の諸形態、振動、点描によるほとんど知覚不可能なものが生み出される。形態としては消滅するが、ひそかにきらめく生命という彼の夢が、アフリカにおいて実現される。後述するように、デュビュッフェは以後、アクリルとポリスチレンをも利用することになる。これらの合成素材は、しっかりとしていながらも、ある程度の滑らかさを保持し、しなやかさと密度を結びつけ、素早く乾燥するので、硬化して少し皺（ひびと焼けた皮膚の亀裂のような）になり、ほとんど空のような白さを呈するからである。

しかし、素材に関してこれ以上は語らないでおこう。ここでの問題は、デュビュッフェがこの素材そのものにもたらすものを規定し、物理学者のようなこうした新発見に役立ったいくつかの経験を明らかにすることである。しかし、連作「ウルループ」が存在するのだから、この二重の問いに答える前に、彼の芸術におけるある発展に言及しておかねばならない。すでに詳述したように、実際、絵画は壁に掛けられると、一種の欺瞞、鏡におけるような抽象を実現するが、「こうした風俗画」を、この様式の法則によって、どのようにして粉砕しようというのか。それに異議を申し立てることは、それを強化することになるのではないか。最も精彩のない絵の具やその流出によって、「網膜」像を否定して触覚的なものに訴えようとしても無駄である。それゆえ、イメージから抜け出ようと試みねばならない。合成樹脂によって、ようやくグラフィスムを離れ、三次元的なものへと入ることができる。ウルループの構成は、この変化を創始し、転換期を標示している。間違いでなければ、そこに至るまでデュビュッフェは、表象とその否定との矛盾のうちで苦闘する。こうして彼は、個性化されないもの（砕け散ることと増殖）に引き付けられる。しかし、発泡ポリウレタンによって、いまや、究極的には住まうことの可能なシミュラークルを制作することができた。これは嵩張るものと嵩張りのないものを混ぜ合わせた、なおも奇妙な構築物である。つまりデュビュッフェは、重さを持たず、抵抗なく、容易に切り分けられる、偽の雪や人工的な資材を使用する。もはや、（泥土、腐植質、判別不可能なものという）反‐物体ではなく、空気状のもの、多孔質のものという存在を持たない準‐物体が使用される。これは、しばしば包み込まれていると同時に軽い、拡散していくような嵩張りの反乱である。したがって、傾向だけが強調されるが、これは方向転換なのである。機械、家庭用道具といったオブジェ（電話、洗面台、タイプライター、振り子、日常品）の大群によって、満たされることになる。そこには、住居さえも含まれる。これらはすべて、錯綜した編み目に満ちている。しかし、(a)デュビュッフェは、慣習の中でも最も古いもの、つまり内部と外部を、あるいは容器と内容とを分かつ慣習になおも反対する。そういうわけで、瓶、コーヒーポット、ガス釜、これら三つが占拠され、アッサンブラージュによって編まれ、アッサンブラージュを詰め込まれる。(b)瓶、コーヒーポット、ガス釜は、同じく揺れ動き、旋回する。(c)最後に、これらは、ほとんど非物質的な籠から取り出され、それらの重力から解放される。

デュビュッフェが、ウルループ（Hourloup）という言葉を使用したのは、デュビュッフェの作品の注解者の一人である、レナート・バリーリが言及したように、文化とその語彙に対する宣戦布告のために、特殊な言葉に訴えねばならなかったからである。これに加えて、この新語が「うねり」(houle) と「叫び声」(hurlement) を含むのは明らかである。それは、あたかも曲がりくねった洞穴内の物音が、その洞穴から、またこの迷宮から出てくるかのようである。「いたずら (entourloup) に思いを巡らす (rouler) うねり (houle)」が、ウルループである。さらにこの同じ語が、かき乱された場所における「非－場所」、はっきりと形作られたと考えられていた諸存在の反構造化ないしは雑然とした集まりを意味する。かつてないほどに、それらの形態は解体され、われわれは上部構造に侵入する「下部構造」の報復ないしは上昇を目にする。デュビュッフェは、「形相」を攻撃する断固とした反アリストテレス主義に固執する。構築物は、寄せ集めにおいてにせよ、とりわけ巻き付きと多元的な接合を表現する。これらのおかげですべての対象が、ついには類似し混じり合う。

しかし本書は、この変化が決定的なものだとしても、作品全体の様式を変えることはないという事実を主張することにこだわった。様式は、いわば創造以前に位置するからである。デュビュッフェの戦いは、いっそう激しさを増す。マックス・ロロー[*31]は、世界へと開かれた窓としての古典的絵画というアルベルティ[*32]の定義を想起させるが、それは正当なことであった。絵画において最も重要なものは、枠すなわち狭い周囲の部分にある。この枠は、小窓の形を描き出し、われわれはここから世界を知覚する。大きなものが、この長方形に住まいに来て、そこで身をかがめる。この小窓は、鏡に比せられるが、鏡というものは自分が映し出しているものに焦点を合わせるものである。それゆえこうした見方は、造形を制約し、閉じ込めただろう。ところがデュビュッフェは、この古くからの態度、あるいはこの檻を壊そうとする。それは、(a)まず、延ばして塗られた土を賞賛することによってである。まるで最も使い古された諸要素が、それら自身で作品を構成しているかのようである。これらの要素は、あまりに使い古されているがゆえに、デュビュッフェはあえてそれらに彩色を施し、慣習的な虚偽によって覆い隠すことを望まなかった。「私が小石や古い壁のうちに見出した色彩は、リボンや花々の色彩よりも味わい深いと思いました。彼は多くの愛好家と出会い、最も鮮やかないくつかの色彩によって彩られた敷物よりも、くすんだ色調の……あるいは原色の自然の羊毛で作られた敷物のほうを好むようになりました」[10]。以下の点に留意しておこう。いまや実在が、絵画を構成し、絵画に含まれる。実在はもはや表象されるのではなく、最も軽視されていると同時に古い「表象するもの」(砂、炭、埃)を通して、現前している。この絵画は、上下の区別を持たず、いくつかの集塊と組み合わせ模様、しばしば発泡性の絵の具によって構成される。(b)湿り気を帯びた素材、始原的であるが、ほとんど見分けることができないまでに粉末状にされた(消去された)物質を称揚することによって。ウルループは、さらに徹底する。われわれは、長方形の枠から出る。空間、役割、空間に住まうものすべてが変容される。画家は、見ることを継続するのではなく、(半‐実在的ではあるが)想像上の住処を構築する。彼は、白い街や機械の内部に位置し、モチーフの消失とカオスへ訴えることで、こき下ろされてきただけの絵画を消滅させる。要するに、変節ではなく、完遂せねばならない。すべての試作の中で、下地にその実在性が返却される。下地を押し潰していたもの(主題)から価値を奪い、無定型であると見なされた残余を引き立たせねばならなかった。こうすることで、この残余を経巡る生命力とすべての流れが生じる。

絵画が、かつてこれほどまでに、数えきれないほど多くの性質からなる物質に没頭したことはなかった。物理学者は、物質をそれ自体としては見捨ててしまう。物質が隠し持っている法則や構造のほうに価値が認められるので、物質それ自体は消失するからである。しかし、工芸家および技師は、物質を受け入れ賞賛する。基本的な鉱物の輝き、暗い土壌や生気を失った土のきらめきという価値があるのだ。懐疑的な人は、たしかにそうだが、そこまでだ、と付言するだろう。工芸家や技師は、素材を塗り、他の構成要素と混ぜ合わせる(混合)。懐疑的な人にとっては、こうしたことは取るに足らない作業だが、本書は、これらの操作を微視的な探求かつ質に関する実験と見なす。われわれは、ここで、ごくわずかな素材の小片が隠し持っているいっさいを学ぶ。その襞のうちに隠されていた豊かさが発見される。自分自身の襞を広げ豊かさを増すものを軽視しないでおこう。

つまり不当に非‐存在だと見なされていたものが、表現され開陳される。さらには、地平としてだけ使用されていた背景が解放される(光り輝き、乱痴気騒ぎの大地)。しかし、以上がデュビュッフェの着想であり、これによって古くから支配的であった観点(ギリシャの遺産)が法廷に引き出されるとしても、人を困惑させると同時に晦渋な彼の絵画は、どこから生み出されるのか。彼のデッサンを満たすために、どのような手法を用いるのか。数あるものの中から、おそらく最も奇妙なものである三点を指摘しておこう。

(1)まず可能な限りの多様性を探求することは無駄である。最も貧しいものがそれらを供給する。この画家が、ごみ屑を選択し、そこから夢のような美しい光景を引き出すことに驚くことはないだろう。しかし、彼はどのようにそれを始めるのか。どのようにして、瓦礫や廃棄物の中に蝶の羽やミツバチの群れないしはあふれんばかりの花びらを知覚するのか。デュビュッフェが詳述する型押しの方法は十分に人を驚かせるものである。「私は妻の裁縫部屋の箒で集められたごみ屑を使っていました。それは糸の切れ端、埃混じりの細い糸屑でした。……野菜から取られた植物の要素を使用していました。私は朝、中央市場のごみの山をあさりに行きましたが、それが役に立つことがしばしばありました[11]」。それから、少しの水を混ぜた墨汁の薄い皮膜で、あらかじめ覆っておいたガラスに、これらをちりばめる。「紙片をかぶせ、それを手のひらで軽く押し、素早く剝がし、地面に置く瞬間がやってきた。イメージは、豪華で、満たされており……ここで乾燥が加速する。すぐに、もう一枚の紙片をかぶせ、再び手で圧力を加える、今度はより力強く。第二のメッセージは、最初のものとかなり異なったものであるが、それが並べて床に配置されることになる。大急ぎで、紙片の山へ[12]」。ここで停止しない。同一の版製作から、複数の成果が取り出される。この写真に先行するエクリチュールは、とりわけ自然の組成、喧噪、舞踏そのものを捉える。それは、人間が隷属させる以前の「能産的自然」（原初のもの、範疇に先立つもの）である。ひしめきは、植物の組織――草の束、イネ科植物、乾燥させた葉――をもって絶頂に達する。隠された怪しげな採取作業は、同時に雑然としたマグマと枝の総体を、意識と視覚がわれわれに拒んだものすべてをわれわれに与える。なぜなら意識と視覚は、知に編入され、雑多なものに敵対的だからである。デュビュッフェは声を上げる。「ソクラテス、彼が説くべきだったのは、汝自身を知れではなく、汝自身を忘れよ、である」。

われわれは、賢者の石や粗雑な大地を読み直すことを、それらの中に多数の目、口、管を発見することを学ぶ。諸々の抑制を取り除き、固定化による破壊を取り除くことで十分だった。そうすれば、汚れた油から、諸々の大陸、肖像画や森が出現する。石版術的かつ転写的なこの技術（型押し〔エスタンパージュ〕）は、基本的だと思われるかもしれないが、これは、素材つまり生命的なものと精神的なものとの探し求められた相互浸透を実現する。さらに、刷りはそのたびに、先行するものの写しではない一つのヴィジョン、啓示をわれわれに与える。削り屑と埃が輝く。人々は、芸術家が介入していない、と主張するだろう。実際のところ、彼は出現を妨げていたものを、阻止することに専心する。これによって、多くのざわめきと複雑な堆積物に満たされた実在の中心に入り込むことができる。また巧妙な採取と素早く圧力を加えることで木や植物の「精髄」（エスプリ）を我がものとする。つまりデュビュッフェは、仲介者、すなわち彼なしでは知覚されない網状組織をその忘却と消去から救出することができる人物となったのである。

(2)第一のものをたんに延長し、野性的で微視的な実在の賑わいを表現することを目的とした別の実験がある。石膏、白墨、水、少量の塩基性炭酸塩から（あるいは、土のみで、またはアスファルトで）構成された下塗りから始めて、それをこねる。この種の糊は、結果的にあまりに速く乾燥してしまい、皺や亀裂を表面にちりばめることになる。デュビュッフェは、ナイフ、ペンキ塗装用の筆、タンポン、鋲、スプーンなどの多くの道具も使用する。切り込みをつけ、汚し、攪拌し、移動させねばならない。さまざまな層を、相互に軽く触れ合い、あるいははまり込むようにせねばならない。さらに切り込みをつけ、付加し、ひっかき、擦り落とそう。マックス・ロローは、はっきりと述べる。「彼〔ジャン・デュビュッフェ〕は、石工から借りた技術に救いを求めた。断続的に絵筆を動かすことによって、地面に広げられたカンバスに、流動する色彩を持った微細な水滴からなる大雲を投影するのである。……いったん絵画が乾燥すると、新しい層を重ね、多くの点から構成された横糸を重ね、砂を投げかけるのである。……ここから、ひしめき合った埃っぽい敷物が生まれる」(13)。ここに、二つの指摘が認められる。(a)思考、神経系、実行された所作と、運動する下塗り（荒壁土）が協働し、これらの蛇行と薄層からなる微視的な土台として価値あるものとなる。これによって、素材それ自体が、解き放たれ、発泡状態へと誘われる。つまり手とアスファルトの融合が、展開と神の顕現(エピファニー)を促進する。(b)〔デュビュッフェが〕さまざまな流体（これらは流出する）に、あるいは粘性を持つ絵の具（それは動き、少しずつ広がる）に、さらにはあまりに固いものを粉砕し噴霧することに救いを求めるだけだ、ということは自明である。操作は、柔軟性に富んだあるいは展性を持ったさまざまな下塗りを前提とする。そして、これらの下塗りをこれらに固有な内的屈折にゆだね、それらが減圧される空間を提供する。

(3)第三の簡潔な製作過程。これは以前の過程と同様に、文化によって過度に陶冶された人々にはとくに驚嘆すべきものである。生成するもの、目を引く混沌を取り逃がさないためには、自然そのものに対してではないとしても、少なくとも予見不可能なものに対して、扉を少し開いておくことが重要である。デュビュッフェは、肖像画や風景画を大地や雨にゆだねるまでに徹底する。雨の滴が落ち、下塗りを溶かすだろう。彼は、雨の代わりに、いくつかの偶然事を、つまり最悪の混合を歓待し、かつ引き起こす。絵の具のいくつかの色が、カンバスの上で、ひっくり返される。「私が空を描いていた時、風景画の上にところどころ絵の具の黒が滴り落ちた。均一にするために、さらに私は黒を別の場所に滴らせた。今度は意図的にである。それはとてもうまくいった(14)」。実際に彼は、二重の混乱を追求する。それは事物とそれを喚起するもの（その精神的構成）の混乱、次にオートマティスムと意志との混乱である。彼は、あらゆる区分と抑制に先立つ種類の状態へと、つまり雑多な色の混交や、同時的なもの、差異化されていないものへと、あらゆる場所で回帰しようとする。なぜ、一本の木を、その葉から、それが保護する鳥たちから、あるいはそれを揺らす風から分離するのか。さあ、合流と多様な巡り会いを愛でようではないか。

流れる、あやふやとも思える型押し。ここでは、いくつかの「方法上の諸規則」を検討しただけだが、それらの規則は、企ての意味にうまく合致しており、つねに沈黙させられていたもの、ないしは敬遠されていたもの、すなわち、ここで光り輝く目的へと変換される手段に、発言権を返すのである。

染色と壁布

「シュポール－シュルファス*33〔支持体と表面〕」という若いグループの中心的存在であったクロード・

ヴィアラの制作の諸規則を手短に説明して、告知しておいた互いに収斂する現代の三つの試みの検討を終えよう。この流派の呼称だけで、われわれは覚醒させられる。というのも、この呼称によって、そもそも「基体」を無視するつもりなどないことが示されているからである。さらに、これらの造形家たちは、生地に結びつけられるもの、すなわち結びの技術とエスパルト工芸、ブックルと糸の工芸と同時に、生地自体に再び地位を与えた。われわれは、それが何故なのかを理解するであろうが、急いでこの件に取りかかろう。

ヴィアラの主要な功績は、何に存しているのか。彼は、地面に広げられ色褪せた大きな布地、ぼろ布と床ぞうきんの寄せ集め、使用されなくなったシート、形の崩れたカーテン、使い古された傘とシャツを自由に使用する。これらはすべて、組み合わせられる。この芸術家は、ステンシル、つまり模様を切り抜いた四辺形も使用する。これは、足跡あるいは手の跡（「インゲン豆」だとも言われた）を想起させるかもしれない。彼は、一般的に鮮やかな色（赤および黄や青）の厚い塗装によって満たされたモチーフを、表面に倦むことなく繰り返し貼り付ける。隙間のほうも、同様に彩られているか、鮮やかな白によって覆われる。これは、つつましい道具にして、創設的な行いである。画家は、大きな集積容器に塗料を塗るために、自分のアトリエ－格納庫の中をバケツと刷毛を手に歩きまわる。

本書では、国立現代美術館での展覧会からヴィアラの作品の二つの典型を示し、三つの特性を挙げることで、彼の作品の独創性を引き出したい。

(A)まず、何が目指されているのか。今一度、古典的絵画に対する距離が、すぐに挙げられる。古典的絵画は、画枠の中に張られたカンバス（意味するもの）とそこにおいて意味されたもの（情景）との対立、容器と内容との対立を通して理解されることが多いが、このことはカンバスの価値低下と、典型的な表象的芸術の観念論的ないしは物神崇拝的傾向とを同時に萌芽として含んでいる。

クロード・ヴィアラは、絵画制作の基礎に対して断固として異議を唱える。絵画制作の発展について指摘しておくが、そもそもはじめは岩や壁（壁画芸術）が使用された。それから、次第に木製の板へと移行し、最後には生地が優位を占めるようになる。おそらく、生地が木の板に比較して、より薄く、軽く、場所を取らないからである。また、亀裂が入ることもなく、より簡単に処分できるからだろう。つまり、ここで支持体の寸法上の減少を目の当たりにするのだが、これは支持体の無意味さに立ち会うことでもある。そしてこれは、相関的に描出されたイメージのみに価値を認めることである（空間上の錯覚を生じさせる技術と基体の脱物質化）。このように芸術は、巧みな行程をたどって洗練されてきたが、その洗練さとは、土台に対して、はっきりと確定された記載内容（壮大な光景、名高い人物、あるいはより最近では、いくつかの線とヴォリュームの作用）を読み取る可能性を提示し作り出すことだけを要求する。ところがクロード・ヴィアラは、この「理論－実践」を脱構築する。つまり彼は、この枠から、その規範とその規則から脱け出すだろう。

いささかデュビュッフェのようだが、別の視点からの、また別の手法による彼の大胆さは、ギリシャ人が作り上げたものにつねに抗して、支持体、紙片、カンバスとエクリチュールとの間で引き裂かれたつながりを再び作り出すことにある。そして、この和解を確固としたものにするために、多くの手段が

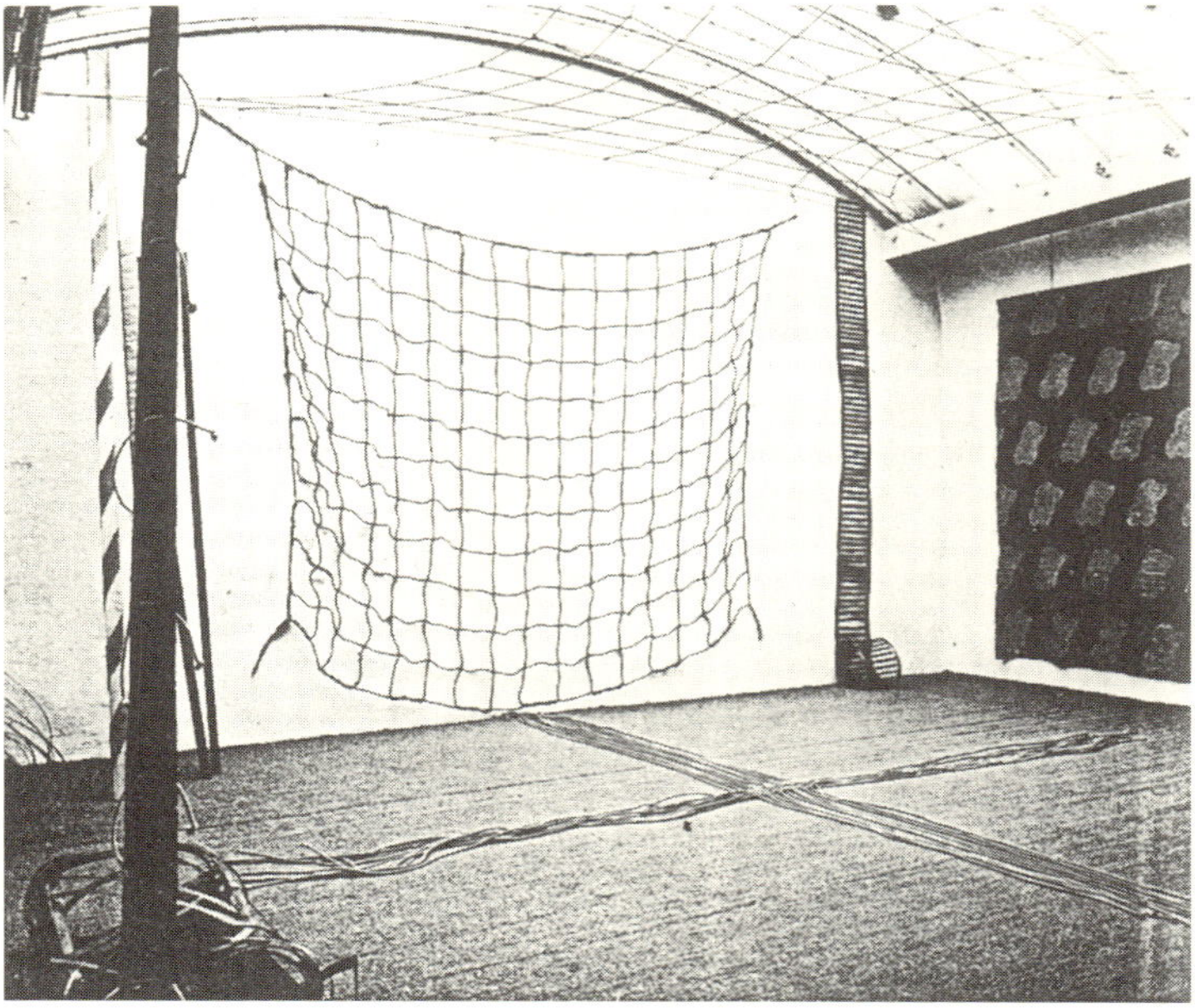

「70年夏の作品」展，1971年 4 月，ギャラリー・ジャン・フルニエ，パリ
(ドゥズーズ，セトゥール，ヴァランシ，ヴィアラ)

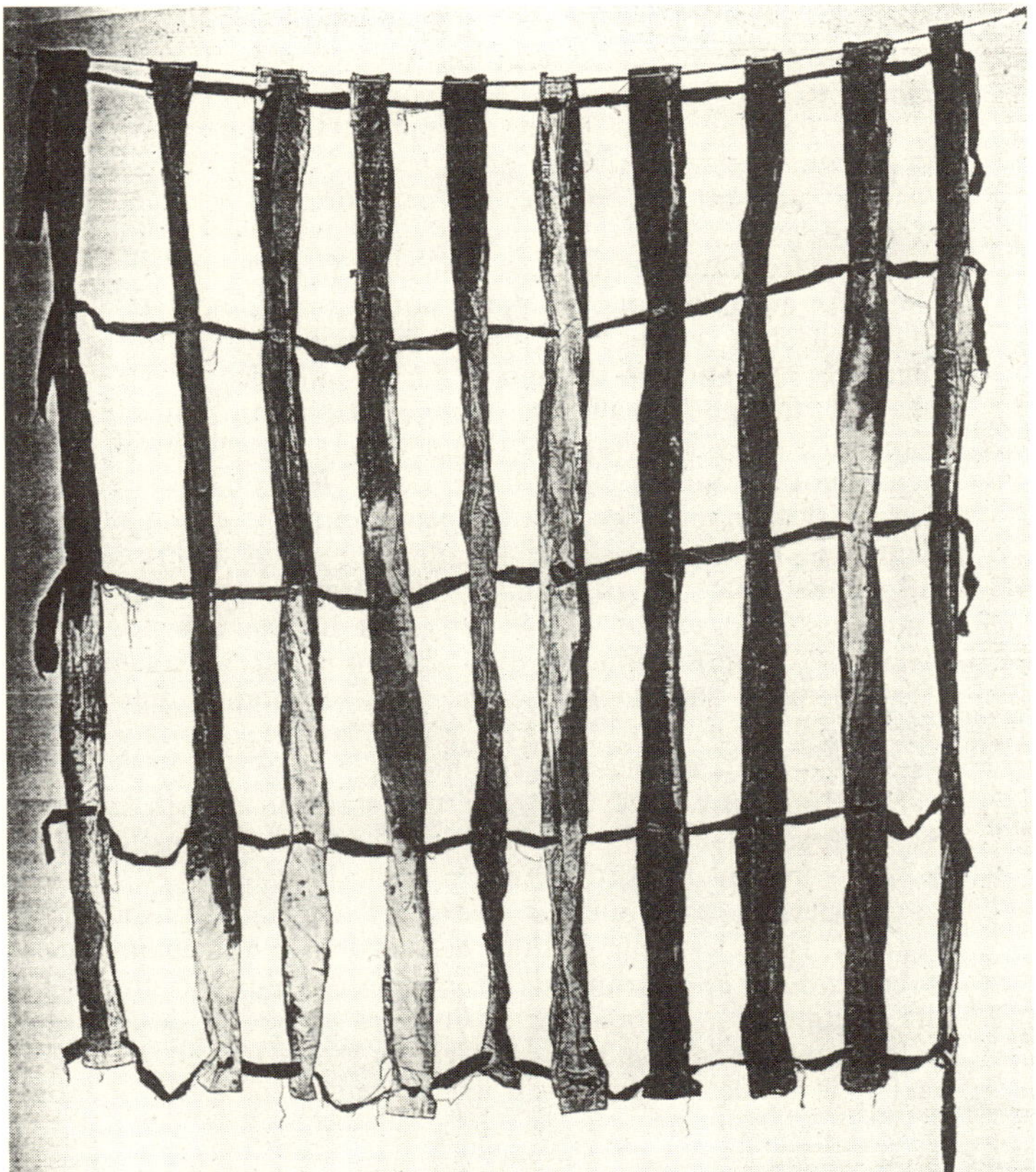

クロード・ヴィアラ「カーテンのへり，媒染剤とアルコール」1976年

使用される。(a)第一に、(スポンジ、ソラマメあるいはパレットのような)同じモチーフが繰り返される。それは、各々の断片に等しい重要性を付加したり、大きなカンバスを異なった仕方で経巡ることもできるほど反復される。いかなる軸も課されはしない。カンバスを変形してしまうような構成上の反転が生じうることも、究極的には排除しない。つまり、間隙が前面に浮き出る一方で、モチーフは引き立て役を務めるだろう。ヴァザルリの作品のように振動が引き起こされるほどではないが、彼が目指すのは、それである。(b)他方で、モチーフを目立たないようにできたならば、それと並行して「地」が際立たせられるだろう。重層の絵の具が、色褪せた生地を湿らす。それは生地を貫通し、もはや生地の表と裏を区別できないにちがいない。以前には、いくつかの境界画定が存続していた。さまざまな下塗りと、とりわけそれらの上に構築された「固い殻」が区別された。石工の作業が行われていた。いまやここでは、事情は反対である。液体状の絵の具が、地の目のうちへと浸透し、そこで拡散する。クロード・ヴィアラは、この操作を「絵画は染色に道を譲る」という簡潔な定式に要約した。そういうわけで、以前は一般的に、光沢を持った、固く、はっきりとした添付が好まれたのに対して、彼は諸々の液体を大量に使用する。

それならば、「支持体」を目立たせるために、継ぎを当てられた生地、ぼろ切れ、布の破片を使用する必要はなかったのではないか、と反論されるかもしれない。他の芸術家と同様に、奢侈と装飾を好む社会によって遺棄された「哀れな対象」に執着することに加えて、この画家には変身を首尾よく行うことがとりわけ必要だった。使用された生地は、その強度、さまざまな仕上げ加工や、糸を固くする糊をいっそう喪失する。つまり、それらの生地は使い古されることで、より透過性を持ち、緩慢なる成長に従う適性を持つようになる。最後に、これらの擦り切れ、継ぎを当てられたシートによって、作品が崇拝されることももはやなくなる。つまり作品は、下塗りを吸収することができる単なる「フィルム」のようなものとして定義される。このようにしてクロード・ヴィアラは、明確かつ独創的な仕方で、上と下、理念とその受容体を対立させていた最も古い二元性を解消することに専心する。同じ形態を散布し、自分自身を参照させるのみである同一のステンシルのおかげで、一方では反復的な機械装置が機能し、他方では、両面性を可能にする、画枠も強度も持たない繊維の薄さが機能する。提供者と受容者という、二者の合致が志向された。これは壁布ではなく、染色である。

なぜ、木、つまり板ないしは羽目板も、使い古された生地と同じように適してはいなかったのか。これもまた繊維の結合体ではないか。木は、独自性豊かであり、森を起源とし、光と水分から生じるのだから、受容器の価値上昇に役立てることができたのではないか。枝の分岐点（木の枝の出所）と樹液管は、ほとんど消滅することのない生命を思い起こさせはしないか。たしかにそのとおりである。しかし、木からその堅さを奪うことはできず、木は絵の具をまったく吸収しないだろう。それはただ絵の具を支えるだけだろう。木は、われわれが避けたかったこと（非‐共生）を維持するだろう。そのうえ、塗装を受け付けにくくする木固有のざらつきを消すために、前もってそれを下塗りで覆わねばならない。そうすること自体、結果として、ヴィアラが破壊することを提案している（受け台としての）機能を支持すると同時に、木の排除（木は消滅せねばならない）に協力することになる。

(B)ヴィアラの独創性とはなんだろうか。芸術家と職人が一体をなすと主張することではもはや十分ではない。実現されているのではなく、双方において宣言されているだけの両者の同一視を実行すべきである。だからヴィアラの独創性が求められたのだ。画家は、労働者のように作業し、また労働者の役割を果たす。

お気づきにならないと思うが、よりはっきり言えば、手ごわい問題に対する一つの解答が提示されている。芸術は、現代世界、すなわち産業文明を避けて通ったり無視することはできない。(機能主義的、合理主義的に、ややキネティックアートのような手法で、技術的に) 産業文明に奉仕しそれを称揚するか、あるいはそれを拒絶し、感知しがたい夢のようで幻覚的でもある楽園へと避難するか、さらには(ポップアートのように) 産業文明を嘲弄するかである。

芸術は、産業文明を強化する必要も、それを避ける必要もないだろう。筆者は、「シュポール－シュルファス」の運動が別の道を切り開くと思う。この運動は、人々が考えていたような粗野な作業ではなく、もはや搾取と社会的な不平等を経ることのない現代的な生産である。「廃棄物」のリサイクルと、とりわけ絶え間なく反復される「型押し」を通した作業の機械化という工場生産の世界の諸側面を保持してはいるが。利潤を求める社会は、流れ作業によって、業務の分割をもたらす。さらに、それによって、必ず製品よりプログラムに、鋳型で固められるものより鋳型それ自体に価値を認める。同時に、商品の外観を呈してはいるが、それほどの価値のない粗悪品を増加させる。くぼんではいるが、金ぴかのオブジェである。ところが、論じてきたように、表面の芸術家はこれとは別の構成、別種の作業を示唆する。彼は、産業に平然と立ち向かうのではなく、それを別の基盤の上に再構築する。

もはやヴィアラは、形式を特権化しない。あらゆるところで再生産される鋳型は、たしかに「機械装置」（反復）に類似しているが、「同一なもの」の内部で、また「同一なもの」にもかかわらず、差異を養うのに役立つことをやめない。テーマを持たない柄が同一の道具によって散布されるが、生地はすべて異なっている。さらにこの鋳型は、人間の印ではなく、ただ等価なものだけを伝える。指も爪も持たないスタンプは、独占支配や維持を意味していた手よりも巧みに、それを受け入れる薄い基体のうちに侵入し溶け込む。野卑で支配的な繊維製品とは反対に、このスタンプを諸々の繊維のうちに導入し、それらと調和させることが重要である。

正確に言うと、この作業はなんなのか。これは、数世紀を経て最も手工業的であり、同時に工業化されているものの一つである「染色－加工」である。イヴ・ミショー氏[*34]は、彼の詳細な注釈で、この問い（造形芸術の非原初主義）を扱った。彼は、この主題に関してゼンパー[*35]の理論に言及しさえした。その理論とは、制作の基本的な行程を体系化したものである。それによれば、四つの行程が区別される。(a)まず、絡み合わせること（編むこと）。(b)木の断片を付け加える。さまざまなアサンブルマン。(c)型に取ること。製陶はその具体例である。(d)最後に、高く積み重ねること。これは、石積み工事に通じる。「彼は、繊維から糸へ、糸から絡み合いと結び目へと至る連続において、編むことと製織の論理的かつ時間的な先行性について主張しただろう。これによって彼は、絵画に対する染色の先行性を主張するように導かれるのである。第一の絵画は製織だったのだから」[15]。技術に関するこの興味深い分類によって、ヴィアラの創造的作品の諸側面の一つを、また他方では、潜在的な工業化を十分に理解することができる。巨大なアトリエの中で、床に広げられた大きな布地の上で大量生産を行う彼の手法を思い出すだけで、おそらく十分である。彼はもはや、これらの布地を傷めつけるのではなく、変身させる。彼は、彼の画架、さまざまな色合いを持った多くの絵の具、構図とともに、芸術の非現実的な世界にいるのではない。織工場、紡績工場、羊小屋どころか、屑物商の暗い倉庫にいるのだ。彼は独自の仕方で現在機能している機械や工場、またそれらがもたらすもの、つまり（壊れていたり、壊れやすい）素材の裂傷やめっき、規格化された製品の価値の低下と人間の不可避的な疎外を非難するが、機械や工場と競い合ってもいるのだ。

(C) クロード・ヴィアラは、なおも徹底する。これは、素材の正真正銘の祝祭である。埋葬の伝統的な行為（ミイラ化）と造形芸術は、主体を永久に遠ざけておくことで、絶えず従属と誤った表象を固定化する。〔フレスコ画のように〕生乾きの漆喰で覆われたカンバスは、間違いなくこれらと同じである。ヴィアラが素材を祝祭するのは、すでに問題となっていた反復についての先入見によってのみではなく、彼のカンバスが好きなだけ折りたたまれ、皺くちゃにされるという事実によってもである。それらは素早く丸められ、地面に広げられる。また毛織物のように、箪笥の中にしまわれ、特定の機会にのみ取り出される。いかなる容赦もなく、広げられ、再び折りたたまれる。カンバスの大きさもまた、衝撃的である。これらすべてによってわれわれは、「色を塗られたカンバス」と絵画という長方形の監獄から、すなわち一種の閉じた小部屋から遠ざけられる。

さらに、絵画が壁や隔壁に鋲で固定され、それらと一体化しているのに対して、ヴィアラの生地は、こうした固定（鋲止め）から逃れている。本性からして二面的である、つまり生地の表と裏は等しく考慮されねばならないので、生地は天上およびなんらかの梁に吊り下げられるほうがよい。また可能であれば、その角の一つだけを利用して吊り下げるのがよい。こうすることで、吊り下げる際に、その形態上の諸能力が増幅されることになるだろう。画枠は、絵画が一方向だけから、つまり正面から鑑賞されるように仕向け、これを強制する。ここでは、事情は逆である。この生地（「総体としての」断片全体）の各部が、全体と等価であることも、同じ意味において忘れないでおこう。何もこの生地の各部分を区別しない。つまり、部分と全体が互いに反照しあっている。それゆえ、このかすかな動性と自己から自己への指示に加えて、際限のない多様性を利用できるという意味において、絵画性という鏡としての古い機能が乗り越えられた。折りたたまれ、裁断され、多様な折り目を持った生地は、結局のところ、絶え間なく同時に「同と他として」蘇る。

最後に、ヴィアラが異議を唱えるとしても、彼は「網（フィレ）」の基本的で着想を与えるモデルを生み出すために、同じステンシルを使用した。もっとも、彼はロープや結び目に、取り憑かれていたのではなかったか。生地が、その高密度によって、空間を占め、空間を塞ぐ（それゆえ、生地は諸分離と分裂を生じさせる）のに対して、四辺形やそれ以外の形象の規則的な継起は、一種の「紗」、小さな孔がちりばめられた全体、擦り切れていく境界の揺らめくような軽快さ（事実上のエスパルト工芸）を構成するようである。実際のところわれわれは、充実と空虚の交替――実在に取って代わる見かけ――の存在を信じる。つまり、ここで物質性は、その堅固さを放棄する必要なしに、究極の薄さを手に入れる。物質は、切り抜かれたように見える。それは、透かしをつけられたように見える空間を、もはや閉じ込めることはない。生地は、漂い、皺になるが、それと同時に、堅固さとともに密度や連続性を喪失したのだ（生地を貫く多くの開口部）。

支持体と表面

こうした運動に参加した一群の人々についてこれ以上検討するのは、読者を退屈させることになるだろう。

ヴァザルリ、デュビュッフェ、ヴィアラに言及することで満足しよう。ヴァザルリの論理は、組み合わせの論理であるが、これによって物質は、最大のものを与え、また最小限の構成の中で自らを顕在化せねばならない。デュビュッフェは、〔質料形相論に反して〕胚種を、すなわち理念が絶えず押し潰してきた支持体の再興を支持する。最後にクロード・ヴィアラは、ついに〔カンバスとして使用されてきた〕素材を裏返す。それは、裁断されることもなく、厚みを持ちながらも、規則的な裂け目〔いくつかの開口部ととりわけ大きな網の編み目〕という錯覚と同時に、軽快さと柔軟性を示すからである。

最後にわれわれは、ためらうことなく、現代芸術家を、質に関する物理学者、軽視されているものを高め開示しさえする人と見なす。(a)まず現代芸術家は、機械的な諸特性の探索者として、土、鋼鉄、練り状のもの、液体状のもの、繊維を扱う。彼は、場合に応じて、強度、凝固、粘性、ヒステリシス、脆さ、感応性などを調べるだろう。(b)彼は、組み合わせの実験者、格子縞のプログラマー（ヴァザルリ）あるいは他のタイプの付加、ヴィアラの浸潤や多様化（デュビュッフェと彼の石版術による型押し）の実験者と見なされる。ここでわれわれは、可能な付加と組み合わせの探求に従事する。(c)彼は新しい空間の住人と見なされる。この空間は、われわれが巡回する空間と関係を持たない。ここから、場所を変えるもの、モアレ加工、襞、散乱したもの、動力学への関心が生じる。(d)彼は、紙のいくつかの断片、スラグ、糸の切れ端のような、軽視されるものの擁護者と見なされる。これらは、とくにはかないものであるが、歴史によってもみくちゃにされたものである。このように造形芸術家は、資材の重量、支持体の肌理、糸の絡み合いという豊かさを思い起こさせる。原料への執着は、除去や排除の拒絶を伴っている。使用されるごくわずかの小片は、卑しいものないしはいわゆる汚いものと同様に重要である。(e)彼は、粗野な技術だけでなく、アクリル、エラストマー、ポリスチレンという、慣習的に受け入れられてこなかった産物を称揚する者と見なされる。しかし、工場生産品を賞賛しようというのではないが、かつてのもの、古い物質は、現在のものに比較して性能の点で劣ることは明らかなので、それらにのみ執着することは、適当ではないと思われる。現在の物質は、古いものと調和させることが可能である。(f)派手さはないが、有り様を一変させる製作を行う手品師。たとえば彼は、（糸のような）きわめて細く柔軟性を持つ柔らかいもので、一種の「網」、すなわち堅固なもの、裁断不可能なものを製造したのではないか（エスパルト工芸、つまり藁、草、葦、繊維を編む技術である。ここから絨毯、むしろ、ロープが誕生する）。ヴァザルリのほうは、規則正しい組み合わせから引き出すことができたものを提示した。それは、視覚的な豊かさ、あらゆるところで多くのものを生じさせる少ないものであった。デュビュッフェもまた、同一の幹から生み出されるにもかかわらず、つねに新しく比較を絶する「版画の刷り」を歓喜しながら大量に生み出していた。

これは革命だろうか。間違いなくそうだろう。なぜなら芸術は、あまりに長期にわたりイメージの崇拝のうちに閉じこもり、その結果として諸々の運搬装置、伝達手段、媒体をなおざりにしていたからである。一種の観念論が、芸術を特徴づけた。つまり、内容が容器を隠してしまっており、そのため芸術家は容器の特異性を消去することに専心した。容器は、集積容器、媒介手段、支持体としてのみ役立っていた。分割の活動として、芸術はあらゆる所で対立を生み出していた。こうした状況のもとで、芸術はエリート主義的な略奪行為へと赴かないこと、いわゆる精神的な傾向へと近づかないことはできなかった。芸術はそれ自身の衰弱を示していた。

本書は、古くからのこの伝統の終焉を疑うものではない。しかし表現に含みを持たせるべきだろう。なぜならヴァレリー[*36]は、彼の明解ないくつかの指摘によって、ここに立ちはだかるからである。彼はすでに、芸術が外部（図）と内部（地）の弁証法を停止させるはずだと考えていた。真の創造者は、両者を対立させるのではなく、結合させることをやめなかった。

彼もまた、地形学（トポグラフィー）だけを支持して、深みという神話を拒絶する。彼は、多様な構築物と（諸々の螺旋状のもの、輪、迷宮、渦巻き、ねじれなどの）形象で満足することを隠さない。意味は、単なる描線のうちに宿る。ヴァレリーのうちに、繊維と蜘蛛の巣状の装置への暗示を見出すことに驚かされることはないだろう。「地面や石塊の墜落に見られる迅速さあるいは緩慢さから、またどっしりと重厚な彎曲から、幾重にも重なる衣服の波形の襞へと彼は進んでいく。……この上なく千差万別なる材料を完全に我がものとする方式のことごとくが、彼の心を誘う。彼は、空間の諸次元に配置された事物を面白がる。アーチ形の曲線、建物の骨組み、ぴんと張り詰めた円天井、直線状に伸びる廊下や開廊」[16]。この引用によってレオナルドの知性とその想像上の構築物を思い起こそう。

理念と物質は分離されない。ヴァレリーにとって精神は「表面」にすぎず、反対に空間を振動させ複雑にするすべては、われわれにとって新しい感覚、求められた変身の価値を持つのだから、両者は区別されない。要するに、「諸々の表面」の現代芸術は、たしかに革命を起こしたのだが、過去において他の人々が、理論的に（ヴァレリー）かつ実践的に、とりわけ純粋な装飾の実現によって、道を切り開いていたことを認めねばならない。事実、反復され、またたんに形状的であるモチーフは、形式と力の合致（つまり運動、これはすでにキネティスムである）を保証することと同様に、諸々の構造を提示すること、外皮とそのきらめきを称揚することのみを目指していた。現在の革命は、それが最も正気である人々と同様に大胆な人々によってひそかに準備されていたものを増幅させているということを、完全に排除してしまうわけではない。

第3章

先駆者としての繊維産業

LE TEXTILE INITIATEUR ET MOBILISATEUR

糸の特権

本書は、繊維を重視しているのだが、それには哲学的であると同時に歴史的でもある明確な理由がある。

繊維によって、われわれは比類のない物質性のうちに入る。〔物質のうちには〕汲み尽くしがたい実在があり、それは物質の襞のうちに、いくつかの側面において隠されて存在していると信じられていた。人間だけが、繊維を生み出したのだが、物質は繊維のうちで、途端にこうした捉えにくさと同時によそよそしさを喪失する。繊維においては、地が形式を与える〔柄が生地のうちに直接織り込まれる〕のだから、もはや何物も偽造されたものではない。

不快感を抱かせる荒削りの網目写真製版術を除けば、木や石や金属を、本物と見違えるほどの完成度で偽造することは誰にもできない。即座に偽作（合成木材）だと見抜かれる。たしかに、これらの自然の成分を溶解し、細かく砕き、分割することに成功し、これらを配合し、これらの断片を接着するのだが、われわれはこれらの成分自体なしで済ますことはできないだろう。これら自身の断片が、再利用される。結果的に、こうしたことのすべてによって、われわれは独立した実在という観念、反抗的で、制御しがたい「非我」という観念を認めざるをえない。ところが繊維には、御しがたい「非我」などという規定はまったくあてはまらない。つまり繊維は、完全に人間の決定から生じる。人が、繊維を織り(諸枠組み)、またその色彩と同時に組成を決定する。

しかし人々は、次のように反論するだろう。われわれは、編み合わされるすべての糸を、(綿、亜麻、麻の場合は)植物からあるいは(絹、羊毛については)動物から入手したのだ、と。こうした反論に後で答えることになるだろう。なぜなら、自然によって課されるこうした限界は、われわれを解放する「合成物」によって取り払われるからである。しかし「合成物」について語るまでもなく、自然のものと見なされる一本の糸であっても、非常に多くの調合と変換の結果である。したがってそれは、植物や動物から生じるというよりも、むしろ人間の労働の所産である。最初にわれわれが入手するのは、非常に乱雑なもつれにすぎない。製糸は――すでにペダルの付いた糸車によって行われる――、まず右手でいっさいの不純物を取り除くことからなる。この間に、左手によって、糸巻きに巻きつけられる糸がわずかに捩られる。この糸巻きは、足の指令によって回転する。つまりわれわれは、動植物から、くるまれていると同時に短い一塊の細い糸状のものを受け取る。そのもつれを解きほぐさねばならないのだが、巧みに捻りを加えることで、これらすべての微細な断片を一体化させねばならない。捻ることで、これらを接合できる。すでにこの操作は、対立する二つの運動を結びつけている。つまり、ぴんと伸ばすだけではなく、さらに巻きつける。より正確には、一方で引き伸ばし(まっすぐにすること)、他方で、一定の長さが保証されるように、二本の切れ端を互いに巻きつけることで、継ぎ合わせる。要するに、「分離して、次に結び合わせる」。つまり、編むことないしは織ること以前に、すでに原糸自体が、軽い絡み合わせを持つ。

しかし、産業の時代における最も馴染み深い考案は、紡績のあらゆる操作を機械化したことだろう。(a)カーディング。すなわち鉤の付いた一連のドラムである。これらのドラムは、さまざまな速度で、さらには異なった方向に動き、屑毛を取り除き、すべての繊維を一本一本平行に伸ばすことができる。(b)コーミング。針がそそり立ったローラーによって、短すぎる線維を取り去ると同時に、さらに線維をくしけずり、より平行に引き伸ばす。(c)合撚糸。これによって、より大きな強度が保証される。数本の糸が巻きつけられ、さまざまな組み合わせに従わせられる。合撚糸によって、すでにこの創造的な産業について、初めての正確なイメージが獲得される。この産業によって、同一の要素から数多くの「ロープ」を作ることが可能だからである（次ページの図を参照）。(d)巻き取りと管巻き。これらは不可欠な操作である。というのもこれらの操作は、取り扱いを容易にするからである。糸を玉のままにしておくことはできないからである。(e)さらに別の処理が続く。たとえば、つや出しやマーセル加工である。苛性ソーダにごく軽く浸すことによって、線維の断片は大きく膨らみ、場合によっては捩れを失い、次には突然「管の形状になる」。これによって、より滑らかでくすんだ表面になる。(f)サイジング加工は、それらの断片をより滑りやすくする。「精錬」は、一定の温度の石鹼水によって、それらから「砂岩」、つまり後処理で行われる他の添加剤をはじいてしまう天然の下塗りを取り除く。(g)川の畔で行われたかつての浸漬（ルイサージュ）を忘れないでおこう。かつては、この作業によって亜麻の糸から、それらを覆っていた木質の部分が分離されたのである。

ループヤーン

ノットヤーン

スラブヤーン

ダブルヤーン

ケーブルヤーン

合撚糸

ここでは、糸を供給する操作のうちで、最も馴染み深いもののいくつかを列挙したにとどまる。糸を整経に適したものにするために、行わねばならない工程は、驚異的なものである。たとえわれわれが「素材」を創造しないとしても、素材に大いに加工を施し整備するので、それはとりわけ人間に、つまり技術に依存すると言っても過言ではない。縦糸と横糸の交錯は、生地を規定するから、なおいっそうわれわれ人間の決定が重要であることを示している。

〔平織りの〕多くの生地については、表も裏も区別されない。これが、〔繊維の〕別の性質である。一方の面だけが、プリントを受け入れるとしても、とりわけ最も薄いものについては、このことがつねに容易に認められるわけではない。〔花、人物、光景を含まない典型的な幾何学的主題やデッサンが散らされた模様の場合は〕しばしば、モチーフが方向を考慮しないので、裏返すことも可能である。物質は間隔をおいて配置され、底知れないものだと考えられていた。この場合、われわれは深淵へと沈んで行くだろう。〔生地の〕薄さと多方向性によって、物質についてのこうした観念は、独自の仕方で毀損される。ここでは物質は、何も隠さないし、裏返りさえする。

織り地に引き付けられる別の理由は、それが感覚と知性を深く結びつけることである。何物も、織り地ほどに、視覚および触覚へと、また織り地が包み込み満たす身体全体へと提供されはしない（したがって裸体像は、いわば自らを覆う見せかけの方法を見出さねばならず、薄布によってではなく、それに偽の衣服を給するだろうブロンズ仕上げや半透明の蒼白を身に纏わねばならない）。しかし織り地は、それと同時に厳密な内的秩序を提示する（Ordiri 始める、ourdir 縦糸を揃える、ordonner 秩序立てる）。[*1]

本書のテーゼによれば、現代人は正反対の性質を持った「新素材」を絶えず生産している。過去の文化においては、重いものと堅固なもの、厚いものと絶縁体、抵抗のあるものと弾力があるもの（あるいは、これらの語の並びを、対照的な意味において構成するとすれば、薄いものと壊れやすいもの、などとが、過度に結びつけられた。ところが織り地は、これらの組み合わせの中で最も強固なもの、少なくともそれらのうちの二つを破壊する。(a)織り地によって、抽象的なものと具体的なものとが相互に産出しあう。ここで理念は、自らが記入されるところのもの自体を構成するのだが、この理念はそこで初めて自らを発見する。(b)本書において後に理解されるように、堅固さが薄さに随伴する。

結果的に織り地は、哲学者たちの注意を引かずにはおかなかった。彼らは、イメージとしてではなく、モデルとして織り地を役立てる。プラトン、デカルト、他の多くの哲学者たちは、織り地の実在性そのもの、引き裂くことが不可能なものについてのパラダイム、連続性、巧みに連結されたステッチによる相互浸透から着想を得るのと同じだけ、整理されたその製造過程（職工に賛辞が与えられ、他方ではレース製造機が称えられる）によって着想を与えられるだろう。さらに、多様な織り地が製造されるのだが、この多様性は、限られた数の手段によって獲得される最大についての証拠をさらに提供するのである。

〔繊維と〕同程度に薄い層状のものの多く――表皮層――が、記入のための支持体の役割を必然的に果たした。そこには紙も含まれる。薄片が持つ究極の軽さによって、それらを持ち運び、寄せ集めることができる。こうして書物が登場する。しかし、すでに詳述したように、習慣的に使用されたこれらの支持すべては、取るに足らなさから解放されてはいない。つまりそれらは、「媒介」としてだけ価値を有する。たとえば、型を押された金属の上に、「模様」が張られ、あるいは紙の上にインクが広げられ、そこに溶かされた粉の跡を残す。最後に、陶土に軽い傷が刻まれる。他の箇所は、切り込みが入れられ、かき削られ、彫られる。しかし織り地によって、装飾はもはや支持体から真の意味で分離されることはない。両者は、同じ作業によって同時に産出される。一方が端的に他方を支えているのだから、二つの層を区別することは不可能である。それらが分離不可能なのは明らかである。また次のような結果にもなる。インクは消えてしまい、ただ付加され配置され、さらには彫り込まれたにすぎないものは、埋められ消去されるので、予想以上に早く、石は埋められ、乖離する。絨毯や織物は、より巧みに〔装飾の支持体からの分離に〕抗うだろう。なぜなら柄は、網状組織の内部に住まっており、けっしてその上や片隅に置かれないからである。織り方のみで、それらを構成するには十分であった。容器は、それが運ぶものを条件づけるにもかかわらず、どのような場合でも価値を認められなかった。われわれは、教え込まれた文化的な習慣によって、容器が保護し保存するように見えるもののほうを好んだ。織り地によって、こうした過小評価は部分的に解消される。織り地は、こうした過小評価を可能にしていた二元性に終止符を打つからである。だから織り地は、模範的な仲介者として、思考や哲学的反省を凌駕するにちがいない。織り地もまたすり減り（色が滲みさえする）、湿気による微生物によって傷んでしまうと、すぐに反論がなされるだろう。後述するように、現代の繊維は、まさにこうした消失を回避する。古い壁布であっても、しばしば世紀を経ることができた。いずれにせよ、糸の網状組織の内部に、シンボルを位置づけ、「シニフィアン〔記号表記〕」と「シニフィエ〔記号内容〕」の共生を実現する、これらの「記号支持体」の重要性を疑問視することは、何者にもできない。

逆説的だが、織り地において多様性は厚みの不在に随伴する。技術は、その偉業を絶えず増加させるが、この豊かさはどこから生じるのか。(a)まず、織り地に影響を与える糸の出所である。(b)糸の交差のタイプ。もちろん、これに加えてこれらのタイプ間で可能ないっさいの混合がある。ここで、革新の一つの例を提示しておこう。糸に一定の張力を加えることができる。これによって、糸が張られ、直交した編み目から六角形の編み目へと移行し、糸は通常の直交性を喪失する。われわれは、チュールの薄布を生産する。これはある時期、飛躍的な発展を遂げる。われわれは、ガーゼ以上に、極薄手でほとんど感知できない生地を手に入れる。自ら障壁を取り除く仕切り、あるいはほとんど識別不可能なほど薄い網が製造される（次ページの図を参照）。(c)他のより徹底的な変化。すなわち、単なるフェルト加工とその諸様式のように、編まれた組織を捨てることである。なぜなら、軽度に鱗状に逆立った毛は、編み合わせなくとも互いに絡み合うからである。圧縮するだけで十分である。しかしこうした生地には、堅固さが欠けているだろう。だから、より確実に絡み合わせるために、すべての糸が同じ方向へ向けられる。「非-製織」においては、より現代的な手法もまた利用されている。それは、サイジング加工や、粗布に取りかかり、その多様な断片をつなぎ合わせる糸機械によるより大胆な結合である（マリモ技術は、即座に数メートルの生地を製造する）。(d)糸は、色の湿潤と同様に多くの物理的な変換（フロック加工、ラッカー塗り、削り取り、毛羽焼きなど）を受け入れうる。(e)補足として加えられる変容のための器具

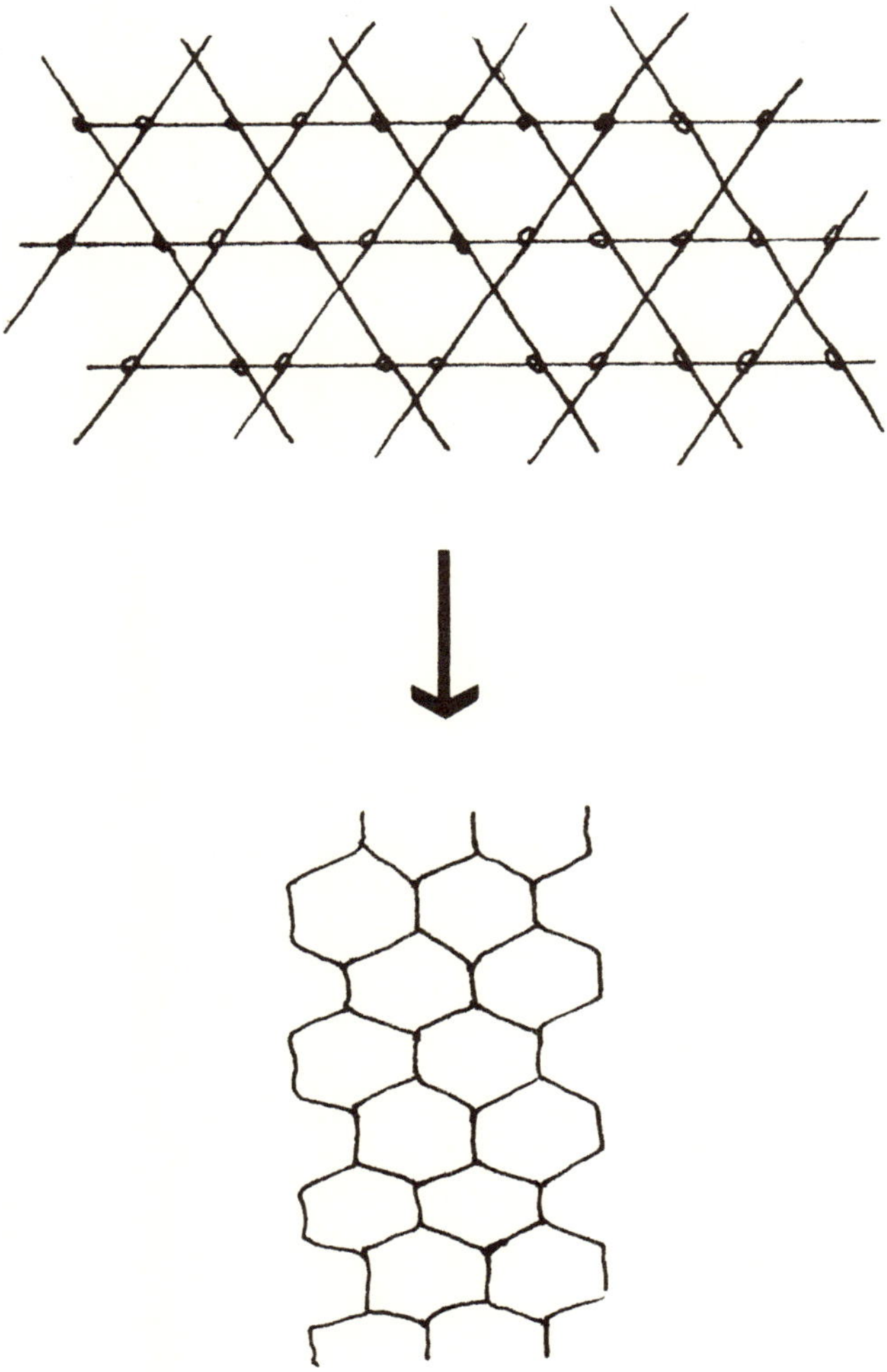

形態生成の図解

と、それらの変容の可能性の数に、われわれは驚かされる。一本の糸から、いくつかの特性のうちのあるものを取り去ることが可能だが、反対に他の特性を付加することもできる。適切な溶液を介して、これら二つの運動を組み合わせさえする。この種のミクロな茎から「自然なもの」を取り除き、代わりに、皺になりにくいこと、縮まないこと、不燃性、防水性、染みを寄せ付けないこと、襞を持つことのような特性を付与する。すべてを列挙しないでおこう。別の箇所で、さらなる特性を付加することになるだろう。

ひっきりなしの変身を嗜好する人間の熱意は、嘲弄されるだろうが、化学者が繊維とその糸を、自分自身で製造する糸で置換できるようになるのにそれほど時間はかからない。彼は、〔織物に寄せる〕人間の信頼を保証するだろう。化学者は、分子の構造的形態に、物理的あるいは機械的な性質を結びつけることができるだろう。彼は、その結果、必然的に、新奇なものや対立すると考えられていたものの結合体を提供し、デミウルゴス的な製造物を生み出すことになる。たとえば、ガーゼのそよぎと金属の強さが、あるいは堅さ（ブランドの保存）としなやかさが結合される。さらに、薄さと強靭さを結合させた防御用のチュニカ（防弾チョッキ）が、生み出される。いかなる発射物も、携帯に最適なこの幕を貫通できないだろう。もはや、中世におけるように、重々しく手に負えない武具を身に纏う必要はない。最軽量のものと最大の堅固さを結合しよう。まもなく、拳銃による殺人が不可能になるだろう。現代人は、これまで経験したことのない諸々の危険な空間や環境、すなわち、水面下、星間空間、あるいは、より一般的な場合では火の危険や酸の放出される環境で生活し、そうした場所への移動が運命づけられていることを、忘れないでおこう。人間は、耐久性のある外皮を必要としている。磨滅しないこと、究極の扱いやすさ、堅さは、もはや実現不可能な一つの結合体を構成しない。こうした繊維は、もはや洗濯もアイロン掛けも必要としないだろう。

結局のところ、蚕あるいは紡績工でさえ変化しなかったし、これからも変化しないであろう。それらは、互いに同じ「製造」を繰り返す。繊維産業は、絶えずこれらを追い抜き、紡績による縫合を超える。この産業は、原理的な「非両立性」の限界を破壊する。この発明の新しい見本を提供しよう。究極的な薄さは、潤いのなさと同時に冷たさを伴いがちである。常識は、すべてを手に入れることが不可能であるのを思い起こさせるのだ。防寒能力は、この種の薄さによって低下させられる。なぜなら、熱の保存を可能にしていたものは、編み目の茂みを通して閉じ込められていた空気の量に起因していたからである（冷気からの保護）。しかし、糸の究極的な細さのおかげで密度を高めることができ、すでに熱の保存ができるようになり、こうした不都合が緩和され始める。とくに、酸素によって乳化され強力にグルコース化された溶液中で、加工されたヴィスコースが近年製造されたが、これによってついに、空洞を持ち、その管のうちにそれ自身で空気を混入させた一本の糸が生み出される。これによって、感触が滑らかになり、保温性が高められる（ぬめりのある肌触り、多少ふさふさした生地）と同時に、軽量化が図られる。つまり、繊細さ、軽量さ、防寒が結合された。そして、対立するいくつかの役割を果たすことができる繊維の発明は、もはややむことがないだろう。

自然物から合成物へ

どのようにしてわれわれ人間は、ここに到達できたのか。どのようにして「物質性」を豊かにし、著しく増大させることができたのか。本書で、分析の中心部において、現代の「織物製造」の歴史を手短にたどってみようと思う。進化する無尽蔵の実在の中へ進入しよう。

筆者は、実在の多様な組成を検討するつもりだが、その前にまずただ一つの素材（繊維）のみに関心を寄せる。

後述する予定である生命科学の一般理論を深く理解しよう。まずここでは、「合成」の歴史が、四つないしは五つの必然的段階を経たことを指摘しておかねばならない。これらの段階とは、(a)たとえば、蚕の外皮や綿の種という天然資源の経験的な認識である。こうした認識を指導したものが、容易に想像される。人間は、長い間（動物の）皮や葉を身に纏ってきた。しかし、身体を保護するものだけを、身体表面に保持しておくためならば、無駄なものと非常に重量のあるものは捨ててしまったほうがよい。このため寄せ集められるべき体毛と、それらが植えつけられている邪魔な真皮が区別されるようになる。非常に弱々しい種子や、同様に脆い毛虫を模倣しよう。(b)さらに、博物学者の仕事である。つまりそれを改善するいっさいのものについての研究であり、このミクロな製造を危うくする病気に対する治療法の発見である。(c)〔自然への従属からの〕最初の解放。動物や植物の生産メカニズムから着想を得ることから出発して、それらから生産のメカニズムを奪取すること。(d)結果を、量的にと同時に質的に増大させるために、可能であれば、この製造過程を変容すること。欠乏を回避すること。(e)最後に、完全にこの従属から解放され、そしてもはや自然物を模倣したいわゆる人工繊維ではなく、合成繊維を製造すること。後に問題にする生命‐科学は、これらの多様な段階を尊重しながら、この図式に沿って一歩一歩進歩した。

先駆者たちの中でも、繊維の創造に関しては、レオミュール*2が突破口を開いた。彼は、ボンベックス・ミュリという蝶の幼虫の働きを詳細に分析した。幼虫は、極細の連続した糸を引き、その糸で形成される繭によって取り囲まれる。レオミュールは記している。「シルク液の調査は、物理学を愛する人々と芸術を愛する人々にこれまで以上に影響を与えるにちがいなかった。この液体の性質は、それに液体という名、あるいは柔らかくなったゴムという名のどちらを付与するにしても、彼らにとって驚嘆すべきものにちがいない。それには、濃密なシロップの粘りというのがより適しているだろう。この液体は、とりわけ以下のような三つの性質によって注目されるべきものである。ほとんど一瞬にして乾燥するという性質、水によっても他の溶剤によってももはや軟化されないという性質、最後にこの液体が乾いている時に有する、熱によってけっして軟化されないという性質である[1]」。それゆえ二つの特質——粘着性と堅固さ——は、それらが急速に継起するのだから、両立不可能性を喪失する。つまり、粘着性のおかげで、この種のニスは糸状の形態をとることが可能だが、その後急速に固くなり、非常に強靭になる。レオミュールは、この結果を目の当たりにして、その秘密を突き止めねばならなかった。桑あるいはその樹皮から出発し、絹と衣服へと到達する、この連鎖の両端の間のどこの点で〔こうした結果が生み出され〕、またとくに、どのようにして蚕は一方から他方へと至るのだろうか。こうしてレオミュールは、木から繊維へと至るこの謎に満ちた変身がどのように行われるか、という問いを立てた。

(A)すぐさまレオミュールは、このべとついた液体を、われわれに馴染みの等価物、すなわちガラスで置き換えようと思いついた――彼は、一七三九年にマイセンの磁器をまねた乳白ガラスの生産についに成功した――。したがって、見事に未来を先取りするので、彼は前述の年代学的な五段階の継起する図式の上で、（蚕をコピーする）再現のステップと（ガラスへの）代置のステップという複数の段階に同時に位置する。さらにレオミュールは、次のように記している。「われわれは他の場所で（一七一三年）、ガラス糸のかせを作成する単純な方法について報告した。ガラスは、知られているすべての素材の中で、最も硬く壊れやすいものである。そこでこれらの糸の柔軟性を賞賛した後で、われわれはいっそう細いガラス製の糸を入手できるがゆえに、なおいっそう柔軟性を持ったガラス製の糸を獲得できるだろうと指摘した(2)」。レオミュールは、彼が「ガラス繊維」と名付けるものを示唆する。これは後に、実際に現実化される。より強い延伸が、つまり熱と圧力によるいっそう厳しい制約に耐えうる融合と手順が必要であることは言うまでもない。流管は、突然の冷却によるか、必要不可欠な流体化を可能にした溶剤の蒸発の結果によるかのいずれにせよ、出口においてしか凝固しない。

(B)しかしレオミュールは、この新繊維を奨励するに先立って、マルピギー[*3]の行ったような、細部にもわたる蚕の解剖に専心したのだった。それは、木から絹そのものへの移行における、変身のさまざまな瞬間に立ち会うためであった。「蚕の体の中のシルク管について再考したいのですが、私はそれらを二つの曲がりくねった管のようなものだと記述しました。出糸突起へと続く先端のほうだけが開いており、他方の端は塞がれている。それらは貯蔵所であり、そこでシルク液が集められ、どうやら完成されるようである。しかし、この液はどこを通ってここに到達するのだろうか。これこそ、よく理解できない点なのである」。別の貴重な指摘がある。「別の種類の管についても触れておかなくてはならない。それらの管の色は、シルク管と見違えるもので、黄色く、しばしば非常にどろどろとした液体によって満たされている。マルセロ・マルピギーは、これらの管の機能について、何も決定することはできなかった」。ところで、ペースト状の液体は、この第二の腺の分泌物との接触によって凝固したのである。ただしレオミュールは、第二の管に言及するにとどまる。彼は、媒介となる動物というフィルターを介した、桑の葉の糸へのいわゆる変身に気がついたが、この変身を理解しないし、そもそも理解不可能だった。ここでは単純化されている、この操作を理解するには、生物化学の道具立てに訴えねばならなかっただろう。諸々の相の単なる継起は、叙述が誤謬に陥らなかった時には、叙述を凌駕しなかった。

(c) レオミュールは、さまざまな繭についての多くの観察に身を捧げたが、それらの観察は毛虫によって生み出されたさまざまな繭と蜘蛛によって生産されたものにまで及んだ。彼は、寸法や色彩という点で多様な糸をそれらから得たにちがいないが、同様にいくつかのタイプの構造や糸の編み方に言及していた(「殻の構造について」の節)。「多くの毛虫が糸を引くのに、われわれにとってそれらが無駄であり、数種類の共通種によって豊富に供給されるであろう殻を、われわれが有効に利用できないのは残念なことだ」[3]。一七一〇年にすでにレオミュールは、蜘蛛のシルクに関する研究を出版した。そこで彼は、それがその細さにもかかわらず、蚕から生産されるシルクに代替不可能であることを示した。

レオミュールが注目に値するのは、まず彼が、糊、樹脂、漆、粘液、ゴムのような中間状態の総体、固体であると同時に液体である産物の総体という非常に新しい領域を開くからである。われわれは、固体それ自体によって、あるいは意のままに容器に収容することができる液体によって、さらには粒や微粒子によって、多大な影響を与えられてきた。レオミュールのおかげで、ついにわれわれは、これらの中間体を目の当たりにする。後に、ゲル、粘着物、固体のクリスタルによって、この混沌は領域を拡大するだろう。物理学者のこの理論的な情熱に、「融解した鉄を鋼へ変える技法」ないしは「融解した鉄を柔らかくする技法」すなわち、融解後の固体の変身についてのレオミュールの研究と発見を結びつけるべきではないか。さらにレオミュールは、織り地の領域において、出糸突起の機械的な重要性（腺の重要性）を認識していたはずであった。それは、展性を持ったシロップ状の物から強靭な糸への移行を保証する。彼は、蚕の解剖を推し進め、われわれ人間がもはや蚕を必要としないで済ます術を教える。彼によれば、蚕は非常に基本的な装置である、開口部へと帰着するだろう。この仮説は有効ではないが、数世紀来の自然のくびきからわれわれを解放するヒントを含んでいる。

しかし、自然の絹を模倣するために、どれほど多くの問題を解決せねばならないことか。たとえば、固体を「液化」することが重要である――この場合には、桑の葉、後には果樹の葉、次に最も一般的なエッセンスの液化――。しかし、これらは過剰に液化されると、突起の出口で分散し噴出したり、滴へと溶解される。さらに、粘性や圧力だけでは十分ではない。このシロップ状のものが規則的な仕方で押し出され、徐々に堅くなり、伸張されることがさらに必要である。非常に重要なのは、この伸張である。もし物質が速く乾きすぎると（凝固によって）、失敗してしまうだろうし、それが引っ張る力に対して、一定の抵抗力を持たなければ、同様に失敗に終わるだろう。二つのリスクの間を進まねばならない。速すぎず、遅すぎず、「塊にする」のでもなく、凝集力が不足してもいけない。細くするのでも、密度を高めるのでもない。レオミュールが指摘していたように、一挙に一つの状態から他の状態へと移行すべきではなく、反対にそれらの間の最も大きな隔たりを利用すべきである。なぜなら、そうすることで、両者から利点が、つまり、伸張可能であるが、われわれが伝える形態を保持するようなペースト状の生地を引き出すことができるからである。

織り地製造の単位である「糸」から離れないでおこう。哲学者は、このように糸に固執することに驚くかもしれない。糸は、これほど反省を必要とする主題なのか。筆者はそうだと考えている。そもそも「一つの対象」を、その大きさによって評価すべきではない。

なぜ、このように糸に注目すべきなのか。物質は、糸において、その究極のつつましさ、最小の形態、つまり単なる連鎖、ほとんど厚みを持たない直線へと達する。しかし、その貧弱さにもかかわらず、糸は多くの性質を保持し保証する。それらの性質とは、長さに加えて、軽量であること、柔軟性、強度およびいくつかのテストに耐える能力、たとえば収縮させることなく洗濯できる能力、水分（つまり汗）、空気、さらには電気さえも吸収する能力である。この点に関して、あらかじめ今、次の点に注意を促しておこう。電球製造の（照明）産業は、堅固だが可能な限り細い糸、電導性を持つが、その一方で熱に耐える糸を開発しようとしたが、織物の製造において後に実現される発展は、実はこうした照明産業のおかげなのだ。つまり現代の神憑りな創造は、糸の上で、また糸の中で一まとまりの好都合な諸性質を結び合わせることに、さらには相互に反発しあっていた諸性質を積み重ねることに成功するだろう。人は、かつてこれほどうまく、一つの構成に影響を与えることに、あるいは一つの要素の性質を決定することに成功したことはなかった。冶金術も機械工学も、こうした突破口を開くことはなかった。

　このかくも微少な破片（糸）を軽視する判断に逆らって、文明は本質的に糸に依拠するという点に、さらに注意を促しておこう。すでに示唆しておいたことだが、糸の細さは、究極的な機械化を必要とし可能にした（まず、機織りとジャカード織り機に先行するジェニー紡績機）。本書では、十九世紀初頭の工業生産において成し遂げられた偉業のうちのいくつかを分析するだけだが、多くの道具を発明したにちがいない優れた技術者であるフィリップ・ド・ジラールが、ナポレオン一世の挑戦に応じたことに言及しておく。皇帝は、躊躇することなくコンクールを開いて、「亜麻を織るのに適した最良の機械を発明した者に、国籍を問わず」一〇〇万フランの賞金を約束した（三月七日の勅令と条例、一条）。大陸封鎖によって、フランスは絹の調達のいっさいの道を封鎖されていたからである。亜麻は、一種のグルテンによって多くの糸を相互に糊付けされており、繊維の束がそれらの糸を強く乱雑に集積しているので、こうした発明は困難だった。ところでジラールの発明は、（残留性の結合材を溶解させるために）

非常に熱い弱アルカリ性の溶液の中にこれらの糸の束を浸すことだった。さらに、交替する（縦と横同時の）二重の運動を命ぜられた梳き櫛の働きによって、調整としての延伸が可能だった。絹に関しては、繭を柔軟にし、希望される糸を入手するために、それらから高速で糸を繰り出すことができる機械（蒸気暖房）を、ヴォーカンソン[*4]が即座に構想したが、問題はより容易に解決されるように思われていた。

哲学者は、糸のような薄っぺらな実在について長々と論じることに不満を抱くかもしれない。こうした哲学者に対しては、最も貧弱で、同時に最も制御しやすいもの（一本の糸は、素材が消滅する傾向にある時、極限の素材である）に向かうためには、過剰にすぎる考察を避けるべきであると答えるだけでなく、織り地においては、広大なものと最小のものはもはや実際に区別できないから、織り地はこの分離自体に反対するものなのだ、と答えよう。同じ糸あるいは同じ単位が、たゆまず反復される。編まれた物質は、いっさいの分割を妨げる。つまり、表も裏もなく（つねにそうであるわけではない。ここからリバーシブルなものが登場する）、大も小もない。糸は、それを増大させる織り地を条件づけている。それゆえ、構成要素と織り地を競合させることはできないだろう。これが、糸にのみ、つまりその他の物のこれほど能動的な操作者にのみ関心を寄せるさらなる理由である。

それゆえ、次のことが理解される。糸状の素材はすべての点で重要であり、本書ではそれらを接合するさまざまな仕方を後に検討するが、この素材は、それ以前にわれわれを捕らえる。その歴史をたどろう。この歴史はそれだけで、解明かつ決定的である。レオミュールを除くと、この歴史が実際に始まるのはようやく十九世紀に入ってから、おそらく一八八四年からである。われわれ人間は、それまでは

「自然性」の轍の中で、足踏みしていたのだった。

最初は創意に富んだ企業が、綿や繊維屑の形ですでに与えられていたもの——綿繊維に包まれた脆い種子あるいは雲のかかった繭に閉じ込められた蛹——をあらゆるところで見出そうとしたことが想像される。ところで、種子や蛹に適しているものは、誕生から死まで人間をくるむ衣服（赤ん坊の肌着と経帷子）として役立つはずである。絹はつねに、重要な地位を占めるだろう。蚕からは一〇〇〇メートル以上の長さにも及ぶ長い糸が出てくるからである。それゆえ、これらの糸をつなぐために捩り合わせる必要はなく、その軽さとしなやかさで人を魅了する。しかしわれわれは、（敷布、ロープ、シーツを製造するために）種々の紐や小薄片を提供してくれるもののすべてを、すなわち最も粗野な植物でさえも利用する覚悟もまた必要とするだろう。つまりさまざまな植物と動物の毛によって、少々ざらついてはいるが非常にひんやりとした亜麻をはじめとし、しなやかでわずかな輝きを持つ（光沢のある）シルクまでもが供給される。

しかし十九世紀に、大きな転換が生じるだろう。パストゥール[*5]が、南フランスの養蚕所に大損害を与えていた病気に対する治療法をようやく見出した時、進取の気性に富んだシャルドンネ伯はさらに一歩先を行っていた。彼は、われわれに養蚕所を必要としない術を教える。彼とともに、新しい時代が始まる。結婚によって、リヨン社会と困難な状況にある織物産業との関わりを持つことになった彼は、蚕を模倣することに成功するだろう。少なくとも彼はそう信じていたのだが、蚕は彼に端緒（木のパテ）と同時に代替となる道具（木のパテは、次第に内径が細くなる毛細管の中を流れなくてはならない）を示唆していた。ソーヌ＝エ＝ロワール県のシャロン＝シュル＝ソーヌに近いジェルジーの大邸宅で、シャルドンネ伯は実験を行い、かの有名な「人工絹糸」を大量に製造した。④どのようにして彼は、それを行ったのか。まずセルロースを粉砕することで、そこから木質の垢と他の不純物を取り除いた。すでにシェーンバインは、硫黄と硝酸との混合のうちでセルロースを溶解させていた。次に、この溶解の可能性を知っていたシャルドンネ伯は、「硝化綿」あるいはニトロセルロースを産出できた。この分子は、三つの水酸基を明記するために $C_6H_7O_2(OH)_3$ と記述された。ここから、トリニトロセルロースが生じる。

*6

$$C_6H_7O_2 \begin{matrix} O-H \\ O-H \\ O-H \end{matrix} \begin{matrix} O-NO_2 \\ O-NO_2 \\ O-NO_2 \end{matrix} \longrightarrow C_6H_7O_2 \begin{matrix} O-NO_2 \\ O-NO_2 \\ O-NO_2 \end{matrix} +3H_2O$$

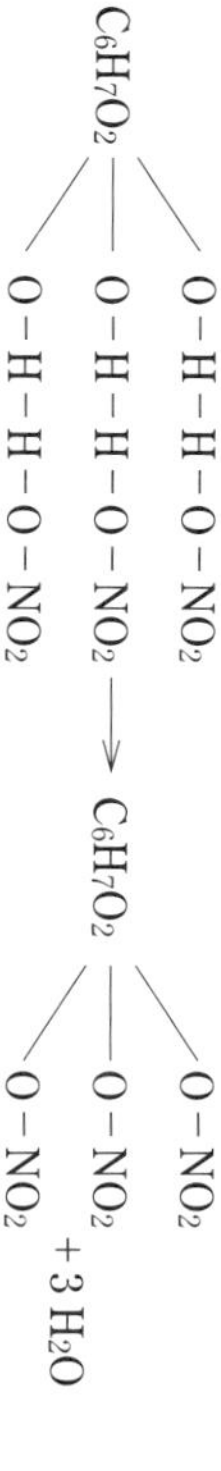

このようなほとんど手仕事的な準備作業において、モノ−ニトロセルロース、ジ−ニトロセルロース、トリ−ニトロセルロースが混じり合っている。ところで、これらのさまざまなニトロエステルは、すべてが正確に同じ諸性質を持っているわけではない。高い比率で窒素を含むエステルは、まさに強力な爆薬（綿火薬）を生じさせる。

それゆえ、すぐに非常に大きな障害に直面する。ニトロ化の程度が少なければ当該のセルロースはうまく溶解しない。過剰にニトロ化されると、それは火を放ちやすい綿火薬へと変化してしまう。そして反応は、多くの要因に依存している──酸の濃縮度、温度、反応時間など。しかし、巧妙な実験者であったシャルドンネは、少なくとも二つの分析方法に着想した。(a)彼は溶液を偏光計で観察する（偏光器による観察における溶液の様子）。(b)また、溶液の色の変化をも考慮に入れる。これらの視覚的特性は、まさに混酸の化学的組成の調子によって変化する。つまり彼は、こうした指標によって最も低い窒素濃縮度（一一%）を経験的に実現することを目指した。さらに、危惧された爆発を遅らせるため、あるいはそれを阻止しさえするために、ニトロセルロースを、エーテルとアルコールとともに処理する。これによって、コロジオンが生じ、まもなくセルロイドが出てくる。それからなすべきことは、もはや無害となったパテを次第に細くなっていく管から押し出すことである。これは過度の危険を伴う作業ではない。その一方で、溶液（アルコールとエーテル）は熱い蒸気となって蒸発するが、これは十分に速い凝固を促進し、糸を糸巻きへと巻きつける作業を妨げることはない。このようにシャルドンネは、巧みに模倣し、一八八四年に蚕を用なしにした。絹のように輝く最初の人工繊維は、木材パルプの溶液から派生する。しかしながら、この初めての人工繊維は、あらゆる予防策にもかかわらず、引火性を伴うとは言わないまでも、非常に容易に燃焼した。さらにそれから化合された硝酸を取り除く必要があった。シャルドンネは、そのためにナトリウムとカルシウムの酸性硫化物水溶液を利用せねばならなかった。しかし彼は、一方での成果のために、他の側面における不都合を回避することができなかった。つまり、繊維は過度に脱ニトロ化されることで、強靭さを喪失すると同時に透明な吸水性の構造へと戻ってしまうのだ。

ここでは、いかんともしがたい開発の難しさを強調した。なぜなら、最終的な失敗（被られるべき危険を別にして、この失敗とは、製品が高価なために、それらの製品のいくつかが利益を回収できないことによる経済的な部分における失敗でもある）にもかかわらず、シャルドンネの絹は、その偉業によって着想を得る未来の「人工繊維」への道を開くからである。

事実シュヴァイツァーは、このセルロースが銅アンモニア溶液の中で溶解する可能性を示した。ここから、銅アンモニアレーヨンが獲得され、ドイツはこれを採用し産業化する。イギリスでは、苛性ソーダさらには硫化炭素を利用するほうが好まれるだろう。これによって、さまざまな用途を持ち、粘りを持つがゆえに「ヴィスコース」と名付けられるシロップ状の液体が生じる。このアルカリセルロースは、利点を持つがゆえに、木、象牙、厚紙に取って代わり、糊へと変化し、写真と映画の基体として役立つだろう。最後になるが、さらに遅れて二十世紀には、酢酸塩が銅アンモニアレーヨンないしはかつてのヴィスコースと同様に、シャルドンネのコロジオンの絹を格下げする。それらの製造に関する詳細とそれぞれの分析は残しておこう。

しかしながら、自然の絹は優位を保っている。まずそれは、湿気によって膨張しないが、人工繊維は重量が倍加する。湿気によって、自然の絹が強靭さを喪失することはほとんどないが、水分は人工繊維を駄目にする。それらを防水にしたり、防水加工を施さねばならないが、これがどれだけの経費を必要とするか、また手直しされた繊維、「仕上げ加工を施された」繊維がどれだけの価値を持つかが容易に想像される。つまりそれらは、すぐに体を汗の鎧で閉じ込めてしまい、通気性を持たなくなる。

すべてはこの第一の繊維の物理‐化学的本性、その諸性質をもたらす組成に依拠する。この繊維は、軽さと多孔性を結び合わせることができるのだろうか。そこに、非収縮性を付加し、また非－磨滅性を増大させ、綿毛のような触感を促進させることが可能だろうか。より後には、こうした創造的な操作を成し遂げることになるのだが、ここでは自然の絹がいくつかの特権を保持している。アセテート（酢酸塩）のみが、ほぼこれに匹敵できる。自然の絹とそれへの依存に対する戦いは、部分的に勝利を収めたとはいえ、その出発点においては順調なものではなかった。

シャルドンネの発明は、実り多いものだったが、深刻な思い違いに依拠している。彼は、繭を作る蚕が木を絹に代謝すると思い込んだ。彼は、「出入力」という古い方法を、その媒介を考慮することなく、そのまま適用する。ところで、木のセルロースは構造的には、グルコース分子によって形成された多糖類のグループに属するが、絹の大部分を構成するフィブロインは、グリシン、アニリン、チロシンという主要なアミノ酸とともにタンパク質のグループに属している。たしかに蚕は、桑の葉や樹皮から栄養を得ているが、蚕が分泌する糸はそれが同化したものとはいささかも類似してはいない。シャルドンネは、重要な環を飛び越え、幸いにも綿や亜麻と等価なもの（繊維素）を発見する。蚕によって、シャルドンネは道を間違った。蚕の第一の腺に隣接する第二の腺は、蚕が吐く非常に粘ついた物質を、その出口で液状化するのに役立つことにも言及しておこう。しかし、どのようにして木の粗い繊維が、蚕の滑りやすい液体を凌駕することができるのか。さらにこの液体は、これを豊かにする一群の構成要素（空中窒素）を含んでいる。この液体とシャルドンネの模造品の類比は大きく期待を裏切るものである。後には、この液体をそのまま「再現」することが可能になるが、さしあたっては、大まかに模倣しただけなのである。蚕の糸は、直径一〇ミクロンの切断面を持つのに対して、最初のレーヨンは四〇ミクロンを超え、金属状の過剰な輝きを持つという難点をも有している。それは、重くて荒く目立ちすぎるのだ。また体にまとわりつき、摩擦電気を蓄電し、ほとんど我慢のならないものだった。最後に、シャルドンネのこの絹が、依然として火口のように燃え続け、訳もなく煙へと化してしまうことをけっして忘れないでおこう。アセテート（酢酸塩）のみが、その細さと究極の軽さのおかげで絹に匹敵できるだろう。というのも、新しい手順によって、特別な断面と空気をとどめるのに好都合なくぼみを生じさせるために、さまざまな円形ではない切断面を与えると同時に、一〇ミクロン以下の細さが可能になるからである。

われわれは、細部に立ち入りすぎたのだろうか。いやそうではない。技術上のかつ哲学上の重要な戦闘が繰り広げられているからである。化学繊維産業は、自然を凌駕しようとしている。それは、自然を超越し、その最も古い特権の一つである、素材における上告を退けることができるのか。シャルドンネは、たとえ実際に自然を凌駕できないとしても、道を開く。一種の要塞あるいは神殿、繊細で柔らかな中和化された糸を豊富に提供する生命力の要塞に、公然と挑戦する。皮下の腺によって分泌され、蚕の絹糸腺に類似した皮膚の毛穴（一種のフィルター）を通過する羊毛もまた、ケラチンのようなタンパク質を含むだけではなく、しなやかさを促進する硫黄の分子をも含有している。

これらの自然の糸は、土、太陽、森とその木々、草原を前提とするが、緩慢な生成、それらを少しずつ掠め取った生きた細胞——緩慢な作業と漠然とした変形というポエジー——を要求した。繊維工業は、この依存とこの準拠に挑み、場合によっては役立たないこともある動物（羊毛と絹）と植物（綿）への依拠を断ち切ろうとする。「ほとんど取るに足りないもの」ないしは非常に一般的な要素から、厚みのない単純な線へと還元することができ、同時に両立しがたい諸特性によって豊かにできる物質の製造が、人間に可能だろうか。レオミュールが夢見ており、シャルドンネが専念していたこの地点に、人間は到達するだろうか。この地点とは、われわれが希望する性質を持つ糸、つまり使用による疲労にもかかわらず、究極の薄さと、それに反する鋼のような堅さという性質を有する糸の絶えざる生産である。

さまざまな合成繊維が、この問題を解決せねばならない。それらを「人工繊維」、繊維素と同一視すべきではない。合成繊維は、人工繊維とは別のより優れたグループを形成する。重合に必要な方法は、もはや桑にも木にも立ち返らず、廉価な成分――石油から派生する炭化水素、醸成された石炭の副産物、水と空気――を合成する。合成繊維は、〔人工繊維という〕中途半端な先行者に取って代わり、そこに作用していた「自然性」の最後の名残を消去する。

すべての概論のように、ここでは少なくとも、ポリアミド系、ポリエステル系、アクリル系、塩素系繊維という四つの区別された族を考慮せねばならない。より具体化するために、各々に名前を付けておこう。(a)ナイロンは、第一のものを特徴づけ、その「名祖」とならねばならない。ナイロンは、ともに炭酸から抽出されるヘキサメチレンジアミンとアジピン酸を合成する。一九三七年にカロザースによって製造された $CO\text{-}NH_2$ の接合を持つこのポリアミドは、いまだ光り輝く工業的成功を収めた。ナイロンは、数回伸ばした後でも、元の長さに戻る弾性を持つ。この操作を何回繰り返しても、ナイロンが傷んでしまうことはない[5]。この点で、ナイロンとの対決に耐えうる自然の繊維は存在しない。ナイロンの堅固さは、どのような試練にも耐えうる。近い分野では、鋼よりもまったく優れている。鋼はより砕けやすく、脆い。ここでは、以下の点を強調する。合成糸ないしはプラスチック糸は、産業化され、繊維という枠をはみ出るのであり、そこに閉じ込めておくことはできない。この糸を、この（繊維という）分野に閉じ込めておく時、われわれはさらにそれを過小評価しようとしている。なぜなら、織り地（ないしは布）は、衣服のみを前提としすぎるからである。この機会を利用して記しておこう。織り地について考える際、人は衣装、すなわちたわいなさを前提とし、それ自体が従属的な地位にある女性の特性をいつのまにか前提とするのである。ナイロンとその類似物は、（装甲車輌のように）盾となったり牽引したりする道具としても役立つのだから、女性の特性を織り地にだけ割り当てることはやめよう。いずれにせよ、合成の化学は、実際に蚕や羊に取って代わり、それらをお払い箱にする。化学は、間違いなくそれらと同じように、あるいはより巧みに窮地を脱する。石油化学の廃棄物を使用したり、一般的な諸要素から出発し、それをまずジアミンと二（塩基性）酸へと変え、それから重合されたグループを入手するために、つねに非常な高温でそれらを組み合わせる。そしてこれらのポリアミドが、羊毛（ケラチン）や絹（フィブロイン）という素材に類似する。(b)テルガルは、ポリエステルという第二の族に属する。定義によれば、ポリエステルは、二（塩基性）酸（テレフタル酸）の二価アルコール（エチレングルコール）への作用から生じる。(c)アクリルは、アクロニトリルないしはアクリロニトリル（これ自身はアセチレン、メタン、窒素から生じる）の重縮合から生じる。最も普及したのは、クリロール、オルロン、ドラロンである。(d)最後に、ロービル(フランス製ポリ塩化ビニル系繊維)は、塩化ビニル単量体(CH_2–CHCl)をn回重合させることで構築される。

いわゆる自然のどんな素材も、実際にこれらの合成素材に肩を並べることはできない。両者の隔たりは、増大するばかりである。なぜなら自然の繊維が、変化しない(蚕あるいは羊は変化しない)のに対して、合成繊維は増加すると同時にとりわけ改良されうるからである。合成繊維は、より速くより安値で製造され、おかげでわれわれは、今まで結合できなかったもの、凌駕された自然が引き離していたものを、意のままに結合できるようになった。企業は困難な状況にあった時や解決策を待つ間も、実は不意打ちをくらわされはしなかった。自然素材のしなやかさと合成素材の堅固さを足し合わせた都合のよい混合物で満足して、難をしのいだのだ。こうして、お馴染みの合成である「コットン–テルガル」、化学的な横糸を持った繊維素(セルロース)の連鎖、さらには「絹–ヴィスコース」の組み合わせが登場する。

いずれにせよ、繊維は徐々に、次第に細くなる糸に道を譲ったが、糸のほうも単なる連鎖に、すなわち長い一続きの分子とそれらの多様な結びつきに道を譲った。原則的に、連鎖分枝はシークエンスにその準–剛性をもたらし、それに対して単なる連鎖は必要とされるしなやかさを保証する。両者が結合される。こうして、重合体の微視的な構造的諸特性が最終的に糸に影響し、次いでその糸が織り地を決定する。織り地は、知らぬまにそれ独自の仕方で、分子からなる構築物を巨大化する。

これらの合成繊維は、非常に驚嘆すべき諸性質に依拠している。単なる溶解されたポリエチレンは、一定の力で引っ張られると著しく伸張するが、力が大きさの減少に合わせて倍化するかのように、幅を狭め長さが増せば増すだけ、耐久性を増加させる。これは理解される。基本的な鎖状の結合は、展開され方向づけられている。それらの鎖を弱めていたのは、絡みつきではなく、無秩序な配列だった。溶液から出されて冷却されたとしても、薄くされたことで強度を失ったり、薄く伸ばしにくくならずに、効果は持続し、強化されさえする。質の現象学に執着すればするだけ、逆説的な現象に気づくだろう。大きさを減少させる一方で、凝集力を増加させるのだ。たとえば、水素を弗素で置換するような、わずかに編成しなおされた新構造を持つ巨大分子についての実験が絶えず行われる（エチレンからポリエチレンへ、さらには三フッ化エチレンへの移行がなされ、それゆえ弗素が水素分子の場所を占める――塩素は、この炭化水素の総体へと、置換によって容易に挿入されるが、弗素の塩素との近接関係を考慮すると、これは驚くべきことではない）。革命的なフッ化炭素の領域が開かれただけではなく、さらにわれわれはこれによって、「繊維」を離れる。もはや繊維は、それ自身のうちに閉じこもってはいられない。繊維を孤立させておくことは、それを喪失すること、あるいはその価値を下げることになる。繊維の自律は、多くを吸収し消滅したかつての職人仕事にちょうど対応している。解放された繊維は、機械の製造あるいは冶金業の前身となる領域を含んだすべての領域に浸透し、一種のプラスチック加工業を発展させる。「テフロン」（フルオロカーボンあるいはテトラフルオロエチレン）は、まさにその反応度のゆえに、それを溶解できる酸が存在しないほど不活性な組成を持つ。熱によって、テフロンが真に変質させられることはない。三二〇度においてすら、ややゼラチン状の様相を呈するとはいえ、ほとんど溶けることはない。また、冷却されても変質しない。その表面は、さまざまな破壊要因に耐えるがゆえに、緩衝器、絶縁体、圧力と熱のさまざまな変化にさらされる炭化水素のためのタンクとして役立つだろう。もちろん、その不動性により、その鋳造や使用法は制限される。それゆえ、隣接するフッ化炭素によって、その鎖状の結合の規則性が断たれる（六フッ化エチレンによって、これを共重合させる）。これによって、より柔軟で扱いやすい分子が産出される。ところでこの「ネオテフロン」は、非常に薄いフィルムや上塗りを提供するが、これらのおかげで紙も繊維も油や水分を含んだ汚れを吸収することはない。染みを寄せ付けないこの性質は、カバー、クロス、掛け布のために利用されるが、非常に評価されている(6)。

本書は、錯綜した製造法、あるいはそれらがもたらしたすべての偉業にまで立ち入ることはできないし、本書の企図にとっては、その必要性もない。「現代の繊維」は徹底的に外部へと開かれていることを指摘するにとどめよう。

化学者は、これらの合成製品の構成についていくつかの規則を述べることができた。この種の半－経験的な技術は、それでも本書が題材として扱う諸々の物質の本性と諸性質を決定する。たとえば、ある一定の長さを持たないと、これらの物質は強度を持たないが、一定の域を超えると、長さが増加しても、それ以上強度を増すことはない。その結果、「大きな分子量を持った巨大分子を繊維の形態にするのは、技術的に現実化が困難である(7)」から、規定された限界を超えてそれは重合されることはない。――一次元のシークエンスのみが、興味深いものであることがわかる。われわれは、可能な限りうねりやジグザグを緩和し、角度の拘束を弱めることにも専念する。実際には、まず強靭さを軽視せず、しなやかさを獲得することが目的となる。しかし、規則的に変則したモチーフを付加（注入）することで、鎖状の結合を豊かにすることにより進歩することが知られている。水素分子の塩素分子による置換が、それを証明している。交替は周期律に応じてのみ価値があるのだから。しかし、本質的には、すべてがこのフィラメントの環の長さと形態に依存しているとすれば、それにいまだ欠けているもの、そしてその電気に対する反応、機械的反応、熱に対する反応、伝導に関する反応を変化させるものを付け加えること、たとえば洗濯と乾燥の後におのずと形状を復元する可能性を付加しない手はないだろう。繊維は、絶えず皺くちゃにされ、押し潰され、擦られているからである。どのようにして、繊維が過剰に「酷使される」ことを回避できるのか。衝撃、皺、偶発事の歴史が繊維に刻まれないようにすることは可能だろう。しかし、（繊維の表面を）滑らかに保ち、変質させない可塑性によって、素材の賛美者は失望させられる。彼は、自分とともに年老うもの、すでに柔らかくなり彼の体にすっかり馴染んだ部屋着を楽しんでいたからである。彼と彼の部屋着は、言ってみればともに生きていたのであり、離れることなく、同じ出来事を堪え忍んでいた。しかし、繊維産業も「消耗しないカバー」を提供したりはしないだろう。なぜなら、流行があるので人は着るものを取り替え、衣服は限界を持つことになるからである。それゆえ、「消耗する」ことは、衣服にとってふさわしいことである。しかし、趣味の変化は、消耗による以上に衣服を篩い落とす。

これらすべての指摘は、新たな繊維製品の抗いがたい侵入を確認するためのものである。とくに次のことが記憶にとどめられるであろう。(a)まず、「天然繊維」を栄光で飾るノスタルジーの存続にもかかわらず、それらがほぼ完全に消滅したこと。消費者は、今でもいわゆる「天然の」絹を求める。しかし、ほとんどが工場や実験室から直送されている。ラベルが示すように、そこでは蚕や羊を非常に巧みに「模倣する」ことが可能である。(b)紡績業が終焉したこと。なぜなら、糸のすべてを調節し、くしけずり、つなぎ合わせる必要はもはやないからである。(c)セルロースが次第に消滅したこと。それは、繊維の最初の段階(動植物繊維)と純然たる合成繊維のつなぎとして役立ったにすぎないからである。レオミュールとシャルドンネの目的は達成された。

人間をいまだ大地や草、牧草地に縛り付けていた紐帯が、これを最後に断ち切られた。繊維は、今では繊維産業にのみ依存する。繊維は、自然と実験室との戦いを具体化する。衣服は、昨日はまだ、一方で草原と木の香り、植物の肌理、新芽の軽快さを残し、また他方では、気長に整経され、漂白、着色、装飾されていた。小川の水がそれを洗い、太陽が乾かしていた。すべての要素と思慮深い人間が、その製造のために働いていた。宇宙と職人とのこうした協調を愛さずにはいられないだろう。

しかし、すでに宇宙の力、とりわけ天然繊維は、われわれの衣服を構成してはおらず、その成分とはなっていない。特徴を持たない炭化水素と石炭の残留物が、それに取って代わった。後述するが、同様に作業に関しては、騒々しい自動機械が、織工、筆職人、絹織工に取って代わった。

喪失は、別の仕方で十分に取り戻された。かつて繊維は、価格と量はもちろんのこと、きらめき、豊富さ、可動性という喜びを経験したことはなかった。解放された物質は、悲しみに沈んだコメントを要求しない。後でわかるように、それはわれわれ人間の感性と同様に知性を鼓舞しさえするであろう。役割は、突然逆転し、繊維がわれわれ人間に依存する以上に、人間は繊維に支配される。

プリントと機械

人間は、「動植物」を必要としない術を学んだのだった。同時に人間は、作業を少しずつ自分自身から遠ざけることになる。これほど急速で巧みな機械化を経験した産業はなかった。

機械化によるこの勝利のうちの三つを分析しよう。急速な機械化にもかかわらず、労働者は完全に消滅しないが、傷んだ糸を見つけ出し繕うことだけが彼らの仕事になる。専門家（絹織物業における織機の調整工）は、織機の修理と同時にその組み立てを担当する。織機の組み立てという一語は、それだけで急速な機械化を雄弁に物語る。それでも、われわれが訪ねた工場は、その騒音とも言えるような雑音に加え、検査所における暑さと律動のために息苦しい。

結論――プリント――から始めるならば、生地は彩色され飾られてわれわれに届けられる。生地は、それを飾る色調とモチーフを受け入れた。こうして本書は、インド更紗に関する章を始める。それは十七世紀と十八世紀において、小麦と食物の問題と同様に重要であった。

この織り地は、東方の国と主にマルセイユ港との貿易によって、十七世紀のヨーロッパに流通した。

それは、一挙にフランスの絹と羊毛産業を凌駕するほどのブームを巻き起こした。この織り地は、どのような特徴を持つのか、またこの「狂乱」(8)をどのように説明すればよいのか。後で立ち戻る重大な問題である。かつて輸入によって、経済がこれほどまでに不安定になったことはなかった。そういうわけで、この「狂乱」という名前を与えられた織り地を禁止する法的措置がとられ、とくに一六八六年十月二十六日の法令は、フランスの繊維工業を破滅させ、フランスのバティスト*7〔薄手リネン〕を荒廃させるこの織り地の売買、模造を禁止した。そして、この危機によって動揺させられたリヨンの財閥によって、あらゆる対抗策が考案された。「トワル・パント〔捺染綿布〕」は、製造所を荒廃させるだけでなく、コピーされれば、労働者はほとんど雇用されなくなる。それに対して、絹、羊毛、麻の加工の大部分には、さまざまな階層にわたる多くの人々が関わっていた。法令を無視し、密売していると疑われた工場の製品が、街頭で暴力によって剝ぎ取られさえした。密輸を行った者に対する信じがたいような訴訟が、歴史家(9)によって報告されている。無期の漕役刑や死刑が科された。禁止されたこの商品を隠し持っていた者、さらには所持していただけの者に対してである。

　なんという闘争だろうか。この闘争は、いわゆる規制の擁護者と規制撤廃を求める人々を対立させる。「経済新聞」は自由を支持するが、「メルキュール・ギャラン」*8と「商業新聞」は、(リヨンの)実業家たちを擁護する。結局は、一七五九年八月五日に捺染の許可が認められることになる。モルレ神父(一七二七年リヨンに生まれる)は、一七五八年に「絹織物業者の謀略」を厳しく告発することになる。「フランスにおける捺染綿布の自由な製造とその使用の利点に関する諸省察、これらはパリ、リヨン、トゥール、ルーアンなどの製造者による捺染綿布についてのさまざまな陳情書に応えるためのものである」。なぜこうした突然の方針転換が行われたのか。法律と現実を調和させるべきだったのだ。実際のところ、フランスは自らの領土内へのインド更紗の侵入を食い止めることはできなかった。インド更紗は、規制をかいくぐって、少なくとも家の内部を装飾していたのである――カーテン、カバー、絨毯。

しかし、これらの綿織物がこうした熱狂を生み出し、人々がこれに対する抗いがたい嗜好を抱いたのはなぜだろうか。まず、これらの上に――その内部に、と言ったほうがよいだろうが――、風変わりなシンボルではなく、葉飾り、鳥、エキゾチックな植物が繊細かつ非常に魅力的にプリントされていたからである。たとえば、植物に関してだけだが、モクレン、チョウセンアサガオ、ザクロ、ケシ、チューリップなどである。一般的に、これらの綿織物は、その薄さ、繊細さ、簡素な図柄を特徴としている。二羽ごとに向かい合うように見えるが、柔らかに分岐した枝がいっぱいのいわゆる聖なる樹木によって隔てられた鳥たち。さらに、その色調の涼しさが目を引く。もちろんヨーロッパ人は、アニリンの革命以前にも、色調に無関心だったわけではなかった。古代から、ギリシャ人やローマ人は染色用のあらゆる草木の根や葉を使用しており、(圧搾と発酵の後で)大規模な驚嘆すべき効果を得ていた。彼らは、緋色を知っていた(伝説によれば、チルスの神が彼の犬を連れて浜辺を散歩していた日、この犬がある貝を噛み砕き、口を真っ赤にしていたのだ)。それゆえ、この赤く輝く色を作るために、この軟体動物を使用した。その後、カイガラムシ(昆虫)が、緋色の製造に使用されることになる。大青は、彼らに青を供給する。彼らはまた、没食子、柏の樹皮、ある赤色をした根茎を持った茜などが使用可能であることも知っていた。しかし、これらの色調は新鮮さを喪失していた。まさにここで、けばけばしさはないが、鮮やかで刺激的な色のインド更紗が登場する。新しさと奥深さ。インジゴ（インドはインジゴ発祥の地であり、これはその呼称によってわかる）を先頭に、黄橙色と栗色にはサフラン（これはターメリックやウルシの根から生産されるが、もともとはニスと漆から生産された）。黄色と少量の赤とインジゴを混ぜ合わせることで、緑の合成にも首尾よく成功した。カイガラムシは、インドヤコウボク〔印度夜香木〕の花によって緋色を可能にし、他の成分を付け足すことで、ある種の「藤色」を生み出す。なんと豊かな色調だろうか。こうした夢のような美しさに抗うことは、ほとんど不可能である。しかしインド更紗は、多くの色によって彩色されていると同時に薄さも兼ね備えている。これらは、タッサー、ショール、キャラコ、マドラス、マダポラムと呼ばれているが、それはインドの各都市が、更紗を生産し、都市の特色となるこの生地のデザインを提供しているからである。これまで衣服において、軽さと装飾による輝かしさという二つの属性が結びつけられたことはなかった。最も装飾の多いブロケードには、重量感が影のようにつねに付きまとっていた。これは、金銀の金属線で装飾された絹地である。織り地は、バッジやスパンコール（プラカード生地）のために部分的に金銀細工術に依存していた。さらに、これらのブロケード織りは水と石鹸に耐えることができず、太陽にさらされると精彩を失った。これに対して、新しいインド更紗は洗濯しても傷まず光にも強かった。新たな物質性が登場するたびに、社会関係、産業、文化に変化がもたらされるという本書のテーゼを、ここで確認しておこう。

インド更紗は、「生地職人」と「飾り紐製造業者〔passementiers〕」を対立させていた古くからの競合関係に終止符を打つことになる。飾り紐〔passement〕という語は、ボーデュアや飾りリボンを作るために、この細工が糸の緊密で複雑な交差（「糸を通す〔on passe〕」）によって成功を収めたことに由来する。これらのボーデュアや飾りリボンは、衣服において、まさに違いや既存のものからの隔たりを可能にする。それゆえ上質のリボン製造は、ターバン、スカーフ、細い絹製のリボンという服飾品に関連している。リボン製造業は、衣服を引き立て、飾る。それは、紐（飾り紐と組紐）のおかげ、あるいはいまや単なる地となってしまったドレスを交差するさまざまな種類の細長い布地あるいはベルト（腕章、勲章など）のおかげである。しかし、一六六〇年にリボン製造業者は、（レース飾りも含む）いっさいの刺繡と装飾の規制を意図した勅令に反抗した。（生地の）リヨン、（リボンの）サンテチエンヌという、市場をほぼ独占した二つの都市は、二つの活動が競合していたために、この時代から諍いをやめることはなかった。

しかし、インド更紗あるいはその技巧は、根本的な解決の助けとなるだろう。これらは、いっさいの利点を有している。それゆえ、インド更紗を排除するには、ただ一つの方法しかないことがわかる。つまり、「法律による規制」によって侵入を食い止めることができなかったので、染色と同時に製織の方法の刷新を本領とする「産業」を活性化せねばならなかった。そういうわけで、規制の撤廃が求められ実行された。こうして、十八世紀の終わりに、この革命から、アジア由来の生地を凌駕するために繊維産業が誕生する。

しかし、研究と改良は二つの側面から行われねばならなかっただけに、自由化を成功させるには時間が必要であった。一方は、機械に関連する側面であり、他方はそれを補完する材料に関する側面である。最終的な結果はどのようなものだったか。すべてが機械化されると同時に単純化された。そしてヨーロッパでは、大がかりな生産を行うことが可能になった。十九世紀の終わりには、以前は疑問視されていたアニリンが、そのはっきりとした優位を確立した。宗教改革を経た国々――オランダあるいはホーラント州、スイス、ドイツ――は、政治経済的な中央集権化の弊害がさほどなかったがゆえに、まずはじめに地方自治を獲得したことをここで指摘しておこう。それゆえこれらの国は、フランスとの国境で「トワル・パント〔捺染綿布〕」を生産し、これがフランスの市場に流通した。これこそ、インドの会社による東洋からの輸入に加えて、挑戦に応じるさらなる理由に他ならないのだ。フランスにおける初期の工場が、オーベルカンプ[*9]やウィドメールのようなヘルヴェティア族の裏切り者のおかげでアルザス(すでにミュルーズ)のボージュ県、さらにはパリ盆地(かくも名だたるジュイ＝アン＝ジョザ)に設立されたことは、さほど驚嘆すべきことではない。

工業化への緩慢な歩みの段階を、大まかに跡づけておかねばならない。本書には、この作業を行う義務がある。なぜだろうか。科学が、本質的に繊維から、また繊維によって誕生すると理解しているからである。科学というのは、有機化学(シャルドンネ)だけでなく、最も高性能な機械はもちろんのこと、数学の組み合わせ論、その後の情報科学、画像学を意味する。最も広く普及し多く加工を施されると同時に、薄い物質、それ自体で最もよく理解される物質が、この熱狂を促進する責務を負っていた。この物質は、熱狂を可能にし促していた。それゆえ、後続するいっさいのものを条件づける、この熱狂の始まり、その歩み、勝利を詳細に分析せねばならない。それを二次的な問題だと見なさないようにしよう。

では第一段階から出発しよう。すなわち、フェイ[*10]という化学者が、使節としての研究者たちにインド更紗の成功の手順をスパイする任務を負わせたことから始めよう。彼は、国立自然史博物館を大きくし、ビュフォン[*11]を最も優れた自分の後継者として指名した人物であり、染色業と鉱山局の視察に従事していた。工業界では（製鉄、ガラス製造、農学においてさえ）、製造の秘密を奪取し、特許を盗んだり、危機状態にある国に移住できる労働者を引き抜くという基本的な手段に訴えることが続いている。

インド更紗は、その生地のほとんどの部分が筆（絵筆一式）で彩色されねばならず、実際に彩色されていたのだから、たしかに「トワル・パント」という名に値する。しかし、この作業を簡略化する、あるいは少なくするために、いわゆる防染剤も使用された。装飾になるモチーフは蠟で覆われる。それから、生地は染料の溶液に浸され、その後下塗りが取り除かれるが、これによって白地においてであるが、「防染」されていた装飾が見出される。装飾は、暗く彩色された地の上に浮き出る。あるいは、反対に間隙を覆い、主題が彩色されて出現する場合もある。新しいプリント（諸々の色調）を付加するのと同じ回数だけ、繰り返しこの操作が行われた。これは、極度に時間を要し、労力を必要とする作業である。そういうわけで、女性や子どもという低賃金労働者が雇われたのだった。

ヨーロッパは、きわめて手工業的な同じ手法から着手した。たとえば、赤で彩色しようとするなら、仕事場では、四つの操作が考慮されねばならないだろう。(a)媒染剤が発見されていたので、まずこれを塗布する。(b)次に、生地を乾燥させ広げねばならない。(c)第三に、染料の溶液にこの生地を浸す。(d)生地全体が浸ったら、水流に耐えることがない部分を洗い流すために、それを水洗いせねばならない。だから、近場の小川、倉庫、布地を広げられる場所が必要となる。

このインド更紗の段階の後、つまり第二段階であるが、印刷術あるいは石版印刷術がこの段階の作業に着想を与えなかったか。それはグーテンベルクの印刷術ではなかったか。依然として大きな木製の板が利用されていた。まずそこに図柄が彫り込まれる（図柄を表現し、浮き上がらせるために、丸鑿で彫られた）。このため、しっかりしてはいるが十分に柔らかい木――ツゲ、モチノキ、クルミ――を使用せねばならなかった。それから、板にインクが塗られる。その板を強く生地に押しつけ、ハンマーで木を叩くか、圧縮機が使用された。色彩と同じだけのバレンによる塗布を加えねばならなかったのは、もちろんである。

やや遅れて、十分な機能を果たせない木に、金属版が取って代わるだろう。重大な見込み違いがあったのだが、それを回避せねばならなかった。重い板は、そこに構図や形象が浮き出るように穿たれねばならなかったが、まず湿っているので（板が吸収する染料の湿潤層）、ぼやけてしまうのだ。とくに、ハンマーで叩くことで、すぐに盛り上げが平坦にならされてしまう。さらに、この板では「丸鑿師」の技巧にもかかわらず、弱々しい精緻さを欠いた線しか得られなかったことを認めなくてはならない。そういうわけで、この木に金属製や合金製のよりとがっていて、硬い棘（刻印するもの）を植えつけることになる。こうして、より力強くはっきりと書き込まれる。

さらにこの混成の支持体は、ほどなく完全に、銅板に、さらには金属製の板に取って代わられる。浮き彫りを際立たせるために彫らねばならないのだが、代わりにそれ以来、硝酸が使用される。硝酸は、ニスによって保護された部分ではなく、乾いた先端が素描した部分のみを攻撃する。それゆえ、鑿で彫られたのであり、これによって、多様化させること、つまりローラーの傾きに応じて、振動、波動、非常に細かい線を手に入れることが可能になる。よりヴァリエーションに富み、巧みに裁断された「イメージ」が入手される。

機械化は、進行する。たとえばペロティーヌ（発明者であり制作者であるルーアンのペローの名に由来する）は、最大六枚までの複数の板（いまだ木材製のものもあれば、銅合金製のものもある）を、生地の大きさと同じ長さの印刷板に結びつける。これらの板がかわるがわる、前を通過する生地に押しつけられる。当初は二人の労働者が、これを稼働させた。ペロティーヌとともに、すでに変革の時が始まる。「一台のペロティーヌがあれば、一日におよそ二五枚のキャリコを三色で印刷するのに、二人の人間で十分である。つまり彼らは、印刷工二五人分と紡績工二五人分の仕事をするのである。というのも、紡績工一人に手助けされた一人の印刷工の仕事は、平均して三色のキャリコ一枚を越えることはけっしてないからである」(10)。六色のペロティーヌは、一分につき二八〇回、板を打ち付ける。その効率は一二〇人の工員の労働効率に等しい（六〇人の印刷工と六〇人の紡績工であるが、印刷工が生地の上に彫りを入れられた板でもって塗りつけねばならない染料を、鉄枠の上に広げる作業を任されている子どもたちは、工場においては紡績工と呼ばれる）。ジラルダン氏は、ペルゾ[*12]と同じく、やはりこの偉業を指摘している。彼らは、数字を明示している。また、「色彩を変換する」方法も示している。この方法によって、工員と同様に素材と道具が削減される。いまや染料を増加させることなく、色調を多様化することができる。その目的で、第一の塗布の後にゴムの溶液が加えられる。それは――人々によって信じられているとおり――、色が生地の細孔の中へといっそう入り込むようにである。強度が顕著に緩和されるためには、たんに圧力を加えるだけで十分である。このようにして、強烈なトーンから非常に弱いトーンまで思いのままにぼかすことができる。われわれは、なお機械的に推論するのだが、媒染の化学もまた長足で進み、思いつきの説明を排除するだろう。

　この点については、草創期の工業化学の問題に専念した以下のような化学者たちの湧出を指摘しておこう。これは、十八世紀の終わりに最も研究された問題の一つである。(a)アローは、この領域において初めて「化学的概念」を認めさせた。一七四〇―四一年には、「生地の染色の化学的理論」、一七五〇年には「羊毛と毛織物の染色技法、堅牢な染め具合と色落ちしやすい染め具合について」を出版する。(b)一七六三年、マケール[*13]の絹の染色技法。(c)先駆者であるベルトレー[*14]は、一七九九年の「カルタームによる綿と亜麻の染色についての論文」、一八一〇年の「亜麻と麻に綿の外観を与える技法について」などの数多くの論文に加えて、「染色技法の諸要素一七九一年」、「塩化酸化酸による生地と糸の漂白技法の記述」を公表した。(d)シャプタル[*15]は、「染色工の技法」であるが、とりわけ一八〇六年の四巻本「技術に適用される化学」。(e)少し遅れて、リヨンで行われた公開講義において、絹地の視覚的効果に関して類似の問題にすでに取り組んでいたシュヴルールは、一八三一年に「ゴブラン織り製造において利用されるべき、染色に適用される化学講義」(二巻)を公にした。

いわゆる「インド更紗」期、その後の「石版印刷」期に続いて、ここで第三期に到達する。第三期の革新的な点は、木の板や銅製の板に代えて、「ローラー」やシリンダーを利用したところにあった。機械によって、われわれは人間を必要としなくなった。この機械は、三つのローラー（圧延機）から構成される（次ページの図を参照）。(a)まずは、染料の供給用のローラーである。これは、点検するのが容易であると同時に染料を供給しやすいタンクの中を回転し、それ自身が金属製の刷毛と連結している。この刷毛は、いっさいの余分な染料を取り除きフィルムを調節する。(b)彫刻するローラー。(c)もう一つは、圧縮のためのローラーである。これら三つが相互に遊びなく回転すれば十分である。生地は、もちろんこれらのローラーの二つの間を通り、そこからプリントされて出てくる。「トワル・パント〔捺染綿布〕[11]の現代の中心地であるジュイ＝アン＝ジョザでは、生地が通る二つのシリンダーは、一方がくぼみにおいて提示しているものを、他方が浮き彫りの形で提示するように製造された。こうすることで、準型付けがさらにうまく進行し裂け目や染みも防ぐことができる。オーベルカンプ――依然としてペルゾーによれば、絹織物業と羊毛業の状況についての専門家である卓越した化学者であり、一八四六年に「生地の捺染に関する理論的かつ実用的試論」という四巻からなる有名な概論を出版した――は、一年間で六万四〇〇〇の生地を扱った。基準が完全に変更してしまった。

道の途中で立ち止まらないでおこう。企業家は、流行によって絶えず、色彩と同時に図柄を変えねばならなかった。ところが、それには絶えずローラーを製造しなおしたり、彫りなおしたりする必要があったので、流行は彼らを意気阻喪させた。しかし、自ら機械を創造できる機械を製造することで、この

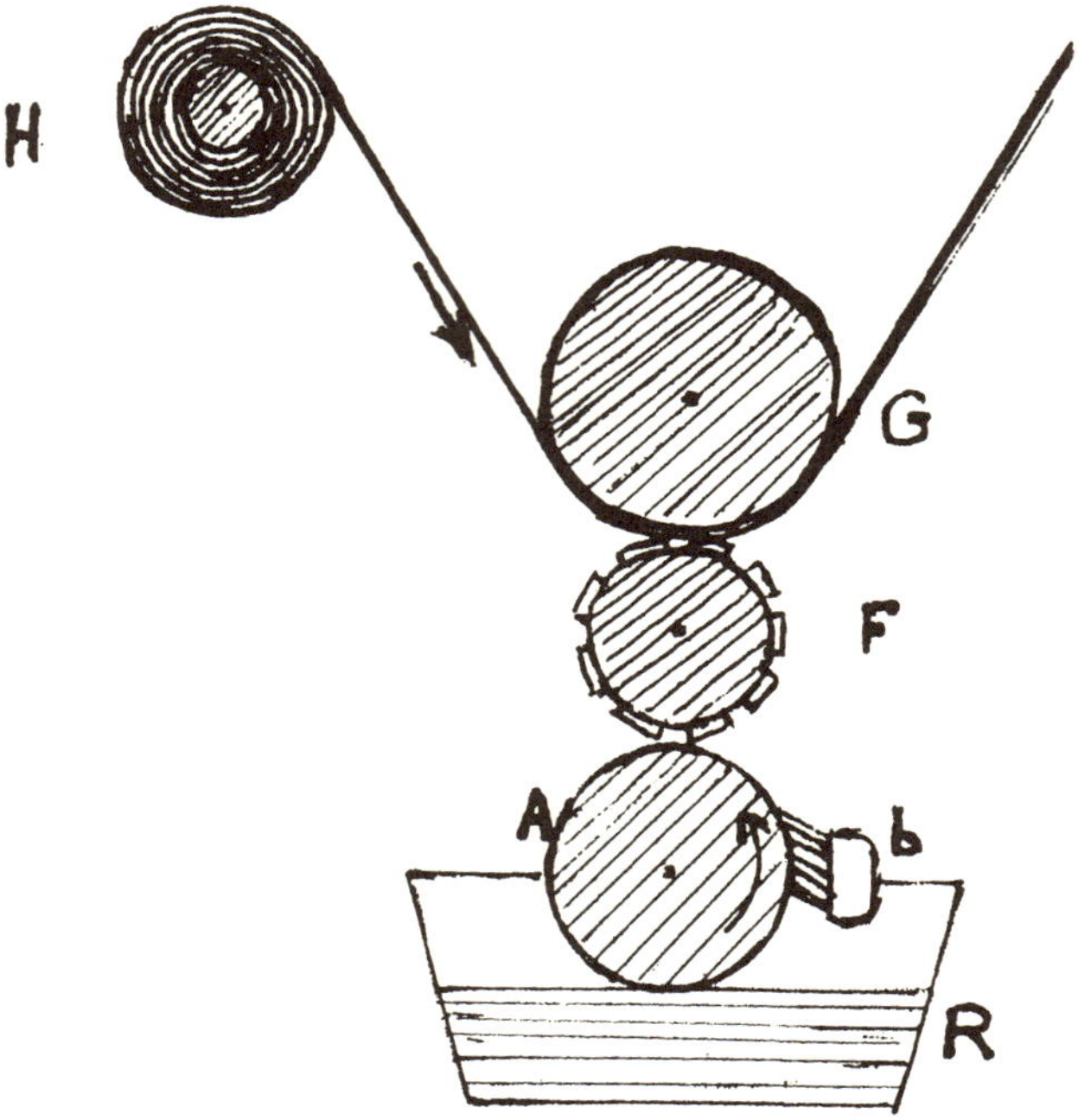

エビンガーの機械

R ＝ 染料を入れたバケツ
A ＝ 色を供給するローラー
b ＝ 薄く伸ばすためのブラシ
F ＝ 絵柄が彫り込まれた木製のシリンダー
G ＝ 加圧ローラー
H ＝ プリントされた生地の巻き枠

不都合はほどなく解消された。これは、労働者あるいは彼自身と彼の鏨がやはり消滅せねばならなかったことの明らかな補足的証拠である。そしてこの簡単なメタ機械は、その類似物である「工作機械」の傍らに配置されるべきものだった。工作機械は、かつての手動式の道具を、たとえば電動のモーターに接続し、それによってその効率を著しく向上させる。最初のメタ機械は、ジュイのオーベルカンプの技師であるサミュエル・ウィドメールによって一八〇〇年頃に発明された。彫刻された鋼鉄製の鏨が、振り子の揺れの強い圧力によってシリンダーを叩き、それによってシリンダーに「テクスト」あるいは「モチーフ」が記されるのだが、まず時計のメカニズムが、分野の違いを越えて、これに取って代わる。これ以降、シリンダーはその働きを終えると、自ら回転し、同じ働きを続ける。要するに、回転の運動が往還運動と一体となった。ここから少なくとも、三つの帰結が生じる。(a)依然としてペルゾによれば、まず製版（捺染）の準備の時間が、六カ月から六日間へと短縮された。それゆえ企業家は、人々の移り気な嗜好の変化について行くことができる。(b)活版印刷術とその技術が、生地の装飾の技法に影響を与えた。これは確かにある。(c)しかし、とくに「形象の単純化」に関わるこれに引き続く作業、つまり形象が、とがったくちばし、さらには模様彫刻用の道具が描く点と線（線それ自体も、これらの点の中断されることのない継起である）へと分解される。ペルゾは、すでに引用しておいた一八四六年の重要な「生地の捺染に関する理論的かつ実用的試論」において、「模様」の分類と一般化を同時に示している。細かい線、斜線、四分割された円の組み合わせによって、楕円さらにはさまざまな枝葉模様を入手することができる。それゆえ、打ち抜き機械を稼働させるだけで十分なので、インド更紗の製造者は技術を持った彫刻工を解雇した。次第に、彩色に関する専門家、筆職人、さらには仕上げ工と同じくデザイナーも解雇された。機械化は、規則的に歩みを進める。こうして十九世紀の終わりのリヨンに、有名な染色工場ジレが設立され発展する。

これ以来、フランスは「捺染された」生地を工場生産する。つまり、人間と最も親密に関わってきた物質、われわれを包み込む物質が、人間の外部で人間抜きで製造される。薄いながらも、その内部に多色の捺染による模様（インサーション）を有し、堅固であるがしなやかさと軽さを併せ持つという、すでに遭遇してきた他の多くのパラドックスに、このパラドックスが付け加わる。

本書の素材技術に関するコメントにおいて、リヨンの人々、ヴォーカンソンやバジル・ブッションに[*16]特別な場所を残していたことは驚くべきことではないだろう。彼らは先駆者であり、とくにジャカード織り機を可能にしたのだから。

彼らは、「カード化」の技術を発明した。つまり生地のデッサンを、碁盤状であると同時に文字数字式の規約的な二重の言語へと翻訳する技術を開発した。しかし、一枚の生地は二本ないしは数本の地の目から構成されることをまずは思い起こしておこう。つまり、一方は平行して配置される複数の垂直の糸、つまり縦糸からなる地の目であり、他方は第一の目に垂直の、したがって横糸からなる水平の地の目である。つまり、これらの地の目は交差している。織り地は、多様な交錯の仕方によって規定される。これを規定する要素は、五つに及ぶ。多様性を目指して、これらの方法を混合し、すべての可能な配列

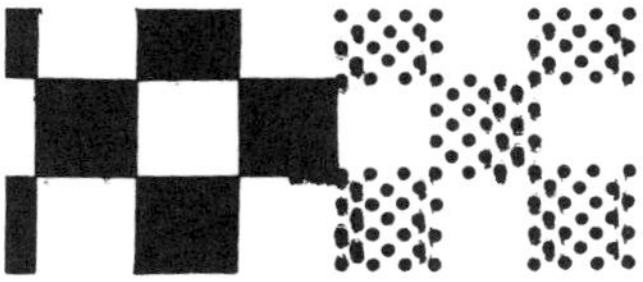
ダミエチェック

ジグザグチェック

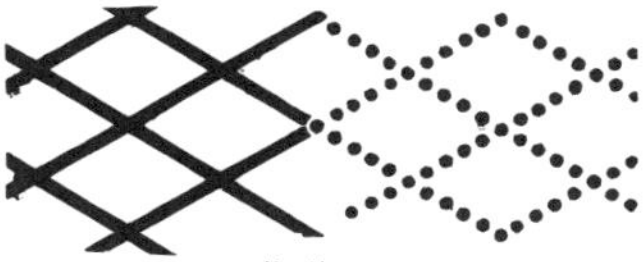
菱形チェック

ペキンチェック

波形チェック

タータンチェック

波形ストライプ

タータンストライプ

ジグザグストライプ

複合ストライプ

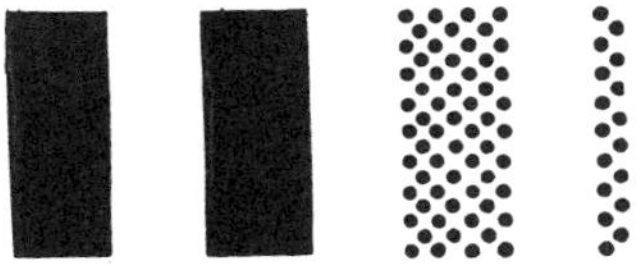
ペキンストライプ

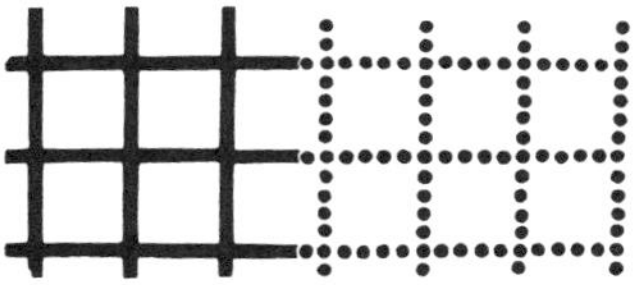
レギュラーストライプ

を作ることが可能なのは明らかである。最も重要な考案は、これらの結合を巧みに体系化し、続いて外在化すること、つまり区画上に忠実に表現されうる図表あるいは記号表記のうちに投射することにある。

本書では、これを説明し、コメントを加えるつもりである。なぜなら工業とおそらくいっさいの機械は、ここで、つまり整理された錯綜というつつましい合理的作業の中で、とりわけ、その可能的再現という作業の中で、運命を試しているからである。この再現は、二次的には自己による自己の自動的な実現(オートメーション化)に好都合である。

わかりやすくするために、想像できる限り最も単純な見本、平織りないしはタフタ織りを提示しよう(次ページの図を参照)。縦糸の一本が持ち上げられ、それに続く縦糸が押し下げられることで、これらの糸の間にデュイットが挿入される(デュイットとはすなわち縦糸の下を通る横糸の長さのことである)。一本は持ち上げられ、一本は飛び越えられると記述できるだろう。ただこれだけの記述から、以下のことが導出できる。(a)この生地が最も多くの「交錯」点を持てば、結果としてその生地は強靭である。(b)たしかに最も簡単な平面が創造されたのだが、これは裏面を考慮しない平面である。これにより、可逆性(表側と区別された裏側は存在しない)が生じる。(c)これにより紡績機は、二つの層に帰着させることができる。たとえば一方は、偶数の列の糸を扱い、他方は交互に持ち上げられる奇数の列の糸を扱うというように。(d)しかし、リズム(二つの地の目)のこの単調さにもかかわらず、このリズムを転調させることができる。伝統的な生地においては、縦糸が横糸に対して支配的だったのだが、「ルイジアナ」は、横糸が縦糸と同じく目立つという意味で不均等を解消するという事実によって、平織りから

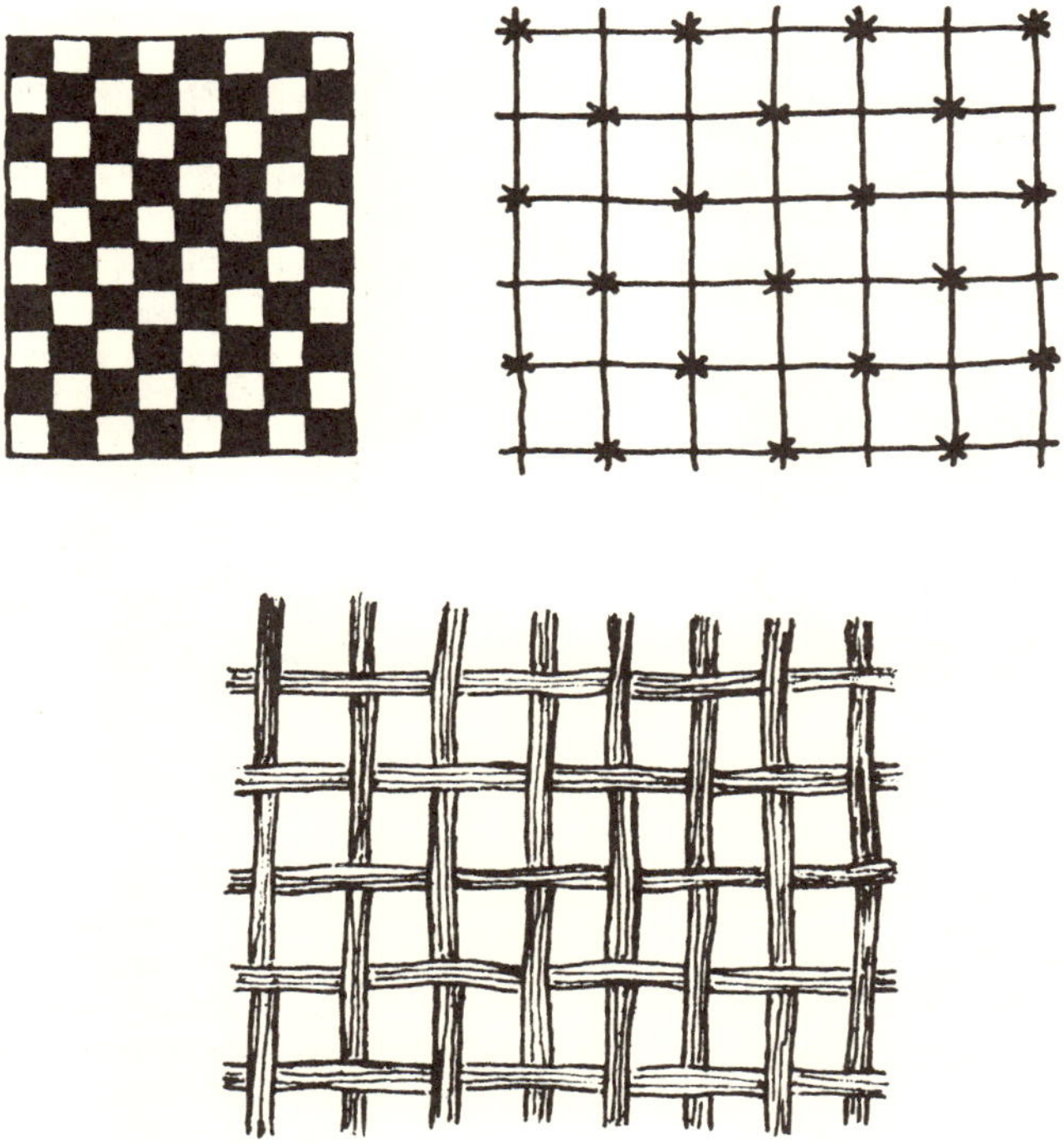

無地あるいはタフタ織り

平織り

斜子織り

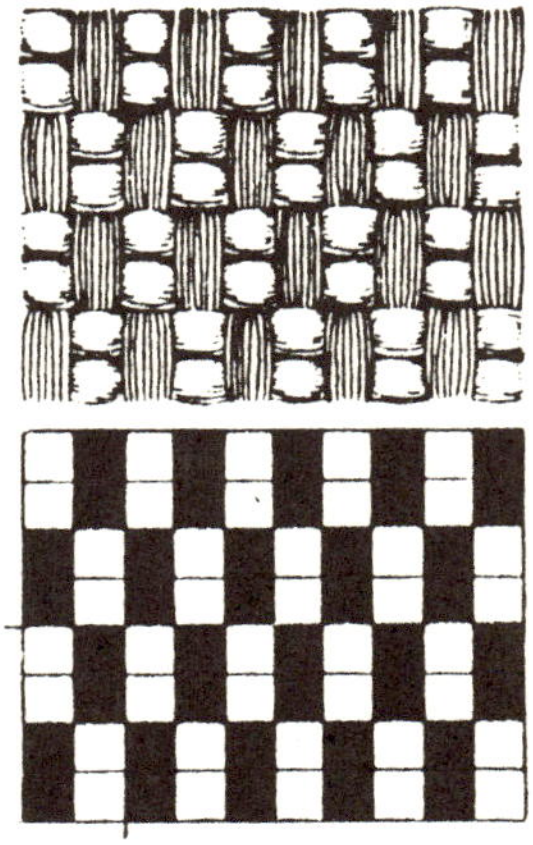

畝織り

よこ三枚斜文（綾織り）

たて三枚斜文（綾織り）

四枚斜文（綾織り）

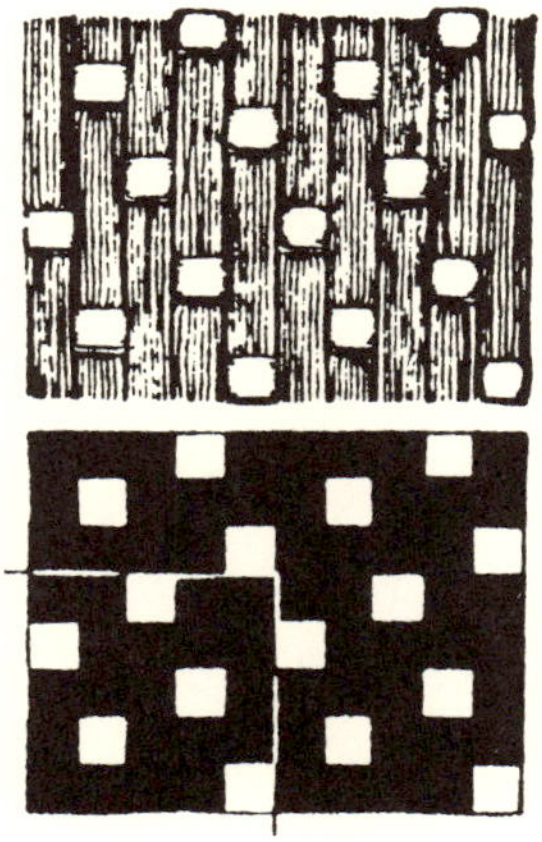

五枚よこ朱子（朱子織り）

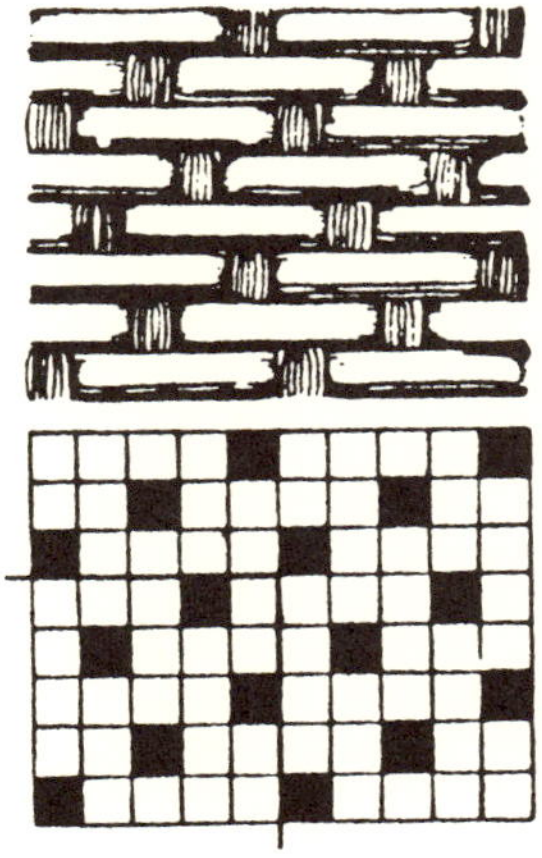

五枚たて朱子（朱子織り）

分離される。対称性を確立するために、他方に対して一方をより力強く張ることで十分である。さらに違いを生じさせるために、太さや色彩を介入させるのは自明のことである。

ナッテ〔斜子織り〕と畝織りは、説明したばかりの平織りとほとんど変わらない。たとえば、「ナッテ」を作るために、糸の数が増やされる。二本（あるいは数本）の縦糸が二本（あるいは数本）の横糸の下に位置する。これにより、交錯が広さにおいてと同時に高さにおいても増加する（前二ページの図を参照）。

しかし、ここで最も重要なことは、リズミカルな構成的手法が、方眼紙上に「再現」されうることに由来する。ある方向において把握された正方形の列は、縦糸の代わりをしており、この列に交差する列は横糸を表現している。この横糸が、縦糸の下に滑り込む時、正方形には線影が刻まれる。この場合の縦糸は、「プリ〔pris〕」と呼ばれる。横糸が上を通る時（この場合、縦糸は「ソテ」〔un sauté 飛び越えられたもの〕と呼ばれる）は、正方形を白いままにしておく。ここから作業の流れ、つまり四つの時間という製造の行程が導出される。デザイナー、次にカード化する作業員あるいは方眼紙に書き写す人、それから紋彫り工、最後に紡績機を操作する責務を負う「綜絖屋」である。なぜ最初にこうした投射あるいは「カード化」を行うのか。これによって、作業（紋彫り工の業務）が容易になったことは間違いない。記録する役割が、紙片に託され、あらゆるところで記憶あるいは意識に対して、この役割が免除される傾向がある。

しかし、こうしたことの帰結、すなわち人間による「媒介」の消滅、オートメーション化は、すぐにやってくるだろう。主要な発明は、ここにあるのではないか。カードに穴が開けられる時、このカードに接触する針はこれを貫通するが、針が穴を開けられていない部分にぶつかる時、針とこれに対応する軸は、後ろに跳ね返される（バジル・ブッション）。ファルコン[*17]は、この連続する紙の代わりに、長方形のよりしっかりしたボール紙を使用するが、心的な記憶術（備忘録としての図表）を、伝達装置に置き換えるという原則は変わらない。これに続いて、二十世紀の現代の工房においては、単なるイメージの投射で、加速された二重化に直接従わせることのできる「図表」が提供できる考えられている。さてリヨンのバジル・ブッションは、この高速製造の序章を開き、カードから針の働きへの直接的な移行を、さらには碁盤上の図表から生地の交錯への転移を創始した。

しかしここでは、議論の整理のために、紡績技術を越え、さらに一般的な規定を行いたい。すべての技術は、この種の変身や伝達を首尾よく行うことに本領があるのではないか。同質な部分の間で、変化や伝達が行われる場合（たとえば、時計によって、垂直方向の運動から円環運動へ転換され、さらには蒸気機関では、シャフトとクランクとの重要な連結によりピストンの横方向の往還運動が、連続する円環運動へと転換されるという聖変化がなされる）もあれば、これらが異質な領域間で行われる場合もある。後者においては、たとえば電信機のように、一方の領域から他方の領域への飛躍が想定されている。これは、書かれたり話されたりしたメッセージを、媒介となるモールス符号によって運送可能で再び翻訳可能な電気の流れに変換する。一方でエネルギーは、同じ主題、同じ様式から脱け出さない（諸運動の単なる結合であるがゆえに基本的な新陳代謝）が、他方では、ごくわずかなエネルギーが厳密に情報に関する結論ないしは結果（時間、さらには時間を告げるベル）、一種の運動学的でささやかな賑わいに変換されるのだから、哲学者たちにとって、とりわけデカルト主義者にとって時計が関心の対象であったことが理解できる。そういうわけで、三つの型の器具ないしは機械が区別されうるだろう。(a)ある運動を別の運動に、ある形式の運動をそれに類似した運動へと直接転送できる機械。(b)真の転換、根本的な変化を遂行する機械。(c)最後に、これらの媒介となるような機械。ただ運動を伝達するだけでなく、昇格させる時計のような機械である。ここでは、消費された運動エネルギーではなく、産出された意味的な差異が突然重要なものになる。

ここでの主題が、繊維産業から離れてしまったわけではない。なぜなら、この産業に変革を起こしたヴォーカンソンが関心を寄せたのは、それを完成させたジャカール以上ではないとしても、これらの「転送」、とくに歪像変化するものだけだったからである。彼はすでに、話された言葉（あるいはメッセージ）を機械仕掛けに翻訳すること（彼の有名なフルート奏者）に専念しており、同様に、書かれた言葉や楽譜の実際の運動への変化に執着したにちがいない。その成果として、回転太鼓と曲を記録する回転筒によるオートマット（ロボット）が製作されることになる。この技術は、「翻訳」のみに依拠している。しかし、こうした翻訳を実現するために、この技術は二元的なあるいは碁盤上の記録システムを利用した。媒介を巧みに行わねばならない。話された言葉、同様に書かれた言葉の成功は、（収集され要約された実在を、いささかも失うことなく転送する）見事なこの同じ操作のおかげである。また反対に、こうした言語を利用した伝達に関する発明が人間によって実現されたのだから、これは、人間の優位を保証する。

繊維産業は、自ら成し遂げた同じグラフォ－メカニックな成功を享受している。しかし、繊維の話に戻る前に、次のことを忘れず指摘しておこう。すでに十八世紀の初頭において、運動の諸要素を「符号」と「音符」で表現し、それらを回転筒の表面に記録し、この鍵盤から絶えず再生を行う同様の「方法」を、あらゆるところに適用する試みがなされている。記録と再生の技術、またアルファベットによる複製と実際の操作という二つの様態間を架橋する移行の技術である。オルグ－ド－バルバリ（手回しのオルガン）は、この操作の一例である（音楽を奏でるこの機械は、バルブリがイタリアで初めてこれを構想したことから、バルバリと命名された）。ここから、機械仕掛けから音への転換が生じる（真の転換機）。シリンダーを回転させるために、クランクを駆動させるだけでよい。ところでこのシリンダーは「棘」で覆われており、その結果これらの棘が意図された時間間隔で金属製の櫛に触れ、この櫛が振動し、前もって記録された旋律を奏でる。第二期においては、穿孔カードあるいは穿孔板が利用された。これらは再生機能を向上させたが、同じ操作原理を保持しているのである。

この「驚異を生み出す」機械仕掛け、この「階差」機関[*18]の最初の発明者の探求について、本書の助けとなる逸話を引き合いに出すことを許していただきたい。それは、マリー＝ドミニク・エングラメル神父の企てとその成功についての逸話である（血圧測定術、あるいは円筒に記譜する技術と、機械演奏の器具における記譜に関するいっさいのもの。一七七五年）。あるイタリアの名演奏家が、ポーランドの王室でクラヴサンによる作品を演奏したのだが、彼はその曲の楽譜の提供を承知しなかった。しかし、後になって彼は、非常に賞賛されたこの曲を再び演奏することを承諾した。エングラメル神父は、この演奏家のクラヴサンの下に「複写機」、つまり油で黒ずんだ紙で覆われた円筒を据え付けようと考えた。「彼は比率によるピアノを作成したのであり、その鍵盤は、クラヴサンで演奏されたものすべてが、黒ずんだ紙によって円筒上に記されるようにクラヴサンの鍵盤に対応しているのだった。この円筒は、クラヴサンの先端にあるクランクによって駆動させられ、ビスで木に固定されている。この円筒は、印が混じり合わないように、一回転するごとに少し横にずれるのである。それは一五回転でき、およそ四五分回り続けるのだった」。この機械は、巧妙に隠され、クラヴサン演奏者はまったく気づかず演奏した。少し遅れて、イタリア人が手回しオルガンを聴くことができた。それは演奏を反復し、演奏の装飾音まで表現した（ここから、複写という文化的な手続きの重要性と、スパイあるいは技術の剽窃の役割の補完的な証拠が出てくる）。エングラメル神父は、（相互に、計算された距離をおいて配置されたいくつかの橋と同様に、小さなハンマーで、楽器の円筒に打ち付ける釘の厚みという）「記譜」という技術の複雑さについて長々と説明している。まず、車の回転は速すぎても遅すぎてもいけない。これが重要である。また、先端をしかるべく配置せねばならない。「それらの先端の厚みは、音符の価ではなく、これらの旋律の速度に釣り合った強拍音、弱拍音、拍子のモジュールの価に応じて変化するのである」(12)。そしてエングラメルは、（二分、四分、八分）音符と文字との対応関係のシステムを構築し、そこから次のような結果を引き出す。たとえばわれわれは、いつでもどこでも、この単純な機械のおかげで、リユリー*19、クープラン*20、ラモー*21を「最も優れた演奏家でもけっしてなしえないような鮮明さと正確さを備えた演奏で聴くだろう。その演奏にはミスがないからである」[13]。「オルゴール箱」について冗長に語りすぎたと思われるかもしれないが、いっさいの技術、われわれの現代世界が機能しているのは、この種の遊戯あるいはこうしたつつましい反復によってではないか。技術者や発明家は、この玩具を複写するだろう。音楽（それ自身が「記号」や「音符」、円筒の突起によって引き継がれる、媒介となるソルフェージュによって）、未来のオルグ-ド-バルバリは、(a)明らかな歪像（アナモルフォーズ）への道を開く。つまりこの場合には、長さの異なったいくつかの突起と音の間の運動という、隔たった二つの記録簿間での移行への道を開く。(b)そして、反復性への、つまりあらゆる場所で再生され、運ばれ、いつでも聴くことができる芸術作品の機械化への道を開く。十八世紀は、芸術（音楽）、産業（本書では、これを繊維産業について証明するつもりである。繊維産業はこの最も重要な発見の恩恵に浴した初めてのものだからである）、言語学（簡略化された言語）とオートマットの合流点だが、この時代の主要な発見は、以上の二点ではないだろうか。ディドロ*22は、あらゆるところでこのタイプの「相応（コレスポンダンス）」（カステル神父の「目で見るクラヴサン」はリズムを視覚化するのだが、それと同じくらいに隔たった知の諸領域間の移行）を探求し生み出したのであり、こうした結合に夢中になる。『百科全書』は、このために、つまり錐で彫られた活字による印刷の可能性、調整された紙、新しい機械を称揚するために書かれたのである[14]。いずれにせよ『百科全書』は、寄せ集めることの重要性を示している。なぜなら、寄せ集めの作業が終わると、さまざまな道具、諸結果、諸領域間の「転移」（繊維のような最も模範的な参照関係）を試みることができるからである。

ブッションーファルコンーヴォーカンソンージャカール[*23]のシステムは、同じ策略を前提とし、現実化する。つまり、穿孔されたカードが、織り地に関する基本的な情報、すなわち、紡績機のプログラムを含む。この機械は単独で作動するが、これに関して、一七四七年十一月のメルキュール・ド・フランスは、以下のように告知する。「ヴォーカンソン氏は、真の傑作を生み出した。その機械をもってすれば、馬、牛、驢馬によって、最も熟練した絹職人が作るよりも美しく完成度の高い生地が製造される」(15)。時を同じくして、ディドロは『百科全書』が流布させる技術革命の核心において、「靴下編み機」によって彼にもたらされた着想を隠しはしない。

一七二五年頃リヨンのブッションが開発したもの、つまり速記の文字法、運動を生み出す文字法のブリコラージュ（カードあるいは紙）は、さらに一世紀半の後（一八八三年）にホレリス博士[*24]によって役立てられることになる。彼は、アメリカ合衆国において国勢調査の結果を迅速に入手しようとして、「パンチ・カード」を使用する。カードは針で穿孔されていたが、針の配置によって電磁気を引き起こす電流を惹起し、これらの電磁気が文字盤のついたメーターを作動させる。その後ホレリスの会社は、電子会計会社、それから国際ビジネス企業会社（ＩＢＭ）と名付けられる。情報は、規格化された型のカードに記録された。そこには、量、質を問わず主要なデータが、穿孔によって物質化され記録される。（カードを伴う）これらの機械は、二十世紀にはさまざまに変形されることになるが、電流がカードの孔の部分を通って流れる、さらには金属製の筆（箒）が、多くの符号化された情報を含む弁を擦るという原理は同一のままである。コラム、カードの連続するさまざまな記入欄、しなやかで滑りやすいと同時にしっかりとしたカードというさいの改良が加えられた。この上、何がなされうるだろうか。しかし、ブッションとファルコンは確実に道を開いたのだった。

われわれが言い残している最も重要なことが、次のことを認めるはずである。繊維産業は他のどのような製造業にも増して革新を促した。繊維は、有機化学、すなわち繊維自体の有機化学と染料の有機化学を可能にし促進した。（もはや素材ではなく、製造作業という観点から）製織は、後の「計算機と情報処理装置」の突然の出現を可能にし、少なくともオートメーション化を前進させねばならなかった。これは論理的ではないか。最も知性化された物質、人間が最も巧みに意のままにする物質は、自ら創造の助けとなり、創造を促進せねばならなかった。それゆえ本書は、糸あるいは生地をそれらの能力のゆえに、恐るべき物質と見なすが、とりわけ豊かでプロメテウス的なもの（人間に知恵と技能を授けるもの）だと見なしている。

物質の氾濫

われわれは、「布地」の両義性ゆえに、それについての言及を終えることはないだろう。布地は、古い世界と現代世界という二つの世界に属しており、最も古い産業であると同時に、最先端の産業（最も耐久性のある素材）でもある。そしてここでは、この傾向に従って以下のように主張しよう。フランスの繊維産業の中心であるリヨンは、この産業によって彩られていたが、この都市は最も商業化された都市、すなわち銀行、その海外支店、工房、工場の都市であると同時に、最も霊化された都市（フランス南東の宗教、芸術、哲学など）でもある。時代の中に入るのに最も迅速であると同時に最も停滞している都市であり、最も進取の気性に富むと同時に最も遅れた都市なのだ。

　ここでは、これに関するより確固とした証拠を提出したいと考えている。われわれは、三つの注釈を予告しておいたが、その最後のもの――製織の操作からの間接的な帰結の一つに関するもの――を展開せねばならない。本書は、この結果を最も根源的な帰結の一つというだけではなく、最も今日的な帰結の一つであると見なすだろう。なぜなら、それはひそかにイメージの科学に関係しているからである。

　現代の技術であるコンピューター・グラフィックスは、進歩することをやめず、その消費者が受動的な利用者の役割から、生産者の役割へと移行するほどである（相互作用）。つまり、もはや単なる「整理するもの〔ordinateur フランス語のコンピューター〕」であるだけではなく、「組織するもの〔ordonnateur〕」である。周知のようにわれわれは、文字として判読され、美的感覚に訴え、情報を提示する諸々の結果を入念に作り上げることで表現する。実際のところ、結果として産出されるイメージは、過剰に詰め込まれているわけではないが、たくさんのものを含んでおり、諸々の異なった領域において同時に現実化された内容を伝達する。ここでは、そのいくつかの利点とその広がりについて長々と論じる必要はない[16]。ところで、この電子画像は、調整可能な点の配置から生じるのではないか。デジタル化は、いささか「寄せ集め（モザイク）」のような性質を持つのではないか。電子画像は、われわれがそれを支配し、変換し、視覚化できるように「コード化」されていたのではなかったか。イコノクラヴィスト〔画像操作者〕や組版工さえも、(線、円や曲線、色という) 製図家の手法を用いるが、それだけではなく、逆さにし、移動させ、回転させ、消去するという論理的諸可能性をも手にしている。彼らは、タブロー (入力装置) の上に、こうして集められ記録されたデータの大部分を、図やヒストグラム〔柱状図〕の形で記入する。

ところで、古くから室内装飾業〔タピスリー〕や刺繍業、つまり製織業は、同様の問題に突き当たっていた。何本かの糸、縫い目、それらの色彩の力によって、膨大な数の光景を「見させ」ねばならなかった。織物の図像は、どのようにして黄金色のキジ、野鴨という図柄の壮麗な (極楽鳥といわれる) 鳥たち、ガゼル、葉むらを表現することに成功できたのだろうか。またどのようにして、聖書の預言者たち、東方の三博士、新約聖書の使徒たちのような人物の微妙な差異を表現できたのだろうか。織物工は、未来の「デジタル化された図像」を垣間見ていたのではなかったか。というのも、彼らは、さまざまに異なった仕方で着色されたいくつかの糸の力を借りて、(現前と不在という) 二項を操作することにより作業を行っていたからである。彼らはすでに、ただ一つの織り方のために二つの色を、また同じ色の着色のために二つの織り方 (あるいはミキシングという体系的な技法) を使用することができた。こうした簡単な道具や素材によってではあるが、それでも彼らは、たとえばぼかされてはいるが、最も人を引き付けるような繊細な描線を表現できた。また繊維の図柄は、その動物や花々の中に「文字」――「装飾の中や生地の上の語」――を記入せねばならなかった。図柄を記さねば (印で押さねば) ならなかったり、紋章や（ＩＨＳのような）スローガンの略号を思い起こそうとしたり、多かれ少なかれゴシック化された活版印刷術が、文字という具象と、それ自体で入り組んだ装飾的形状という抽象とを同時に実現することもある。事実、単なる「イニシャル」は、依然としてわれわれが望んでいるものを綜合する。それは、高密度の文字情報と図像を同時に伝えるのである。

このように製織は、鮮やかな色彩と縫い目の正確な配置によって、人物と同様に文字も表現することが可能になっていた。ところで、多様な継ぎはぎ型のこの種のエクリチュールは、表象や装飾を制作する他の手法をはるかに凌ぐものである。(a)実を言えばモザイクは、これほどうまくはいかない。なぜなら、過剰に嵩張るユニット（長方形のテッセラ）を取り扱うからである。また調整可能な作用素の恩恵に与ることがより少ないのも、その理由である。モザイクは、とくに丸みをうまく表現できない。それは、諸形態を幾何学化し、直線によって構成しようとする。モザイクは、「距離をおいて」眺められる際にその価値を発揮するだろう。ユニットの裁断によって、単純さと不器用さと堅固な図式が同時に課される。これらは、距離をとることによってのみ修正される。だからモザイクは壁、公共の建築物、洗礼堂の円天井には有効である。これとは反対に、絹や羊毛に関しては、縫い合わされた多くの糸が、さまざまな壮大な場面における人物の感情と同様に、さまざまなヴァリエーション、ざわめき、風景の微細な動きを表現することができる。(b)陶製のものをはじめとしたタイル張りの失敗は、若干ではあれ、これ以上のものである。タイル張りは、表現を硬化するのである、つまり、これは碁盤縞、舗装を目的としており、ぼかすことも繊細にすることもできない。煉瓦工事は、いっそうこれが不得手である。

（微細な縫い目によって）可視的なものの限界で作業を行うタピスリーのみが、はっきりと判別可能であると同時に極度に細い線を表現できる。

基本的な組み合わせを分析することで、煉瓦工も陶器製造工も十分な作用素を持たないことが示されるだろう。彼らは長方形ほど四角張ってはいない石材のみを扱い、これらの石材の列を相互に切り離すことができる。これによって、かなり大ざっぱな視覚効果に好都合ないくつかの次元を持った構築物が出てくる。最後になるが、彼らは制限された数の色彩しか当てにできない。彼らの手になる製作物が最終的に画一的なのは、はじめから数少ない手札しか持たないからである。過剰な手段は、形態の創造、過度に込み入った創造に役立つことはないが、手段の不足はそれ以上に役立たないという、筆者が絶えず展開していた観念が再び見出される。だからこそタピスリーは、最も性能の高いシステムと規定されねばならない。それには少なくとも、二つの理由がある。タピスリーが優位に立つのは、まずそれが糸の組成、着色、織り方という三つの変項を使用できるからである。さらに、資材の薄さが――それは結局のところ大きさや量によって測られるものというよりも律動的なものである――このシステムを簡単に操作し調整できるものにする。したがって、最も豊かであると同時に暗示に富む転写によって報いられるのは、煉瓦、タイルあるいは石材とは反対の、最も薄く壊れやすいこの可能性に訴える人々である（次ページの図を参照）。

まさにそういうわけで、おそらく繊維はエクリチュールに先行しえた。テクストがいくつかの母音と子音――要するに基本となるアルファベット――を、それらの順序立てによって結合するのと同様に、

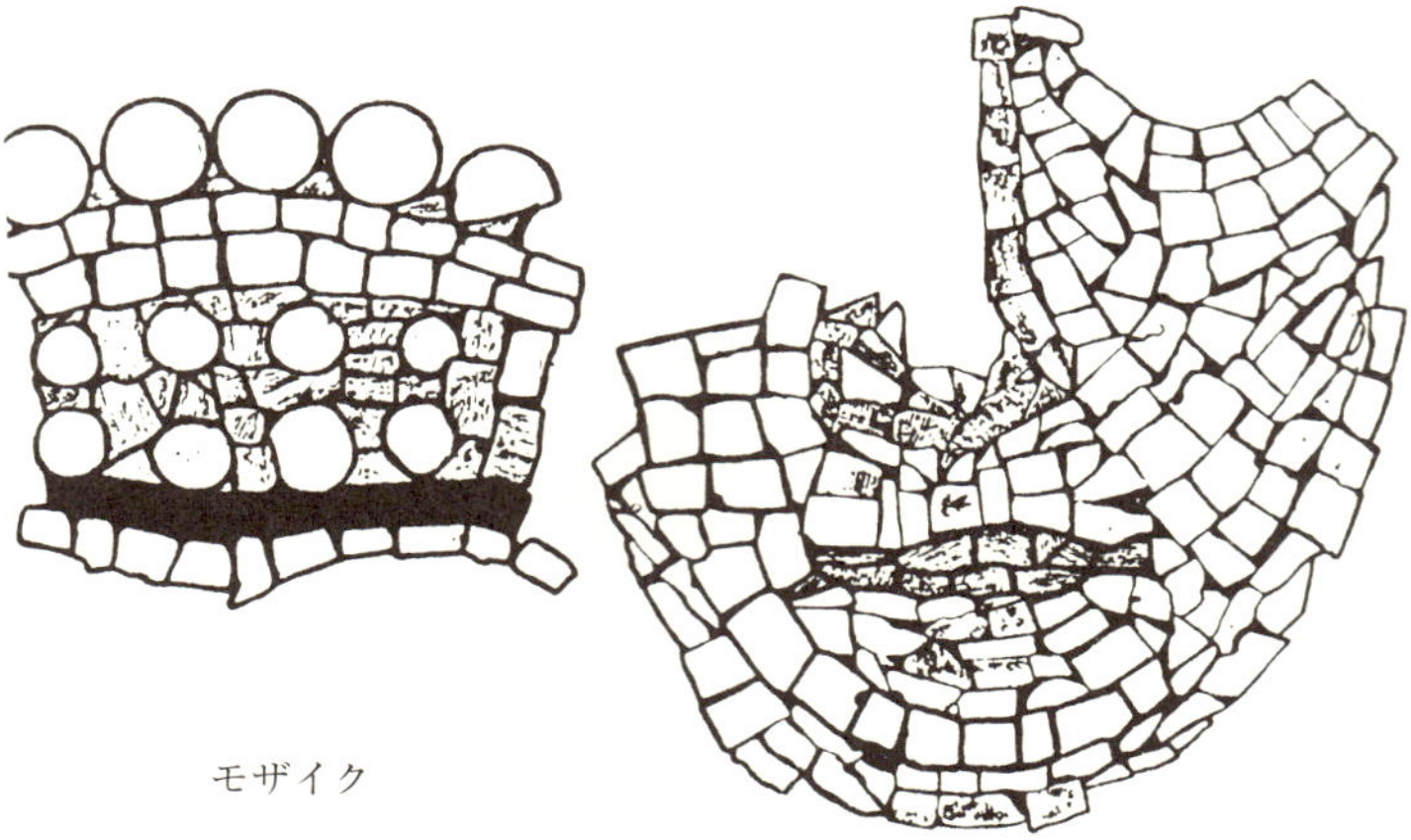

モザイク

異なった色

二層の厚さ

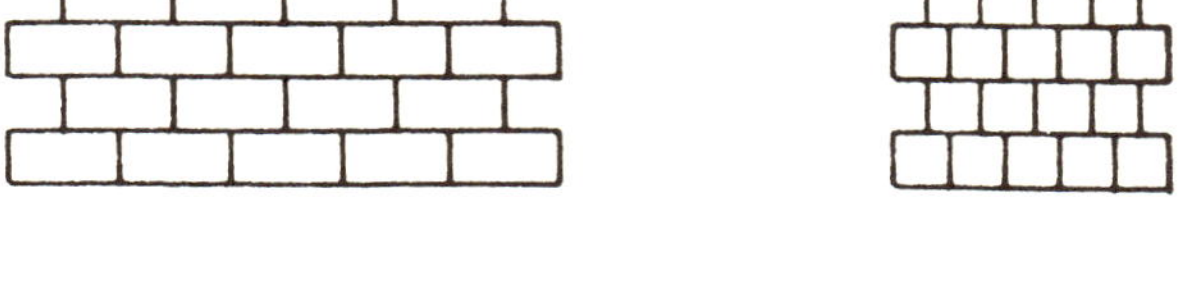

さまざまな積み方

煉　瓦

横糸と縦糸の交差もまた、意味することと表現することを可能にした。イメージは、エクリチュールによる文学という、このもう一つの製織に先行し、それに取って代わることができた。実を言うと、エクリチュールと繊維の本来のつながりは、けっして断ち切ることはできないだろう。一方が見事に文字を、他方が糸を編むことを除けば、それらを分離するのは不可能なのだ。すでに本書では、この点を指摘していたが、ここでまた強調する。ミッシェル・ブトール[*25]の見事な分析によれば、われわれは絵画そしてまた壁を飾る覆いのうちに「言葉」を読むが、同様に、文章のくぼみに「イメージ」を識別する。もっとはっきり言おう。エクリチュールは、けっして本当には織り地とそれに施される刺繍を排除することはなかった。エクリチュールは、ただそれらを延長し、引き受け、隠しただけである。詩人のシャルル・ペギー[*26]は、『タピスリー』において、これに気づいた。彼は、布を織り上げるように文章を構成することにとりわけ執着した。だから、彼の作品においては、いくつかのモチーフが絶えず繰り返されると同時に、絡み合い連結される。彼は——彼が知っており賞賛していた籠編みやエスパルト工芸、藁詰め替え業という隣接したモデルに倣って——、精神的な織り地を、言葉によって聖堂や都市全体を装飾するような織り地を、実際に編もうと思っていた。ここから、はっとさせるような足踏み、反復、ほぼ自動的な増幅法が生じる。

本書の主張によれば、より一般的に美術は、ただ一つの感覚だけに訴える傾向を打破し、その傾向から解放されることを志向するだけである。だから、画家がしばしば触覚的なものを視覚的なものに滑り込ませることができたのと同様に、ここで詩人はテクストのうちに巧みに織り地を、すなわち光景を、韻や繰り返しという音楽性を通して、ある生産的な装置を、吹き込むことができた。本書が中間期と見なすもの、語とイメージの幸福な混合、ペギーの詩的なスルプリとタピスリー[*27]を、ここに残しておこう。われわれは、織り地を編むことと文学という二つの活動の相互感染こそが根本にあると判断するけれども[(17)]。すでに見たように、創造は主に実り多い干渉の驚きと功績のうちに存するからである。ペギーにおいては、これらの感染が構成する働きのうちで作用しているだけでなく、最も斬新ないくつかの隠喩の細部に着想を与えている。たとえば、夜の賛歌から始まる『第二徳の秘義の大門』においては、昼が軽視される。

「夜は連続する長い生地を織りなす、
それは終わりのない連続する織り地であり、そこでは昼〔les jours〕は透かし〔des jours〕にすぎず、
透かしとしてしか始まることはない。
すなわち、透かしをあしらった布地の穴〔trous〕のように。
布地の中の、透かしをつけられた〔ajouré〕生地の中の[(18)]」。

しかし決定的なことは、古い機織りとともに、また機織りにおいて人間がデッサンを創造することから生じる。われわれは、いくつかの作用素を扱うのであるから、デッサンは、われわれに課されはしない。デッサンを築き上げるのだ――築く〔bâtir〕という語は、服飾に関する用語の一つでもある。イメージは、「フォルムの形成に」依存している。ところで、細カナ違イハアルガ、今日われわれは同じ問題を見出している。あらゆるところで、スクリーン上に、さまざまな書式、図表、曲線、すなわち結果

が投射される。格子状の組織に描き出される諸々のイメージは、（相互作用の可能性はもちろんのこと）諸々の情報の転換を可能にする。われわれは、絶えず現在化しようとする。このように図画へと変換されるもの（ビデオグラフィー）しか認識しない。ここから、製織への関心が生じる。なぜなら、現在の書記法は新たに統御されるからであり、（かつてのタピスリーのように）粒がよりきめ細かくちりばめられるほど、より鮮明に見えるからである。さらに、かつてはテクストあるいは伝達の手段として役立っていた壁布から出発していた。今日、同様の成功が観察されるが、それはやや反対の意味を持っている。つまり、データは直接的な読み取り可能性へと変換される。同じ方法――生成を支える多くの点――が、この二重の移行を定義し基礎づける。

(a)自動化されたプリント〔印刷〕あるいは、人間だけのためのものであるが、人間要らずの、人間による「物質性」の製作。(b)カード化と「オルグ－ド－バルバリ」の始まり。(c)点によって構成されるコンピューター・グラフィックス。われわれが解説したこれら三つの革新は、最後に二つの結論をもたらす。まず織り地は、最も決定的で現代的な技術を生じさせた。次に、シリンダーと翻訳のおかげで、必然的に工員がそれらによって取って代わられた。これによって、流行を生み出し生成する物質性が登場した。

つまりわれわれ人間は、動植物を厄介払いし、少なくともそうすることを目的としている。いまや労働者は、労苦から解放された。重要な点だが、「機織り」の市場への登場によって奴隷制を終焉させるというアリストテレスの夢が現実化する。この物質性は、社会、産業、それらの基盤を揺り動かしたのだ。

禁じられていたものによる報復

分析を終える前に、織り地ではなく、それが可能にし、また結果として織り地が決定した芸術に言及せねばならない。なぜなら織り地は、徐々に芸術家に影響力を及ぼしたはずだからである。物質が、社会、産業、文化のあり方を決定するということの補足的な証明なのだ。この織り地という物質が、〔機械化によって〕労働者を工場から遠ざけたのだが、それは芸術作品の方向転換を促しもした。このことを証明したい。人間の知性は、変化させられることで、窮地を切り抜ける。

それら〔織り地と芸術〕の相互的な影響と、とくに「機械的な」プリントの絵画自体への影響を検討する前に、それらの激しい敵対関係から論じなくてはならない。この戦いは、はるか昔にまでさかのぼる。ここで本書は、この敵対関係を主題としたユーグ氏[*28]の見事な著作から着想を得ている。彼は何を明らかにしたのか。明確に限定された時期に、フランドルでは、画家が木製の支持体の使用をやめ、張られた布を使用した。彼は、知らないうちに「インド更紗」、すなわち〔ほどなく禁じられる〕トワル・パントを予兆あるいは生産し始める。こうした非常に耐えがたい混同に、人々は不快感を抱く。芸術家自身、彼が嫌う非常に安っぽい商品と彼が表現することに専念しているイメージとのこうした比較に嫌悪感を抱かざるをえなかった。ユーグ氏は、長期にわたり、こうした厄介な「共存」の諸結果を検討した。インド更紗は、必然的にモチーフを繰り返し、その結果同じモチーフを〔絵筆一式と型紙によって〕機械化することしかできないだけにいっそうのこと、こうした「共存」は、絵画の価値を下落させる。ところが芸術は、繰り返しや単なるリズミカルな操作に価値を認めない。それゆえ芸術家は、インド更紗から離れていること、つまり一線を画することに心を配らねばならない。芸術家が、これを怠ることはないだろう。

実際に絵画は、消極的な仕方ではあれ、インド更紗によって変化させられた。以前、絵画はすすんでケープやアクセサリーによって着飾った人物、広げられた織物や装飾されたビロードを描いた。いくつかの絵画では、その三分の二以上にわたって衣服が描かれていた。まさにとめどない襞と刺繍である。壁もまた、そして平らな家具も織り地によって覆われていた。しかし突如、〔絵画と織り地〕の類似を停止させるために、人々は描かれた生地〔絵画〕の上に、トワル・パントを描くことをやめる。カンバスは、絵画を書き込むために存在するのであり、色を塗られるために存在するのではないからである。たとえ描かれるとしても、より目立たない衣服、無地の織物にとどめられただろう（およそ一五三〇年頃）。フランドルの人々は、それまで柄のプリントされた織り地に非常に愛着を抱いていたが、現実の生地がいまや表象する生地に影響を与える。そういうわけで、たとえば、「一五二〇年にジェラール・ダヴィッド[*29]によって描かれた受胎告知においては、聖母は黒い織物で覆われたベッドの前で、無地の黒い衣服を纏っている。クッションと天蓋も同様に無地の黒い生地で覆われている。これらすべての黒っぽい生地、これらはビロードであり、もはや間違いなくフランドルの毛織物ではないが、これらの上にはフランドルが喪服を着たようにいかなる柄もなかった。絵画の縁では、それでも天使のケープに柄があしらわれているが、これらの柄の金色は精彩を欠いていた」[19]。たとえユーグ氏が、この主張や正確な日付の標定作業について、含みを持たせざるをえなくなるとしても、彼は彼の主張を固持するだろうし、われわれによればそれは正当なことである。絵画は、過度に「機械的な」隣接する作業から離れようとするのだから、絵画のうちには塗装はありえないのだ。これに対して絵画は、別の近親関係、つまりタピスリーとの近親関係はすすんで受け入れる。タピスリーには画家‐下絵師という署名がなされるだけいっそう、これは絵画に連なるものである。下絵師は綜絖屋と混同されてはならない。

ここから、絵画的な表象にとって重大ないくつかの結果が生じる。ここに三つの結論を挙げる。(a)たとえば、レンブラント*30におけるレース――コルレット、ラフ、ボンネット――の突然の巻き返しである。というのも、これらすべての極薄手のネットとその白さは、絵画をおびやかすことはなく、とくに当時は、刺繍が石版術によるタイプの大量生産、すなわち工場生産されることがなかったからである。(b)フラ・アンジェリコ*31における、別の策略あるいは別のタイプの反応である。衣服や外套は、たんに金の点や星によってちりばめられるだけでなく、そもそも柄に使用されるもの（花々、蝶、飛びまわる昆虫、葉むらと鳥、要するに織り地を染色するモチーフ一式）が、もはやケープの襞に配置されることなく、奇妙にも草原、帽子、木々を装飾する。それらは織り地の側に配置されるが、その中にではない――これは織り地を降格させ、意図された分離を実現する巧妙な手法である。(c)明暗（濃淡）法、唯一の光がもう少しもてはやされもするであろう。なぜなら、そうすることで、最も繊細でかすんだニュアンスのうまみを巧みに利用できない「トワル・パント」を当惑させるからである。〔絵画は、〕色彩、その振動、騒々しさ、けばけばしさをトワル・パントにゆだねた――これらほど容易には模倣できない繊細な反映のうちに、より巧みに逃げ込むために。こうして絵画は、工業製品から、すなわち過度に隣接するがゆえに危険な織り地の表現（同じ基体、同じ目的、デッサンとその色調）から、徹底的に一線を画そうとする。造形芸術家は、不可避的に〔インド更紗との〕隔たりを拡大し、「インド更紗」を絵画から排除した。ユーグ氏のこの結論は、本書にとって重要だと思われる。芸術家たちは、好むと好まざるとにかかわらず、激しく競い合うリヨンの封建君主たちのために「絹織物の秘教」に加わる。そうでない場合、たまたま彼らが装飾された衣服を制作せねばならない時には、彼らは根気よく加工された生地のみで満足する。女性たちが、非常に素朴にまた愛らしく彩色されたこの薄地の綿布を渇望する一方で、絵画のほうは、彼女たちにそれを纏わせることを拒む。絵画が、東洋人女性やトルコ皇帝の王妃をわれわれに提示する時でさえもそうであり、彼女らはあえて無地の生地で纏われたのだ。

宗教の側も、この解決、すなわち「（実際には、機械によって印刷される）捺染されたイメージに対する戦い」を助長した。これは、まったく異なってはいるが、ともに同じく排除へと至る二つの理由によってである。(a)イスラム教は、「偶像」を破壊し、その価値を失墜させた。すなわち東洋は、〔機械化に適した〕幾何学化され、様式化されたテーマのほうを好む。その結果、敷物は一種の抽象化された碑銘を普及させた。ところでヨーロッパの織物は、ここから多くの着想を得たのであり、これに引き続いて、非常に図式的で簡略化された聖像破壊主義の言語を引き受けた。いまや、こうした思想の浸透、ひそかな影響が非難されるのだ。(b)いずれにせよ織り地は、「表象」に実際に到達できない。それは、定義上、表象を反復し、その価値を低下させることができるだけだろう。それで織り地は、モノタイプ[*32]のうちに閉じこもり、いくつかの類似にもかかわらず、あえて絵画と競合しない。絵画の側は、絵画を保護し成長させる〔両者の〕分離を糾弾するのである。溝を広げよう。

そういうわけで教会は、法衣や亜麻の衣装、十字架などのシンボルで装飾されただけの清浄さを歓迎する。しかし教会は、装飾、豪華な典礼をも受け入れねばならないのだから、ブロケードや金の刺繡を必要とするだろう。それゆえ宗教と芸術は、製品を、それと同時に製品の再生産品（これは絵画に描かれたインド更紗、つまりカンバスの中のインド更紗ではないのだ）を法廷へと引き出すために団結する。これは根本的な批判なのか。大量生産、つまり価値の低下、模倣すらをもたらす反復に依存するもの、自動化された技術に依存するものが、低く評価される。その結果、さまざまな柄よりも、機械に依存しないもの、独自なもの、職人の所作が好まれる。人々はすでに、素材と織物的手法が本当の危険性への口火を切ることを理解した。

しかし、古くからの禁止はいつかは消滅するだろう。戦いが永続することはありえない。二重の和解の時が到来するだろう。

まず十九世紀に、芸術家たちは、危機状態にある産業に協力する。たとえば、オーベルカンプ製造所、ジュイ＝アン＝ジョザの有名な「カマイユ」[*33]の生みの親であるジャン＝バティスト・ユエ[*34]である。彼は、フィリップ・ド・ラサールを長とする勢力のあったリヨン学派を継承していた。絹織物界のラファエルであるフィリップ・ド・ラサールは、(とりわけエカテリーナ二世のためのロシア王宮や主にマリー＝アントワネットの王室という国王からの注文による)「グラン・デコール」を専門としていた。つまり、大変な量の花々でできたロカイユ装飾のブーケ、(列柱、噴水、壺という)お決まりの建造物、換言すれば、少し誇張されてはいるが、調和のとれた装飾物である。人々は織り地に、花飾り、アラベスク、多くのキジ、鴨、鳩をちりばめ、それを重量化する。しかし、こうした例外的な作業は、依然として織物工と飾り紐工に属している。

風景と動物を専門とするユエは、思い切って一歩を踏み出す。つまり彼は、シリンダーを利用した印刷のために「労働する」。プログラムを「販売する」。さらに彼は、二つの理由によって、われわれの目には奇抜である。①彼は、極度に細かく繊細なデッサンを造る。銅が木材に取って代わり、これによって、はっきりとした細かい線が容易になる。②彼は、ポンペイやローマにおいて支配的だった装飾すべて——寺院、祭壇、メダイヨン——と同様に、ポンパドゥール婦人が愛したシノワズリーを捨てる。一つの様式を発明し、完全に彼独自の「モチーフ」を提案する。主に、織り地の上に織り地それ自体という製作品を記入する様式を記憶にとどめておこう。この点が、強調されるべきである。彼は、ジュイ＝アン＝ジョザの工場で行われている作業の進行を主導するという意味で、イメージを独自の仕方で「動員する」最初の人々のうちの一人ではないか。画家による自画像が、予想どおりの人気を博したのと同様に、ここでわれわれは、印刷された織り地の表面への織り地の印刷、織り地自身による自己二重化のようなものを目の当たりにするのだ。漂白、縮絨、乾燥、水洗い、カレンダー掛け、襞付けなどの光景が倦むことなく継起する。諸々の建物や工員も見える。（少し青みがかった）ただ一つの色、きわめて細い線、仰々しさも甘ったるさもなく、いかなる洗練された属性もない。人は、簡潔さへと、また力強い図柄へと向かった。いまや、素朴で表現力に富んだ図柄を持ったこれらの綿織物に対する熱狂が見抜かれる。ユエの死によって、ジュイの工場は、「猟の光景」を提供することになるオラス・ヴェルネ[*35]を、またイポリット・ル・バをも当てにするだろう。こうして芸術家は、もはや工場に対しても（印刷された）「捺染された生地」に対しても嫌悪感を示さない。以上が、糾弾による戦いの後の和解の時期である。

壁掛け（タンチュール）はまもなく、壁紙との価格競争から生じた破格の安値を強いられたことを記しておこう。ユエは、オーベルカンプ[*36]のように、並行して働いた。彼らは、千代紙製造業（ドミノトゥリー）を促進させる。千代紙製造は、ジュイのクレトンを非常に巧みにまねるが、これは一七九八年における「紙用の篩い分け装置の発見に負うところが大きい。これを使えば、通常の小さな紙片の代わりにほとんど無際限のロールを製造することができる」[20]。つなぎ合わされる「断片」が小さいことで、それらが低く見積もられていた可能性があったが、この最後のかんぬきが壊されたばかりだったのである。リヨンの絹織物製造業者の造花デザイナー、ピエール＝トゥッサン・デシャゼルは、彼の手になる一八〇四年のテクスト（「絵画が商業芸術に与えた影響はいかなるものか。国家がこの影響から引き出す利点、なお当てにすることができる利点を認識させること」）において、「捺染された紙」（すなわち、これもまた印刷された）が突然優位に

立ったことを認めている。(21)

すべての「支持体」と装飾とのなんという敵対関係だろうか(色を塗られるものと、はっきりと優位を占める印刷されるもの、織り地と勝利を収める紙)。「トワル・パント(捺染綿布)」は、その利点(なかでも可動性である。簡単にそれらの配置を変えることができるのであるから)にもかかわらず、室内の装飾に関する優位性を喪失する。マコン地方のジョゼフ・デュフール*37は、トワル・パントの失敗を決定的なものにした。彼は、(一八〇四年に)紙上の「パノラマ」、すなわち連続し、町を模倣し、「パリの主要なモニュメント」を表現するさまざまな光景を流行させる。壁は、パステルカラー、黄色い藁、灰色の真珠、遠くまで続く眺望の諸効果、遠景によって、いわば書物を複写し拡大し始める。壁は、セーヌ川を思い起こさせ、われわれの眼下に、太平洋の未開人たち、ボスポラス海峡の沿岸地帯、イタリアの風景をつねに表現してみせる。デュフールは、住まいの芸術とその装飾の問題を、唐突に錯綜させ刷新する。二十世紀の初頭に「ジオラマ紙」は、一挙に絵画と壁掛けとの間に入り込んだ。それは、両者の最良の部分から恩恵を受ける。つまりジオラマ紙は、部屋に情感を与えることで、そこを占領し、古くからの競争相手を脱落させる。それら敵対者は、ジオラマ紙のために、火中の栗を拾ったのである。低価格と配置転換が容易なことによって、その成功が説明される。

この挿入部分を締め括ろう。本書が現在行っている論証を完成させるために、かつて敗北したものが、十九世紀の終わりと二十世紀において、さらには現在でもなお見事に報復していることを示しておこう。織り地は、捺染されることが少なくなり印刷される(つまり機械化される)ようになった。古典的な芸術は、長きにわたり勝利を収め、この織り地を排除したのである。しかしわれわれは、二重の転回に立ち会う。今しがた見たように、芸術家は織り地の「生き生きとした活気のある光景」（ジュイ）に協力する（メンタリティーの第一の転換）だけでなく、第二の議論ともう一つの激変が生じた。芸術家が、彼の画架あるいはアトリエに戻る時、彼は自ら装飾製作のかつての技法を持ち込む。したがって、間接的に造形作品の創造に侵入し、その創造を操作するのは織り地なのである。

リヨンの画家たちは、この大逆転を促進した。実際に、絹織物のデザイナーの多く（若干名前を挙げておくならば、アントワーヌ・ベルジョン[*38]、ジャン・ピルマン[*39]、フランソワ・ヴェルネイ[*40]、ユジェーヌ・ブルイヤール[*41]）が、高く評価されている彼らの作品に、厳密な力学ではなく、工業的な手法を移し入れた。

実際、花々、昆虫、鳥の装飾家たちは、簡略化された力強い「主題」を提案せねばならなかった。なぜだろうか。工場が、それを要求していたからである。一方で、人々は豪奢な宮廷の時代に別れを告げた。人々は、十七世紀と十八世紀のビロードとリヨンの絹織物を飾っていた複雑な花々から決別した。衣服と織り地が、大衆化する。それゆえ、これらはさほどの気取りを要求しない。他方で、衣服はその華麗さで、それを纏う人、すなわち「衣服に包まれる」人々から輝きを奪う必要はなかった。

そういうわけで絵画は、リヨンにおいて、少なくともこのリヨン学派において、基本的なものと強烈なものへと向かう傾向、つまり絵画を表現主義とナビ派[*42]の芸術へと近づける一つの図式主義を経験した。

より巧みに論を進めるためには、大きな図像を当てにするのが適当だろうが、代わりに、われわれが

「(生物) 組織」と呼ぶ絵画の特徴を示すだけにしておこう。(a)これは、その飾りのなさと様式化によって、それゆえしばしばヒルガオ、アヤメ、セイヨウアジサイの基本的で粗野な構成、あるいはたいていは少し素っ気ないが、軽く渦を巻く非常に生き生きとした花によって認められる(フランソワ・ヴェルネイ)。(b)エピナルのイメージの彩色、ベルジョンにおける「プープル・アンファン」の芸術、喧騒ではないとしても、きらめき、輝きの芸術は、いまや終焉を迎える。(c)「一様な色合い」、色調の限定的な還元が支配的になり、時折「エジプト調」と呼ぶことができるような描線にまで到達するだろう。(d)極限においては、ステンシル、幾何学化への傾向、格子縞と断ち切られた線を嗜好する傾向が見出される。

いずれにせよ現代の芸術家たち(ラウル・デュフィ[*43]、ソニア・ドローネ[*44]、タル=コート[*45])は、絹織物製造業者のために働いたし、現在も働いている。こうした事実は、本書の指摘が仮説ではないことを示している。彼らは、ストライプ縞やただの斑点からなる効果の価値を認めさせ普及させる。彼らが服飾の世界へと導かれたと同時に、スカーフ、スカート、イブニングコート、ドレス、ブラウスは、抽象作用の「支持体」になる。

現在の芸術は、街頭で、揺れ動く衣服の上で鑑賞される。細縞と対角線の真ん中に、花々(ぼかされた散らし模様)が認められる。最も頻繁に見られるのが、穀粒の集まり、交差する複数の線、入り組む複数のヴォリュームである。これは、「衣服-絵画」ではなく、一つの絵画である。この絵画は、嫉妬心に駆られて(服飾から)独立しようとするのではなく、町の中に巧みに入り込み浸透する。われわれは、反復され、素っ気なく、幾何学化された芸術を目の前にしているが、こうしたことが非常に巧みになされたので、織り地があらゆるものを吸い込み、さらには「覆って」しまい、もはや絵画、壁掛け、染色は区別されないのである。

非常に近接した他の活動が、同時に造形芸術に影響を与えていた。(a)ステンドグラスの芸術、ここからは、結果としてタイルとその嵌め込みに類似するグラフィスムが登場する。(b)トゥルーズ＝ロートレック[46]が参加することになるポスターやカレンダーのイラストというアングラ芸術。彼は、これをはっきりとした単純化する描線へと導く。(c)最後にわれわれは、ドガ[47]が利用した手法であるモノタイプ石版印刷に重要性を認める。

これは、どのような手法だろうか。滑らかで耐久性のある板の上に、ドガは防染剤で描く(彫り込まれてはいないデッサン)。つまり一般的には、モノタイプ版画師がぼろ切れで拭い取るのに対して、彼はタンポンや筆、鋲を使ったり、指だけを使って、インクないしは下塗りを取り除く。こうして明るい部分が、立ち上がり、黒い部分からくっきりと浮かび上がる。また、過度に急速な乾燥を避けるために、少量の水を混ぜた油性インクを使って、生き生きとした力強い描線を直接描くこともできるが、この第二の手法は、第一のものより成功を収めてはいないようである。この後、原型にわずかに湿った感度のよい紙が押しつけられる──型押し(エスタンパージュ)──。第一刷は、第二刷に対して際立つことになる。まして、より精彩のない第三刷に対して際立つことは言うまでもない。これ以上刷りを重ねることはできない。ドガはすすんで、鉛筆やガッシュ[48]までも使用して、結果を引き立たせたり手直ししたりした。しかし彼は、概して灰色、暗黒色で満足した。なんという偉業だろう。この手法においてドガの心を捕らえたにちがいないものは、モノタイプがデッサンを反転させ、エクリチュールへと過度に接近する（つまり、本は左から右へと読まれるのであるから、書物へと接近する）「右派」の名残を消し去ってしまうことに由来するのだろう。加えて、彼はこの疑似写真術における驚嘆すべきものの一部として、その速さを評価する。しかし、――この貪欲で大胆な画家における――「装置」、印刷術に対する間接的な情熱を、とくに記憶しておこう。つまり、諸々の風景画は、いくつかの線や染みへと還元され、再生産が創造の中へ入るのである。

なぜこれらの最後の指摘が必要だったのか。繊細な表現力と「外光派[*49]」および諸々のきらめきとは反対に、印刷が市民権を獲得したばかりだった。芸術家は、純粋かつ特有な表現技法に対する慢心を捨てる。ついに彼は、いわば物質に助けを求める。めっきの張り付けが、芸術家に力を貸し与える。すでに見たように、デュビュッフェは、この手法から着想を得ていた。これもまた、進歩し純粋な造形性のうちに入り込むことに成功する「織り地」の勝利ではないか。われわれは、このことを禁じ、糾弾したが、織り地はこの流れを逆転し、検閲を打ち破ることをやめなかった。

第4章

物質と現代テクノロジー

MATÉRIAUX ET TECHNOLOGIES MODERNES

物体と混合物

ここでは、技術に関する今日のいくつかの偉業に言及したいのだが、そうすることで物質をよりよく理解できると考えている。われわれは後に、いくつかの典型的な事例を分析するが、いくつかの事例とは言っても、実はそれらは、溶接の可能性（「糊、接着剤など」）と解きほぐしの可能性（「広げることと諸々の薄膜」）という相反する二つの観点のもとで観察された、ただ一つの事例である。

本書は、溶接と解きほぐしというこの二つの操作に依拠するが、これらの操作は分子レベルで把握されたものである。現代人は、先人がたんに包括的で、肉眼によって可能な仕方で、つまり実際のところ不完全な仕方で遂行していたことを、微細なレベルで行うことに成功した。(a)一方で、断片の結合である。たとえば、鎹(かすがい)による接合、柄付け、鋲打ち、ボルト締めであり、合金製造、乳化、化合物の産出、吸収もそうである。例を挙げればきりがない。(b)他方では、分離である（木を裂く、石を細かく砕く、挽く、抽出する、濾過する、分割する、引き剝がす、上澄みを取るなど）。結びつけるか、切り離すかである。しかし伝統的な製造が、とりわけ外部を加工したのに対して、後で見るように、現代の製造はこの外側の「内部」に挑戦する。

ここでは、二重になったただ一つの目的を提示するということを想起しておこう。すなわち、現代における物質の迷宮（セラミック、重合体、結晶体、ガラスなど）の中により巧みに入り込み、またそれらの非常に多様な配列（場所－表象）を識別する方法を見出す。すなわち、それらの構造から出発して、それらの機能的な性格を演繹することをも学ぶ。基体とその諸能力を結びつけねばならない。唯物論哲学は、これを要求する。

いまやわれわれは、「現代の素材」に、独自の様相と特性を認めることができる。「脱物質化」の傾向を過度に持ったある哲学にとっては、いわゆる外的な基体および外部は、意識と同様の仕方で理解される。それゆえ、それは単純で、同一である。ところがテクノロジーは、物質を過度に貧弱化するこうしたアプローチにすぐさま反対する。

真の唯物論の本領は、延長するものが有する汲み尽くしがたく、絶えず刷新される豊かさを認めねばならない点にある。なぜなら唯心論は、それ自身が劣っていると判断したものを過度に単純化したからである。

そもそも、唯心論者自身が「唯物論者」という語に（非難めいた）意味を与えたのだが、この（非難めいた）意味で「唯物論者」と規定されるべきなのは、当の唯心論者である。物質および否定的な物という、この怪物を創造したのは、唯心論者たちだったが、それは自分たちを巧みにこの怪物から分離し、とりわけ有利な立場に置くためだった。彼らによれば、上位のものを下位のものへと単純化すべきではないが、まず（唯心論者によって不当にもそう見なされている）上位のものが下位のものを単純化すべきではないのだ。下位のものはいっそうの考慮に値するからである。いわゆる下位のものは、上位のものより豊かであることが判明するし、またとりわけ両者の区別は、意味をなさない。なぜなら、両者は分離されるべきでもないし、分離されえないからである。思考の本領は、客観的な諸構造を扱い、より複雑化できるという点にある。同時に思考は、それ固有の諸機能（微細なものを記録できる重要な「センサー」を土台とした、人工知能、記憶と記憶装置、感覚など）を、それらの構造に譲渡することができた。本書は、「ソフトウェア」と「物質」を区別する語彙の二元性を保持し承認することを望まない。なぜなら、そうすることは、ソフトウェアが組み立て装置の製作からなり、電気回路がプログラムを含むことを忘れることだからである。そもそも人々は、この点について間違ってはいなかった。人々は、文明に金属や合金の名を与えた。石器時代、鉄器時代、青銅器時代の後、十七世紀と十八世紀には、鋳鉄と鋼鉄の時代が、さらに後には、アルミニウムのようなより軽い金属の時代が続く。現在、われわれの社会は、急速な伝達を可能にし、それだけでなく選択性（あるいは配向）をも可能にする諸要素の利用、要するに人間の諸活動に近接した資材に依拠している。かつて人間は、とくに一つの矛盾、つまり耐久性を持つが、伸ばし、曲げ、変形できる固体の矛盾を活用した（可延性と可鍛性、しなやかさ。たとえば人々は、銅が望む形をとるように、石で打っていた）。現在、われわれは非金属（炭素、リン、硫黄、ネオンなど）を利用できる。そのほかに、たとえば電磁気を使用した暗号化による記録のように、使用可能な諸々の素材は、記号の伝達、伝導、保存を促進している。どのようにして、文化的な生活と物質的な資源との緊密な関係を信じないでいられるのか。両者は分離できないだろう。

これは、極端な主張だろうか。ガストン・バシュラールが、彼の優れた著書である『合理的唯物論』の中で主張していることは、まさにこの点である。本書は、この主張から離れることなく、その哲学的な指示を取り上げ直したいだけである。彼は次のように書いている。「もしわれわれが心理学者に、心理学的な組み合わせは、化学的な組み合わせに比して、数が少なく、繊細さも欠いていると語るとすれば、彼は衝撃を受けるであろう。しかし、実際には、現代化学における観念と実験の産出は、人間の記憶、想像力、理解力を凌駕している」[1]。さらに、「時代遅れの幽霊と戦っている哲学者が、数多く存在する。伝統的な唯物論は、素材を持たない唯物論、まったくの隠喩による唯物論、その隠喩が科学の進歩によって次々に根絶やしにされた一つの哲学なのである」[2]。本書は、これ以上のことを示すつもりはない。ただ、非常に鋭いこれらの指摘を敷衍しようと努める。

このネオ唯物論について手短に眺望していただくために、ここではまず諸々のコンポーザンと液晶という十分に近接した二つのタイプの重要な現代の素材に専念したい。ここでは、物理化学の論文を書くのではなく、質的で記述的ないくつかの指摘で満足するだろう。ただ、「物体」という観念の汲み尽くしがたさと変化を明らかにしたいのだ。なぜ、コンポーザンと液晶を取り上げるのか。それは、これらのミクロ集団が、最も古くから存在し知られてもいる枠組みを混乱させるからである。この事実を利用しよう。実際、物理化学では、純粋な物体、完全な気体、緻密な諸分析、計量可能な化合物の重要性（プルースト）[*1]について学ぶ。ところがわれわれが記憶している人々は、これとは反対のものにより高い評価を与える。つまり、綿密に準備されたいくつかの錯体（コンプレックス）、諸々の非規則性、固溶体、非化学量論的組成（στοιχεῖον、分割できないものとΜέρον）、いくつかの混合物（メランジュ）である。これらによって、われわれは一つの化学へ、あるいは非イデア化された物理学へと、すなわち反プラトン的なハイパー物理学へと向かう。

さらに本書は、ある人々が完全に終結したと考えている論争をあえて再開する。この論争は、十九世紀の初頭に勃発し、プルーストとベルトレを対決させた。用語のうちに残されたドルトン説[*2]とベルトレ説との対立はここから派生する。哲学的であると同時に科学的な諸結果をもたらす論争は、単なるアマルガムや溶液、さらには過飽和物と混同されてはならない「諸化合物」を分離するものに関係している。一方で、固定された割合を持って厳密に構成された「明確に規定された物質」が認められる。他方において、われわれは醸造（ブラサージュ）されたものや雑多な混合物（マグマ）という可変的な混合物を認める。たとえば、水の中に好きなだけ葡萄酒を入れることができるし、その反対も可能である。両者を混ぜ合わすのである。哲学者たちは、こうした混合物（ミクスチュール）、（フルーツの混ぜ合わせの意味で使用される）マセドワーヌ、モザイク（舗装と断片）にけっして重要性を認めない。彼らは、原則として明確に決定され、その結果、確実で安定した諸特性を持った「本質」を持つものを特権化する。既知の化合物（コンビネゾン）か、それとも混合物（ミクスト）か。しかし、諸物体あるいは諸要素が、連続的に変化する結果を生み出すのか。あるいは、それらは測定可能で不変の諸規則に従うことによって結合可能である時に、結びつくのか。これが問題である。双方の加担者の過剰がいかなるものであったとしても、あの点やこの点において豊かである「塩」が産出されることはないだろう。結合は、いくつかの数の法則に従う。プルーストと後のドルトンは、この中間物非介在の立場、定比例の法則の立場を擁護した。これに対してベルトレは、「変動する力」〔質料作用の法則、複雑に入り組み、加算される量の不安定性〕を支持した。一方は不連続性を、他方は連続性を主張する。[*3]
ベルトレは、以下のように述べる。これは、プルーストによる引用である。「化合が可能となる境界から、それが最終段階に到達するまで、酸素の割合を徐々に変えることができることを、私は示さねばならない。以前には、この高名な化学者が漸進的な酸化の理論を依拠させるところの諸事実が見出される。彼は、この理論を私がさまざまな機会に表明した理論に対置するのだが、その私の理論とは、周知のようにその基礎が、概して燃焼は〔漸進的な酸化とは〕反対に酸化の固定された閾で停止することであるとする理論である」(3)。
しかしながらプルーストは、いくつかの難題を前に、鉄の酸化物ととりわけプルシアンブルーに関する異論に対して一つの巧妙な反論を見出していた。というのも鉄の硫酸塩は、第一鉄あるいは第二鉄、緑あるいは赤という二つの種として現れるからである。同様にここでは、これと並行してフェロシアン化物とヘキサシアノ鉄酸塩を認めねばならない。前者は白く、後者は青い。これはこれでよいだろう。[*4]
しかし、プルーストにとって、以下のことが排除されてしまったわけではない。第二段階において、二つの明確に規定された塩が混じり合うことがあり、これがいっさいを混乱させ、われわれにとって不確かなまとまりに相当する。われわれは、二つの不変物の可変的な結合を目の当たりにしている。ここから、ほとんどいかなるものでも、どれだけの量でも、条件次第では何にでも結合可能だと結論しないでおこう。非常に相対的なこの混合可能性は、ある限界の内部でのみ妥当し、あるいは作用する。要するに、この混合物（メランジュ）によって、真の化合物（コンポゼ）が問題とされているのではない。つまり後に、とりわけ共融混合物と共沸混合物の発見によって、分析が複雑になり分離を遅らせるとしても、二つの異質物をすぐに簡単に分離できるだろう。

不規則性は、二つの規則的なものの接合であり、こうして算術に依拠する化学がその権利を再び獲得する。これは巧みな反論である。しかし、この知識が放棄されることはないにせよ、二十世紀においてわれわれは、ベルトレ主義の力強い回帰に立ち会う。それは、不純物を加えられた（活性化された）素材あるいは物質、不安定なもの、不足や不完全性を含む物質、それゆえ移行に有利な物質――本書において反プラトン的物理化学と名付けられるものに有利な物質――が考慮されるという意味においてである。

複数の要素

いずれにせよ、はじめにわれわれは、コンポジットとコンポーザンの混沌を、質的に提示したい。それらはほぼ類似しているにもかかわらず区別されるだろう。近接関係にあることは、ごくわずかな隔たりがあることを妨げない。本書では、この章で、一つの統一性（鉄）について非常に長い指摘を行うが、この統一性は、多様性を収容する統一性であり、過度に要素主義的でそのうえ基礎的な化学を当惑させる。

同一の固体あるいは結晶のなんらかの相にいくつかの（形態的なものではないにせよ、機械的、視覚的）性質を認めると仮定すれば、同一の組成がそのうちに二つあるいは数個の同素性のシステムを内包しようと試みうることは、まったく不可能というわけではない。さらに、この「コンポジット」の特性は、その構成要素の特性を越え出ている。つまり、AにA′（同一物の別の現れ）を加えると、未知のA″（コンポジット）が産出される。

明確にしよう。そのために、真に変幻自在なものであり、本書の指摘と鉄という素材を例証できる鉄原子のみの検討に入ろう。それは、同時に本書の問いのうちの一つを解決する助けとなるだろう。物質の組成を解明するだけではなく、とりわけいくつかの原則のみを使用して、どのようにしてこの組成によって、一般的な範疇ではないとしても、分類に抗うような多様性が可能なのかを説明するという問いである。鉄のある断片と別の断片が同じ構造－機能グループに入ることがあるとしても、その断片がその別の断片と類似することはけっしてないだろう。ここでは、見かけの上では限定されている出発物質によって無際限なものを創造するという、化合のより一般的な問題に関係する。この産出をどのように理解すればよいのか。

鉄によって、物質は自らがさらされていた二つの批判を即座に回避する。(a)物質は統一性を持つものだから、限界を持つものであるという批判。(b)ならびに、物質は多様性を内包するのだから、多様性の中で消滅してしまうだろうという批判。反対に、物質は、統一性と多様性という、これら二つの極の交差点で把握されねばならない。つまり、組織化された多様性、秩序づけられた数多くのタイプの無秩序として把握されねばならない。

それゆえ本書は、ある側面（とりわけ物理的側面）において同質であると同時に異質であるが、一つの総体を実現するために、一つ一つ加算されうるようなすべての要素を「コンポジット」と名付ける。またこの実現される総体は、自分自身を構成する単位に対してまったく新しいものである。総体を獲得しても十分ではなく、それを説明できる分子レベルの基礎へと関係づけるべきだろう。ここでは、一種の上位構造を目前にしているのであり、その鍵を重要なものとして提供するであろう。

本書では、分析の中心で、鉄という比類のない可能的コンポジットについて詳しく説明せねばならない。鉄は「伝統的な物質」と呼ばれ、現代的な素材（電気光学素子や可能的なセンサーはもちろんのこと、フッ化ガラス、半導体、ランタノイド、弾性体）から区別されると考えられている。しかし、そう急がないでおこう。問題となっていた名高い「グラスファイバー」のように、古いものが新しくあるいは若々しいものになりうることを、学者たちは指摘した。グラスファイバーは、レオミュールによって発明された。彼は、それを壁掛け、敷布、衣類として利用しようと考えていた。他の多くの不都合にも増して、値段の高さによって、グラスファイバーは敬遠され、忘れ去られた。一九六〇年頃、それはプラスチックの強化のため、また伝達技術（減衰を伴わないグラスファイバーによる伝達）において舞台の前面に戻って来る。同様に、古くからのもの（銅や鉛）は、絶えず変化し、失効したものと今日的意義を持つものとの対立は維持されないほどである。（金属、陶器、紙のような）「固い」ものと（ポリマー、液晶、ゲルのような）「柔らかい」ものとの分割が基本的だと思われるとしても、本書は同様に、この対立も保持しないだろう。科学技術は、長い間頑なにさまざまな固体だけを利用したが、今日では無定形の固体、粉末、プラスチックという「中間物（メディアン）」、人間が開拓することになる広大な領域（柔らかいもの）へとますます向かっている。しかし本書は、この分割を重要なものと見なさないだろう。この分割は、やはり不明瞭な基準に依拠しているからであり、またわれわれが後に取り組まねばならない中間的な事例（複数の相を持つもの）を前にして揺らいでしまうからである。

鉄、原子番号26

$1s^2, 2s^2, 2p^6, 3s^2, 3p^6, 3d^6, 4s^2,$

は、単体の科学を絶えず錯綜させてきた。なぜなら、それ自身がすでに「金属／非金属」として、金属と非金属とのあまりに狭い（存在しない）断層という交差点において規定されるからである。実際には、隣接し連続しているとはいえ、明確に区別される四つのカテゴリーを認めねばならない。金属、それから遷移金属（まさにわれわれの鉄）、半金属あるいはメタロイド（これらは、自らが写し取り、いくつかの側面において類似している金属と同じ外観を持つが、その金属のすべての性質を共有するわけではない。たとえばこれらのうちの一つであるゲルマニウムのように、電導性を持たない）。最後に、非金属である。メンデレーエフの周期表は、この錯綜を解きほぐしはしない。なぜなら、この錯綜を柱、水平列、枠からなる一つの建築物として理解するのではなく、まさに「対角線上に配置する」ことが重要だからである。たとえば（遷移金属を除いて）表を下に行けば、あるいは右から遠ざかれば、金属的な性質が必ず規則的かつ漸進的に増加するというように、周期表のうちに、諸元素の配置を認めるのではなく、それらの間の移行を認識すべきである。それゆえ鉄は、定義からしてすでに両義性を担うことが明らかなので、われわれを引き付ける。鉄は、本書が擁護する哲学、つまり、当惑させることはないが、汲み尽くしがたく豊かでさえある物質についての哲学に呼応する。物質は、絶えず発見され、あるいは発明される。その結果物質は、多彩な技術を可能にする。

本書の主張に対して、製鉄業の消滅やあらゆる冶金業（採掘、それから製鉄）の消滅、工業におけるいくつかの限界を引き合いに出して反論がなされるかもしれない。しかし、こうした反論は思い違いをしているのだろう。いわゆる金属は、ほぼ一〇年ごとに変化している。つまり一九八五年の金属は、一九七〇年のそれとはまったく似ていない。あまりに停滞的な工業、それ「固有の物質」を十分迅速に変革しない工業のみが、不幸にも凌駕されたのだった。

鉄はそれ自身で、使用法の変化と同時に構造の変化を要求する。これは驚くべきことではないだろう。というのも化学的に言えば、鉄は金属の諸性質と非金属のそれらを同時に綜合するからである。実際のところたしかに、鉄は電子（まず4s軌道の二つ）を非金属へと譲り渡すのだが、それは金属とは異なり困難を伴う。ナトリウムやカリウムのような金属が、激しくかつとりわけ直接的に反応するのに対して、鉄はゆっくり錆びる。これは、身近な証拠である。物理学的に言うならば、これらの「いわゆる遷移金属」は、「典型元素」より少ない可鍛性を持ち、それゆえそれらより堅固であることがわかる。（その構造から理解すれば）それらは、より多くの価数を持つだけである。とくに鉄は、二個の電子（二価

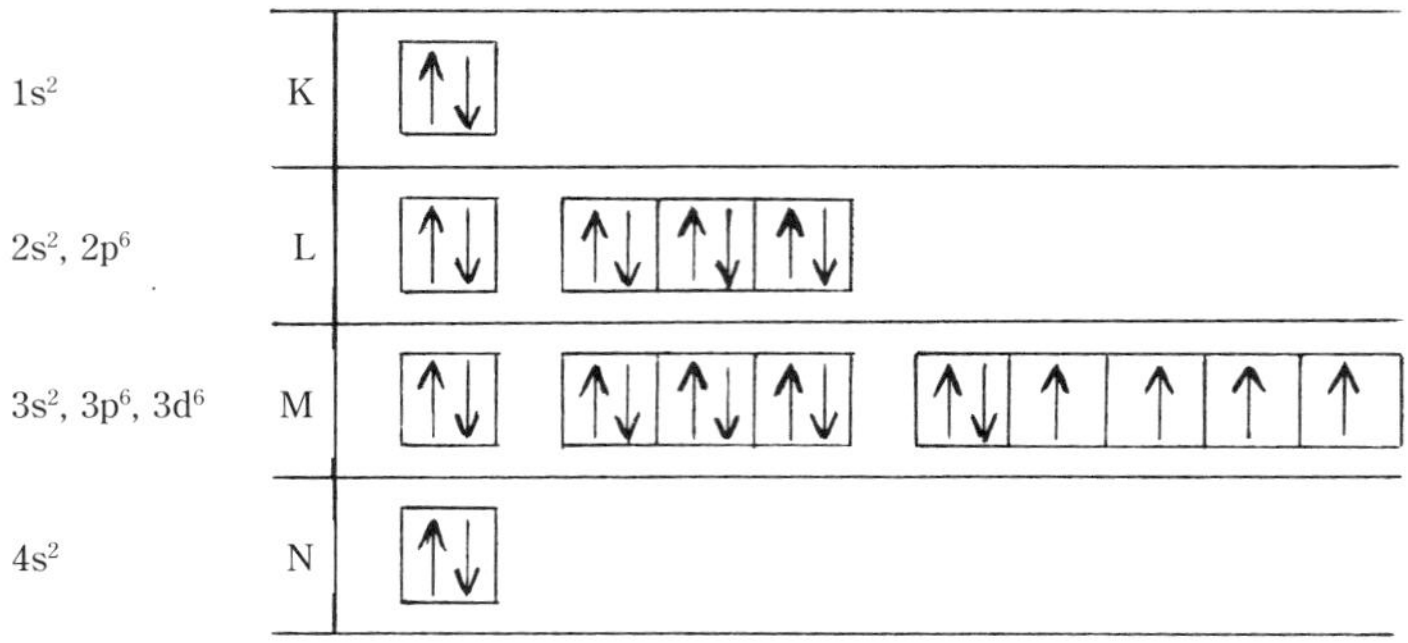

図1

の鉄、Fe^{2+}）だけではなく、三個の電子（三価の鉄、Fe^{3+}）を喪失する可能性を持つ。これによって、周知の二価性が出てくる。

ここでは、はっきりとそれを記述してみる（図1を参照）。こうして、次の二重の事実が鉄にとって特徴的である。①$4s^2$が電子の一つのペアによって占められているという事実。また、②第三殻d^6のただ一つの下位準位のみが二個の電子を持ち、残りの四つの下位水準は、「不対電子」のみを持つという事実。二価鉄は、$4s^2$の電子（N殻の二個）を譲渡したものだと容易に理解されるのに対して、三価鉄に関しては、$3d^6$の唯一の電子ペアの喪失を認めねばならない。ここから、三価鉄は次のようになる（図2を参照）。

しかし、この電子の構造式といわゆる遷移金属への（不飽和な殻への）連続的な依存関係から、われわれは即座に、化学者が演繹可能な、この唯一の分子構造が課す異論のない三つの結論を導出する。化学者は、以下のことを演繹できる。

(a)その三環（コバルトとニッケル）の反応性のように、鉄

3d⁵ 

図2

の反応性は $3d^6$ と $4s^2$ に依存しているのだから、その原子価の範囲を拡大せねばならない。鉄は、一つの電子を失うことで 2^+ から 3^+ へと移行するのであり、その一団は電子を八個（$3d^6$、$4s^2$）含むのだから、電子をさらに譲ることが可能なはずである。しかしながら、酸化の極限は、六を下回ることはないだろう（鉄(Ⅵ)の鉄塩酸）。したがって、鉄はアルゴン（原子番号18）と一致しない。それでもやはり鉄は、通常のもの（二価の鉄と三価の鉄）よりも程度の高い酸化を含むのだから、われわれの目には複雑さを増すのである。

さらにわれわれは、二個の水素分子が鉄に二個の電子をもたらす時（たとえば、カルボキシル基を有する鉄という水素化物において）には、鉄に1と2の原子価が存在することを知ってもいる。鉄は〔電子を〕提供するのではなく、捕らえる。鉄イオンは、スペクトルへと変換される。

(b) 鉄は、六水酸化鉄 $Fe(H_2O)_6^{2+}$ の型に属する数多くの錯体のうちに入ることができるが、これは鉄の構成によって説明される。実際たしかに鉄イオンは、水溶液において――いわばアルゴンの水準まで下降することができないので――、六個の水分子の六個の酸素原子に捕らえられ、共有結合を介して、共有電子対によって完全になることができ、こうしてこの付加‐安定により、クリプトン（原子番号36）に類似したものになることができる。ヘキサシアノ鉄塩酸（すでに問題となっていた、いわゆるプルシアンブルー）やフェロシアン化物は、これらのとくに安定した結合を示している。

われわれは、下部配列の性質のような存在を確認するが、このことは、とりわけ磁性や色という特性あるいは性質の変化を介して、後に手短に示されるだろう。二つの手続きは一体であり、相互に補強しあう。つまり、現象上の諸変化は、下部の配置のうちに反響しており、この配置はそれらを記入するはずだが、われわれはそこから期待すべき諸結果を引き出すことをも学ぶ。われわれは予測できる。こういうわけで、とりわけ鉄の塩において、色合いの単なる変化によって、その土台となっている基体をよりよく表現できるであろう。誰が、図と地を分離しようとするだろうか。

しかし、本書にとって、問題がすべてここにあるわけではない。本書は、鉄原子が実際に「鉱物の宝庫」すなわち無際限の多様性を収容していることを、誇張することなく明らかにしたいと強く望むのだから、この先まだまだ苦労は続く。おそらく鉄原子は、過去にではなく未来により多く依存する。鉄原子は、「唯物論的な」と言うよりも、「物質化を行う」（絶えざる物質化を支持する）本書の態度表明を例示している。鉄原子が、汲み尽くされることはけっしてないだろう。そもそも、未完であることは、鉄が依拠する工業の本領ではないか。続いてネオ鉄とますます特殊化される派生素材の製造は、調合、精錬、結果を一変させる道具や器具を可能にする。同様に、必要な変更を加えるなら、人間がエネルギーを消費するほど蓄えは枯渇するが、人間はまた集中的な活動へとさらに到達し、探査と開発を可能にする手段をより多く備える。あらゆるところでわれわれは、好都合で重要な遡及的効果を目にする。われわれにとって、鉄は恒常的な濃縮（濃縮されたウランについて語られる意味において）が可能な要素であるように思われる。鉄は存在するのではなく生成するのだ。

物質のいかなる一断片も他の断片と等しくないという、本書の哲学的命題へ戻ろう。そして工業は、物質のこの多様性の範囲を拡大する責務を負っている。おそらく人間同士は、〔物質の〕諸要素とそれらの化合物（コンポゼ）が相互に類似している以上に相互に類似している。たしかに人間同士は、心理学的にも異なり、また一卵性双生児を除けば身体的にすら相違している。しかしながらこの相違は、依然として生命物質的な基体を指示している。こうしてわれわれは、自分が描いた円環から出ることはない。分子は、ある無限の広がりによって見失われ、そこで溶解してしまうが、この無限の広がりとけっして一体化することなく、識別することも認識することも禁じることで、次の二つの極を結びつける。一方の極において分子は、諸機能、構成原子のいくつかのタイプの結合、動体の幾何学、変換の動力学を含んでおり、それゆえ分子に関するさまざまな法則と公式が存在する。しかし、他方の極では、分子が〔そうした法則や公式では〕ほとんど汲み尽くしがたい存在であることをも認めねばならない。

技術者は、物質の諸々の潜在性を活用し明らかにするだろうから、結果として物質は、その現れと拡大の歴史から切り離されることはない。本書が後に理解するように、工業は、さまざまな「素材」を発明し、資力を欠いていたとは言わないまでも、少なくとも方法を欠いてはいた自然を救済する。実際に自然は、集積し、それゆえ混合する。自然から、それが微視的に閉じ込めているものと同様に巨視的にしまい込んでいるものを取り出さねばならない。さらに自然は、すべての可能性を利用しない。なぜなら工業は、温度や圧力を変化させ、上昇させるのに対して、自然は安定し冷却された諸状態に優先権を与えるからである。工業は、分子を結集するエネルギーに従属させるだろう。このようにデミウルゴス[*5]は、自然がもはや産出できないものや自然それだけでは産出不可能なものを、闇から取り出す。要するに、宇宙は諸々の平衡状態へと向かうのに対して、化学者は分析し、〔平衡状態へと向かう速度を〕減速させることに卓越している。

　鉄は、現代のパラダイム、われわれにこの無尽蔵で未完の自然とその変換する歴史を発見させるはずのパラダイムであり続ける。鉄は、数多くの化合物（コンポゼ）、よく知られる二価の鉄の錯体（コンプレックス）と三価の鉄の錯体（コンプレックス）に含まれる。ここで鉄は、とりわけ（より広い有機鉱物というグループのうちの）いくつかの有機金属のうちに複雑に入り込んでいる。

　本書は先に、二価と三価の二つの鉄イオン（Fe^{2+}とFe^{3+}）が存在することに言及しておいた。しかし両者は、いくつかの総体のうちに組み込まれることができる。プルシアンブルーは、まさにその一例を提供する。もう少し説明せねばならない。実際に、いくつかのフェロシアン化物とフェリシアン化物が獲得されるだけではなく、全体を膨らませるために、三価の鉄のフェロシアン化物――たとえばプルシアンブルー、三価の鉄のフェロシアン化カリウム――をも産出することが欠かせないだろう。ヘキサシアノ鉄酸塩（ベルリンの緑）と二価の鉄のフェロシアン化物という他の二つはもちろんのこと、二価の鉄のフェリシアン化物も生産される。ここに、一挙に1-2、2-1、1-1、2-2という四つの錯イオンが生み出される。われわれは、貴重な四つの会合（二価鉄のフェロシアン化物、三価鉄のフェリ

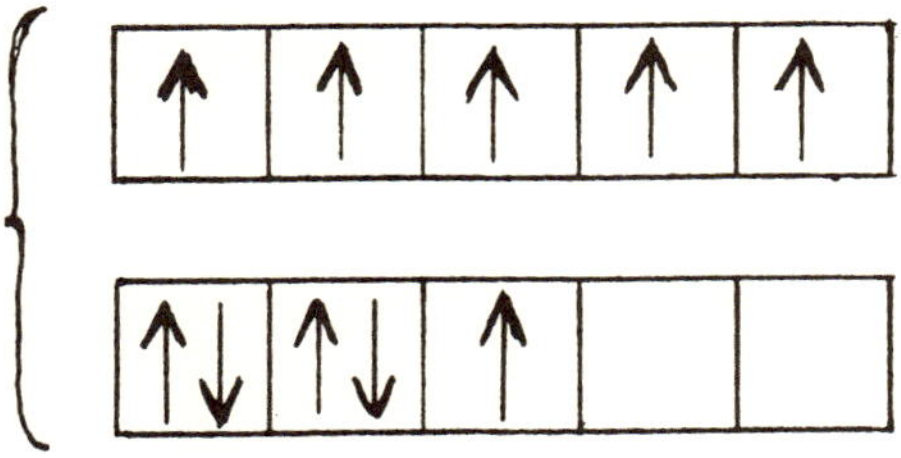

図3

シアン化物、二価鉄のフェリシアン化物、三価鉄のフェロシアン化物）としての価値を有する、こうした類の天の恵み、初期の生産性を喪失したくない。再びここに立ち戻ろう。

(c) しかし本書は先に、〔鉄の〕構造式を検討することだけから導出された三つの結論を告知した。ここでは、第三の結論へと到達する。それは依然として、十分に光り輝く多形性を支持するものである。

s軌道の電子が、場合によっては後戻りし不飽和なd軌道のうちに滑り込むことができると想像しないのはどうしてだろうか。場合によっては可能である再組織化について考えないのはなぜだろうか。ここから鉄の多様な作用が生じる。鉄は、鉄でないものにもなる。事実、二価の鉄イオンの六個の電子は、弱い場においてはたしかに四個の区別される不対電子を持つ（前掲図1を参照）が、強い場においてそれらはペアになって再編成される（ここから第二の配置が出てくる。図3を参照）。

ここで問題となっているのは、「同一物」のもう一つの配列だと、人は主張するだろう。たしかにそうなのだが、この配列は別のいくつかの「様相」を引き起こす。――たとえば、常磁性から反磁性への突然の移行だが、これと同時に、こちらもまた基体と電子配置の変容から分離できない色の諸変化も生じる。

二価の鉄と三価の鉄のイオンが、しばしば有機金属の中に複雑に入り込んでいるという事実を、本書は強調した。〔体内の〕ヘモグロビンは、その一例を直ちに提供する。しかし、それらの中でも、フェロセン（$(C_5H_5)_2Fe$）には化学概論によって特権的な場所が与えられる。なぜならこれは、二個のペンタジエニル環（C_5H_5）から等距離に位置する中心に鉄の原子が配置されるという、いわゆるサンドイッチ構造を持った化合物の典型だからである。こうしてフェロセンは、二個の環（二環ペンタジエニル鉄）の一〇個の電子のおかげでクリプトンの配置に到達する。化学者は、こうしたすべての飽和した分子を十分に検討しなかったが、これらの分子は結合し新たな種（ダブルの塩であるが、フェロシアン化物とヘキサシアノ鉄酸塩のような「錯体」）を生み出す。こうした総体において、中心の原子は遷移金属（コバルト、ニッケル、もちろん鉄など）に帰属する、飽和していない内部の電子殻に帰属すると同時に、可変的な原子価（二価あるいは三価の鉄、イオンの受容体）に帰属せねばならないことが注記されるだろう。構造の最終的な電荷は、この中心となるイオンのイオン価〔原子価〕とその配置の内部に記入されたマイナス電荷の数を代数的に数えることで得られる。しかしここでは、もう一つの別の結論を考慮する。シアン化物は、一つの毒のように人を殺すのに対して、フェロシアン化物はいかなる障害も引き起こさない（毒性を持たない）。ここから帰結することは、シアン化物が、多かれ少なかれキレート化されて一つの総体の内部に閉じ込められているということである。シアン化物は、その総体のうちに場所を占めてはいるが、少なくともその諸効果をそこでは喪失する。あらゆるところで人間は、古いものから新たなものを製造できるようになる。

しかし主題のうちの一つへ帰ろう。それは、人が誤って「格下げされた」と信じえたこの要素（鉄）が、支配をやめなかったことである。鉄は、生命の維持とその機能を保証する。鉄なしで生命は存続可能だろうか。哲学者と方法論者が、異論の余地のある二分法に過度に引きずられているがゆえに、本書はそれだけいっそうこの点を主張せねばならない。一方には、単なる素材、その外的な構成、その工業的使用に有効である鉱物や金属があり、他方には、複雑な物質、さらに生物にのみ適しているような巨大イオンが存在する。ところが二つの領域は、完全に一致しており、何物もこの亀裂を正当化しない。人工繊維の化学は、すでにこれら二つの領域のおおよその統合を証明した。それは、最も繊細な糸の象徴や独占権を蚕にゆだねておきはしなかった。ところで鉄は、この「生命‐無機化学」と命名すべき科学を支持する。

コバルト、鉛、マグネシウム、これらすべては、動き、回復し、エネルギーを消費する存在の代謝連関に関与する。これらがなければ、われわれは新陳代謝をなしえないだろう。リンとカルシウムは、少なくともわれわれの骨の組成のうちに含まれていないか。リチウムの塩によって、人格喪失と被害妄想という精神病の鎮静が可能になったのではなかったか。しかしとくに鉄は、（ほとんどの遷移金属と同様に）酵素の中心部に配置され、赤血球のヘモグロビンの中心に位置している。鉄は、（その二価性によって）酸素のやり取りを可能にする。ここから、空気に依存する生命とその電子化学的システムとの間の内的な関係が生じる。なぜだろうか。鉄は、酸化されると同時に還元され、したがって酸化還元の最も優れたシステムの一つを規定するからである。鉄は、一個の電子を喪失する。つまり、$Fe^{2+} \longrightarrow Fe^{3+}$、しかし電子を一個獲得することもできる。つまり、$Fe^{3+} + e \longrightarrow Fe^{2+}$。鉄は譲渡したものを取り戻すのだから、巧みな交換体なのである。チトクロム（とくにチトクロムC）、カタラーゼ、ミオグロビン、ヘモジデロース、フェリチンは、ヘモグロビンと類縁性を有する（生化学者は、すでに一九三七年に、タンパク質が、嵌め込む形で二〇％以上の鉄を含むことを、肝臓、脾臓という巨大な工場において発見していたことは事実である）ことを指摘すべきである。これらすべての生命無機分子は、酸化還元の過程における二価の鉄イオンの役割を十分に証明している。以下の二つの場合に従って、酸素を添加された水の変換さえも知られている。

$$4Fe^{+++} + 2H_2O_2 \longrightarrow 4H^+ + 2O_2 + 4Fe^{++}$$

$$4Fe^{++} + 4H^+ + O_2 \longrightarrow 4Fe^{++} + 2H_2O$$

すべては、鉄が果たすことのできるいくつかの役割に由来する。すでに言及したように、4s軌道のエネルギー準位は、3d軌道のそれよりも高くならないので、結果として3d軌道が完全に満たされる前に4s軌道に電子が満たされる、あるいは装填される。ここから、こうした豊かな結合の可能性が生じる。われわれは、4p軌道の三個の（空の）部屋、4s軌道自体と同じく3d軌道のいくつかの部屋（一〇の場所に対して、六個の電子しか入っていないので、いくつかのペアがいわば住まうことができる）を同時に当てにできるだろう。3d軌道それ自体の内部での再組織化と同様に、4s軌道／3d

軌道という対内部での再組織化を加えるなら、二価の鉄―三価の鉄の働きの大きさが明確にされた。エネルギーは、極少量だけ消費が許されており（生化学者が賢明にも語っているように、有機体はごく少額の小銭でのみ働く）、それから有機体は、備蓄を復元できねばならず、最後に自分が蓄積したものを再配分できねばならない。ところで、こうした微細であると同時に最小、貴重であるいっさいの機能は、まさにこれらの遷移イオンに依拠している。

途中であるが、以下の点に注意を促しておこう。還元という用語は、金属からその不純物が分離されていた（金属が還元されていた）、すなわち錯塩がその酸化物そのもの（鉄）へと変換されていたという事実について使用される。第二の用語である酸化についてだが、この語はその起源を、鉄が錆びるという周知の現象から引き出している。この際鉄は、結局 Fe^{2+} から Fe^{3+} へと移行する。鉄は、一つの電子を喪失する。こうしてこれらの可変的な金属は、一つあるいはいくつかの電子を喪失するのだから、たしかに伝統的な金属に類似しているのだが、それらが共有結合を促進し、負の電荷を担う限りでは、非金属にも接近する。この二重の能力（レドックス〔酸化―還元〕あるいは還元―酸化）は、生命によって、その物質的基礎において、またその基礎のために利用された――すなわちエネルギー供給の基礎において、またその基礎のために利用された。実際に生命は、その「供与体」、「捕獲体」ないしは「受容体」、「交換体」のおかげでのみ生きることができる。これらは、経済制度のすべての水準と場所に位置している。生命は、蓄えることとか分別を持って消費することしか気にかけない。さらに保存するか、消費するかである。生命は、絶えることない運動において、またそれらの運動のために、自分自身が前もって蓄えたもののみを消費する。生命の諸操作は、きわめて小さい規模の操作がなされるのと同じ速さで、言い換えれば、分子レベルの運動と同じ速さで遂行されねばならない。本当の生物諸器官は、使用可能なエネルギーを解放することができる「倉庫」ないしは「媒介者」あるいは「爆薬」と呼ばれるべきだろう。

本書は、とりわけ用語と単なる記述のみで満足するのだから、生化学の概論を書いているのではないが、単純なものの多価性、主に工業と生命機能における鉄の役割の哲学的側面を強調したいと考えている。本書の唯物論的テーゼ、より正確には物質化するテーゼは、鉄の多機能性と同時に多形性を記憶にとどめておこうするものである。

鉄が有する幅広い諸能力――生命は幸運にも、これによって息吹を吹き込まれている――によって、われわれは驚嘆させられるだけではなく、この金属は数多くの外観を通して立ち現れもする。カメレオンのように外観を変えるのである。化学的反応性において鉄が多様であることを把握した後で、われわれはそれが物理的にも同様に変化に富み、また進行することを知っておくべきである。鉄は、それ自体では存在しない。このことが十分に強調されることはないだろう。混沌とした一群の可能‐現実態だけが存在する。鉄は、原理としてのみ、つまり限界事例、あるいは物理‐化学的な理念性（いわゆる鉄）としてのみ引き合いに出される。しかも鉄は、抽出法に依存し、より最近では鉄をすでに変質させ、今後も休むことなく変質させる付加物と多くの加工法に依存する。

自然の鉄それ自体について、自然の鉄こそがまさに鉄である、と反論がなされるだろう。反論する人々は、一つの与件から出発する。しかし、自然の鉄がわれわれに引き渡され存在するのは、数多くの操作の最終段階においてのみである。それを閉じ込めていた硫化物や炭酸塩、酸化物を「還元」せねばならない。たとえば、

$$Fe_2O_3 + H_2 \longrightarrow 2\,FeO + H_2O$$

酸化鉄(III) あるいは 三酸化鉄 → 酸化鉄(II) あるいは 一酸化鉄

われわれが獲得するものは、けっして完全にその起源あるいは融合の諸操作の跡を喪失することはない。鋳造された鉄は、取り除かれた酸化炭素のうちのわずかな炭素を必ずや混入してはいないか。そしてこれは、工業によって絶えず再加工されるだろう。そもそも「不純物」と見なされるものが、まさに工業に役立てられるであろう。

ただの「現れ」に限定するなら、少なくとも四つの鉄の結晶が知られている。鉄は、一五〇〇度で確実に融解する。それは、（いわゆるキュリー温度で）七六八度まで安定した状態である。この温度に至るまで、磁性体としての鉄（α）は立方体構造のもとで与えられる。この閾を超えると、結晶はもはや磁石に引き付けられない（構造β）。さらに、九〇〇度から一四〇〇度まで、もう一つ別の変種が登場するが、それは「面心立方格子構造」において固化する。最後にこの範囲を超える（それゆえ、一四〇〇度を超える）と、それは最初のα構造（ここではいわゆるδ構造）へと戻る。要するに、構造上の諸

変化を認めねばならない。融解のグラフによって、これらの変化が明確にされ、位置づけられる。まさにコンポジット素材（本書は、この素材からこれに近接するコンポーザンを区別することに執着した）は、この融解が継起的な仕方でのみわれわれに露にするものを、同一の物体内で結合することで構成される。「ゆっくりと相互に交替しあう諸状態」を書き留めるのではなく、それらの諸状態が相互にはまり込み、新たな（主に機械的かつ強磁的な）諸性質を持った結合体をもたらすことのできる瞬間が追求されねばならない。超－構造が目指される。十分に小さな粒子αを、多かれ少なかれ不規則な方向性と形を持った、より大きなγの性質を持った粒子と結びつけることができる。ある物理学者は、比肩しうる数の結晶中に二つの相（鉄αと鉄γ）を顕在的に含んだ鋼鉄を主題として、以下の点を明確化する。「多様な相を持った諸固体の物理学的諸特性は、さまざまな相の諸特性の「平均」ではない。それらは、固体の特別な組成に依存する。それは、粒子のサイズとそれらの配向が、ただ一つの相を持ったある固体の諸特性を変化させることができたと本書が指摘しておいたのと同様である。このことは、隣接する粒子間の相互作用から生じるのであり、あるコンポジット素材の諸特性が、諸構成要素の諸特性より優れたものでありうるのだから、これは重要である」[4]。要するに諸特性は、二つの「形相」の相互作用ないしは結合によって生まれる。これによって、二つの先行するものからはっきりと区別される第三の形相が創造される。哲学者は、概念や理論を生み出すことのできる精神にのみ過剰に生産性を付与していたのだが、われわれは哲学者を驚嘆させずにはおかない生産性を感知する。この場合、物質は増殖し、再発明される。(a)一方で、古いものから新しいものが絶えず作り出される。一つの「系」を生み出すためには、まもなく相互の割合を変更するだけで十分になるだろう。そして第二段階において、再配合と混合の系（合金－結合）を追求することを何物も妨げない。慎重な方法論者あるいはたんにためらっているだけの方法論者は、獲得される諸性質の合計が、いわゆる諸単位の諸性質の付加ないしはそれらから抜き取られたものの範囲を超えることは不可能だと、なおも主張するだろう。しかし、われわれが立ち会っているのはまさにそこである。〔諸性質の〕相互の境界領域は、二つの生成元へと「還元」すべきでも、それらと比較されるべきでもない第三の産物を生み出す。(b)別の革新である。コンポジットによって、工業あるいは技術者は、自然がさらけ出すことしかできなかったもの（継起）を、空間（総体）のうちに入れようと努めた。どのようにして、こうした縮約に成功するのか。われわれは、それを後に理解するだろう。双方の組み入れ、一方から他方への組み入れは、見かけ上は単なる並置、一種の混合のようなものと規定されるとしても、一種の綜合を実現する。しかしわれわれは、以下の本書のテーゼを正当化しようと強く望む。たとえ人が、〔物質の〕ある一片を別の一片により容易に近づけ、関連づけることができるとしても、〔物質の〕いかなる一片も別の一片に類似してはいないし、一つの断片も、それが分離されてくるところの典型にすら類似してもいない。最も微細な諸々の差異が、群がり、最も小さな粒子に刻印される。これをどのように考えればよいのだろうか。強調するが、まず、純粋、完全、均質、一様、単一の相などという性質を持った鉄の結晶は、書物と精神の中にしか存在しない。実際に鉄の結晶のうちにいくつかの「包含物」、編み目の内部、格子間のうちに滑り込むイオンと大量の粒子がつねに見出される。鉄の結晶は、それ自身で数百万の相互に重なり合う小さな原子を含んでいる。ところで、これらのうちの一つないしはいくつかを、同じ大きさで、とくに同じ電荷を持った近接する原子によって置き換えることは容易であり可能である（いかなる原子によってもそうすることが可能であるわけではないのだ）。微細な分析によって、混入物（原子の相違の第一のパラメーター）が推測されるであろう。格子は、配列における多くの不規則性にみまわれる。これらの不規則性は、固体に光学上の新たな諸特性ないしは機械的であると同時に電気的である新たな諸特性をもたらす。諸々の不完全性は、頻発する格子面の転換やある方向へのそれらの延伸から生じる。これらから〔原子の〕積み重なりにわずかな断層が生まれ、この断層はとりわけ鉄の機械的な諸能力を変容するのである。繰り返し生じる「充填（ランプリサージュ）」という部分的あるいは点状の欠陥についてだが、これらは総体の化学的組成を変化させることのない原子空孔に対応する（たとえば総体は、Ｂと同様にＡを欠いている、いわゆるショットキイ欠陥[*6]）。そうでなければただの移動である。なんらかの分子が、期待されていたところに位置していないで、その場所から少し離れたところに見出される（いわゆるフレンケル欠陥[*7]）。この原子は、近くの格子間に場所を占める。こうした条件において、「異方性」を示す結晶のうちに、移行あるいは流れが生起することが理解される。これによって、これらの「原子空孔」の存在により、場合によっては電気的諸能力あるいは光学上の諸能力が生じる。この非化学量論的な総体という混沌について、さらに以下のことを想起しておこう。分子ＡあるいはＢが欠けている時、それでも固体は中性にとどまらねばならない。そういうわけで、自由電子が浸透し、固体を再び平衡に保つ。自由電子は、総体に他の諸可能性を付与する。しかし二価鉄の酸化物は、さらに一つの働きないしはもう一つ別の個体性を提供す

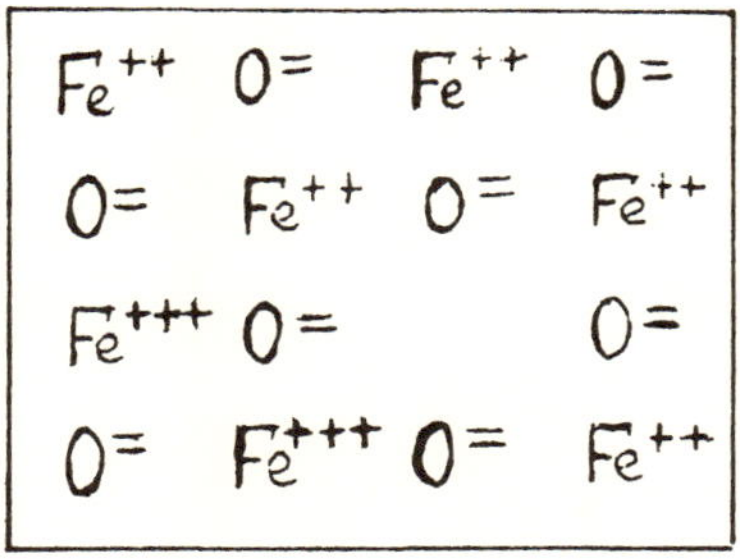

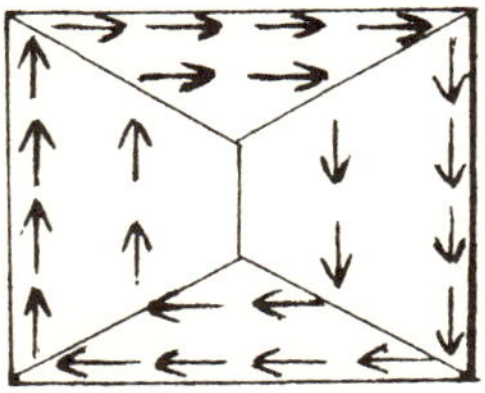

消磁された鉄の構造

図4

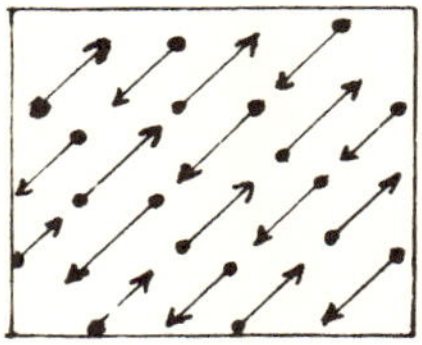

反強磁性

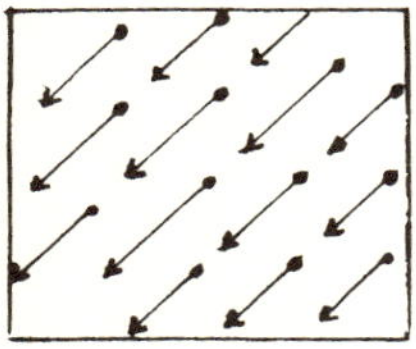

強磁性

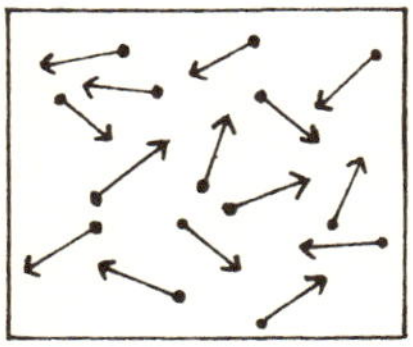

常磁性

図5

る。というのも、この結晶のイオンは二価性を持ち、それゆえ少なくとも二段階の酸化を持つからである。二価鉄の酸化物において、一つの不在――つまり、三個の二価鉄の不在――は、等価である二個の三価の鉄の存在によって取り消される（図4を参照）。金属は、容易に「空孔」や「隙間」によってちりばめられる。

それゆえ、ある酸化物、塩、化合物、金属の薄片の一片や粒は、評定され類別されうる。隣接する領域において、ダイヤモンドもまた、すべての貴重な石と同じように名札を貼られ、「個性化」されたし、そうすることが可能である。たしかにダイヤモンドを盗むことは可能だが、他のものと等しい一つの商品の匿名性のうちでそれを交換することは不可能である。その組成と同時にその網の目の中にいかに多くの驚きと奥深さが存在することか。本書では、同一性を正当化できる少なくとも四つの様式ないしは四つのタイプの特異性を列挙した。(a)組成のタイプそれ自体（いわゆる同素性に関する多様性）。(b)混入物の性質と量、またそれらの位置。(c)充塡（ランプリサージュ）とそれによって生じる変形の生起、それらの頻度とリズム。(d)最後に、原子空孔の可能性を伴った等価な代置の現象である。要するに、非化学量論によって印づけられる数多くの可能的な会合である。すべての事例において、「全体」は変容されたようにも、変質されたようにも思われない。一つの不在は、結局のところごくわずかな移動や代替、あるいは単なる再配分へと帰着する。なぜならわれわれは減圧に加えて、圧縮を見つけるからである。多くの結果を伴うこうしたわずかな構造上の諸変化が、つねに自らに近接するものと自らに類似するものから区別される、最も小さな破片についての「署名」の設定を可能にする。

物理学者は、こうしたことを知っているが、これに言及し主張することはとりわけ哲学者の役目である。化学者‐冶金業者は、まずここから利益を得ようと試みるからである。彼は、成分を調節し、新たな性質の担い手である諸々の配置の多数性を利用するだろう。彼はこれらのいっさいを利用する。科学者はと言えば、一般的に反対方向へ向かう。「個別化する」もの――まさしく別の一片には類似しない鉄の断片――を称揚するのではなく、むしろ優先的に基本的な諸原則、共通の諸機能を引き出すことを欲する。科学者は、「詩的」で個別化する傾向を無視するのではないが、むしろ好んで関連づけるものについて主張し、あるグループ内ないしは理論的な枠組みの内部に、これこれの種を整理することを任務とする。この結果科学者は、均等化する試みを阻害するものを「不純物」と名付けることができる。しかし、この消極的な語は、非常に学術的なこうした観点を離れる時には、再び積極的なものになる。

鉄についての簡略な化学的解説の後に、本書は鉄についての物理学的検討を行っているのだが、苦労はまだまだ終わることはない。それはけっして終わることはないのだろうか。事実、工場における製造は、限界を打破し、人口増加論的観点から鉄のスペクトルを十分に大きく拡大する責務を負っている。そもそも鉄は、それ自体としては存在しない。それは、書物の中においてのみ一つの役割を果たしている。鋳鉄のほかに、鋼鉄、焼き鈍しされたもの、焼き入れされたもの、冷間加工されたもの、セメンテーション加工されたもの、精錬されたものを知らない者がいるだろうか。さらに、リストはこれらでは尽きない。さまざまな度合いの侵炭と脱炭を介するのと同様に、融解と再冷却の結果、原理としての鉄は、人間にとって一つの「新たな系譜」としての価値を有する。それぞれの生成物に、可塑性、延性、弾性、膨張性、磁性、電気伝導性などの性質が結びつけられる。ここでは、この錯綜の中に分け入ることはできない。終わることのない鉄の減速（デミュルティプリカスィオン）あるいは派生物の「連続的な創造」という本書のテーゼに役立つはずである二点を指摘することで満足しよう。

(a)ただの「焼き入れ」は、二つの操作を前提にする。まず、断片を高温で熱するのだが、これは断片の転移を条件づけていた、ある一定の温度以上で行われる。次に、急冷であるが、これは液体（適合した溶液）の中で、あるいはたんに外気を利用して行われる。これは原子が、それらの再配置の中で固定され、それらが急速に捕らえられない場合にとったはずの状態へと帰ることができないようにするためである。この二つの操作によって、より緻密な結晶粒が、つまりより脆いが、硬度の高い金属が産出される。工業は、時間が分解し陳列していたものを、空間のうちに置き入れようとすることを、もう一度指摘しておこう。継起するものが、同時的なもので置き換えられ、自然の状態では存在しなかった産物が獲得される。「焼き入れされた鋼鉄」は、いまや鋭利な刃物になる。神話の中の巨人たちとキュクロプス[*8]は、赤く熱せられ冷たい水の中に浸された斧によって武装するであろう。

ガストン・バシュラールは、変化をもたらすこうした作業に伴う夢想の力を強調した。この作業には、基本要素（もちろん鉄であるが、それと同様に火と水）が関与する。状態の変化が、「より多くのもの」を与えるように思われる。本書の信じるところによると、一般的に技術の本領は、まず以下の哲学的問題を解決するところに存する。どのようにして、古いものと既知のもので、新しいものが実現されるのか。隣接する分野では、どのようにして、線的な運動が規則的な回転運動へと変換されるのか。どのようにして、同一のものが他のものを生み出すのか（シャフト・クランクシステム）。製鉄業は、この研究分野に関与するのであり、変換と多形現象を例証している。

鍛造（「冷間加工」）は、金属のうちに数多くの表面的な断層を導入することである。それゆえ、金属を「叩か」ねばならない。これによって、破砕に対する耐性が増加する。実際に、一つの亀裂が金属の中に入ると、それは伸び広がるのではなく、以前のひびの線に突き当たり遮断される。こうして、疲労が予防され回避される。というのも、本書の主題である鉄という金属は、必ずや消耗し「老朽化」しさえするからである。これは、隠喩だろうか。まったくの隠喩ではない。時間がこれらの構造のうちに刻まれ、ついには引き裂いてしまうからである。

(b)糸状にする操作（フィラージュ）、型打ち作業（マトリサージュ）、「焼結（フリッタージュ）」という他の操作は忘れよう。しかし、鉄に付加される異質の諸要素が、鉄の諸能力を完全に変えてしまうことに注意しよう。十九世紀の中頃まで、冶金業化学は炭素を含んだ合金、すなわち鋳鉄と鋼鉄しか知らなかったが、その後、ここから解放されることになる。

鉄は、（およそ三六％の）ニッケルと混合される時膨張することをやめるだろう。それゆえ鉄は、高温に対する耐性を持つ。そうでなければ、ジェットエンジン、ミサイル、原動機はどのようにして機能しうるのか。それらは、どのようにして摩擦に耐えうるだろうか。鉄ないし鋼鉄は、この「インヴァー」[*9]（耐熱物質）が支障なく記録するこれらの条件に耐えることはできない。後には、さらに（パーマロイ合金[*10]においてはニッケルの〔含有量が〕七八％になるまで）〔混合の〕割合が変えられることになる。この結合体は、鉄とコバルトと同様に、ニッケルが同じ三環に属しているだけに、それだけ問題を提起しないということを、併せて指摘しよう。これらのカップリングは、磁気諸特性、すなわち十分に弱い場において強力な〔磁気〕誘導を獲得する。ここから、強力な永久磁石、狭いヒステリシス・ループ、若干の損失が生じる。こうしてわれわれは、いわゆる「特殊」鋼の族へと入る。後には鉄ニッケル合金が、クロムとタングステンに結合された三五%のコバルトを持った「磁石鋼」によって、さらに、より高性能の「アルミニウム‐ニッケル‐コバルト合金」によって取って代わられるのは事実である。それらを検討はしないで、こうしたいくつかの被覆と、自らの短所を一つ一つ喪失し、それと同時に自己固有の諸性質を増大させる、正真正銘の変身を受け入れる「鉄」というこの理念のみを記憶しておこう。われわれ人間は、工業の要望に応えて創造し、あるいは製造する。

この多様化に関する証拠とは何か。〔鉄に〕加えられた少量のヴァナジウムは、激しい衝撃に耐えうる力学的強度を、鉄に付与する。この鉄は、列車の車軸、圧延機、自動車に適しているが、これらはすべて絶えることのない振動にさらされている。ここから、新たないわゆる構造用鋼材が誕生する。われわれは、たとえば自動車の嵩と同様に、その重量を減少させた。かつて自動車は、盾のようだった。同時に――フォードの成功――推進コストを下げることができるだろう。一つの成功が、つねに他のいくつかの成功をもたらす（諸々の成果によって、自動的に自己を促進する）。軽さと堅固さが結合されると、誰が信じることができただろうか。同様に、錆びない鋼鉄（二〇%のクロム）が知られているし、製造されている。表面を覆うのも無用だし、外気から守る必要もないのだ。かつて、金属の「不動態化」を引き起こす侵食抑制剤が利用された。たしかに、それらの抑制剤は金属の中に含まれていたのだが、――技術の現代的偉業として――、われわれはより現象本体論的な解決を、つまり金属を侵食し、あるいは浸潤していた酸素に対してまったく反応しない合金を見出したのだ。

話の途中だが、アンリ・ル・シャトリエ[*11]とフロリ・オズモンド[*12]が、この冶金化学を生み出したのは、十九世紀の終わり（出版日は、一〇〇年前の一八八五―八六年）であることを記憶しておこう(5)。彼らは、いわゆる熱膨張計測法を初めて使用することができた。巧妙で鋭敏な高温計のおかげで、融解する鉄合金の変形の諸段階をたどることができた。実際のところ、高温において原子はCFC（面心立方[*13]）型のもとに配置され、いわばいちだんと詰め込まれる。〔結晶の〕嵩が、その融解の諸条件に関連づけられる。金属組織学的な手段によって、ミクロな組成が外在化される。これらの化学者たちは、「臨界点」を発見しただけでなく、諸特性を熱や温度という条件に結びつけることができた。つまり彼らは、工場での製造を主導する手段を供給したのである。彼らは、決定的な移行が行われる瞬間を明確にした。こうした移行は、コントロールされた加熱と融解に依存する。こうして工場は、指標と試験の可能性を備えていたのであり、これらがすでに利用可能であった顕微鏡ないしは熱電気的な測定に付加されたのである。

錆びない、摩耗しない、壊れない、膨張性を持たないというように、いわゆる特殊鋼は、固有の限界を絶えず免れてきた。鉄は、存在するのではなく生成するのだ。しかし、徹底的なモダニズムという印象を与えることを避けるために、以下のことを想起していただくことで十分だろう。鉄は、十八世紀にはすでにその変身のサイクルの中に入っていた。いわゆる「ブリキ」と呼ばれる鉄は、ここで短い解説を要求する。なぜならブリキは、それが先取りする現代的な革新への扉を実際に開くからである。

『百科全書』に従えば、ブリキをフランスに導入したのはコルベール[*14]である。すでに、釘、鋤の刃、剣を供給する鉄を加工することは可能だった。そして『百科全書』は、抜かりがなく、鋏、斧、鉈鎌という切断する道具（ラングルの刃物産業）を忘れてはいなかった。ハンマーで叩くこと、鍛造、延伸ないしは極端な圧延のための道具が知られていた。曲げ、切断し、叩くことはできたのである。逆向きに回転し、（加工するために）押し潰すことができるようになった複数のシリンダーがすでに利用されていたが、これらの完成品は湿った空気によって錆びつき、その薄さにもかかわらず、相対的な重量も軽減されないままだった。

おそらく発明は、磨かれた表面を錫の薄い膜で覆う手法（錫メッキ）を、ガラス製造（ガラス－鏡）から製鉄業へと移すことのうちにあった。鋼板は、圧延され磨かれた後に融解された錫の溶液の中に浸される。依然として『百科全書』によれば、操作はいくつかの段階を含み、容易には進行しない。たとえば、「親指四つあるいは五つほどの厚みの油脂の層の下で、錫が溶かされる。なぜなら溶けた錫は、融解の過程で空気と反応する際に黒焦げになるからである。この溶けた油脂の層が、この反応を防ぐのである……」（事項、ブリキ）。それでも金属素材は、軽減され、洗練され、とりわけそれを酸素から護る薄膜状の外皮によって覆われて出てくる。これによって、刃物製造工が使用するより軽い器具の構成要素となりうる能力と同時に耐性が生じる。彼らは、小皿、大皿、蠟燭受けはもちろんのこと、バケツ、水差し、ランタンという貧者の用具すべてを製造する。最も人里から離れた貧しい教会は、これらのもので装飾される。教会の鐘楼の雄鶏、十字架、燭台である。これらを構成する鋼板の薄さ、多様な裁断、溶接の可能性、たわみかつくぼむ傾向は、祭具室に上位の教会が保証する安楽を提供する（十八世紀の中頃から）。ブリキの製品が市場に出まわる。さらに十九世紀の初頭にカルヴァン・ウィティングは、これらの（ブリキの）鋼板の周囲を、それ自身に閉じられた円形に一瞬にして裏返す道具を発明する。これは鋼板が、一つの串、ただ一本の鋼鉄の糸を受け入れるようにするためである。これによって、鋼板の縁が強化されるだろう。それゆえ、他の容器と同じように、皿にそれを衝撃からよりよく保護する溝と環紋が備え付けられる。

十八世紀の終わり以来、貧しい人々は豊かな人々とほぼ張り合うことができた。彼らの家庭用道具もまた、銀製の水差しや、錫さらには銅の壺とほとんど同じくらいに輝き、耐久性を持っていた。それらは優雅さにおいて、とりわけ勝っており、最終的に優位を占める。だからわれわれは、ブリキ製のランタン、精緻に彫られた看板、容易に栓ができ、携帯しやすい、隙間のないふた付きの容器を平然と眺めることはないのだろう。こうして本書の現在の課題、すなわち鋼鉄の持つ諸々の欠点に悩まされることなく、その力を保存する――すなわち、湿った空気の攻撃を防ぎ（錆びないという性質）、軽さと堅固さを結び合わせる（客観的反定立、質的矛盾）――という課題が、ブリキ製品製造業者によって解決された。彼らは、諸々の部品を、大鋏、はんだごて、コンパス、ハンマー、角鉄敷によって組み立てることができた。製品に、とくに可動性という別の優越性を授けた。バケツは、ふたからと同じく取っ手から分離されない。同様に、雄鶏は台座の上で風に応じて向きを変えることができる。ランタンは、口を穿たれ、開閉式の扉も備えていた。〔ブリキ製品の〕製造は、鋼鉄、またとりわけ鋳鉄を、窮地から、すなわちその重さ、相対的な不動性から救い出した。鋼鉄や鋳鉄で生産できたのは、さまざまな部品をごたごたと溶接された操作しづらい器具だけだった。それに対して、錫めっきされた鉄の容器は、軽さによって、さらにはいっさいの運動を受け入れる容易さによって人を引き付けた。したがって、それはすぐに、より重く高価であるにもかかわらず、脆く壊れやすい錫製の箱やファイアンス陶器の壺に取って代わる。金銀細工師もまた、開閉する宝石箱（蝶番）を組み立てることができたが、それらを日常の実生活に役立たせることはできなかった。

それゆえ本書は、ブリキのみで、進化する金属という本書のテーゼを確証できると信じている。進化する金属とは、世紀を経るとともに変化することで金属の価値を低下させ、使用法を限定していたものを工場で絶えず矯正し、多くの化合物ないしは調合物に含まれる金属である。この主題に関して、「鉄ほうろう」は一つの解説を促すことができただろう。これもまた、ガラス製造技術と火の技術の冶金製造への移行なのではないか。この焼き付けられた薄い層ほど、鉄ないしは他の金属（銅、真鍮）をうまく保護するものは存在しない。しかし溶剤のガラス化は、高温でしか起こらない。ところが当の金属は、それをコーティングするものよりも勢いよく膨張する。同様に冷却においては、反対に作用する。つまり金属は、より速く収縮する。これによって、一つの断絶、表面のひび割れ、表面の変形が結果として生じる。『百科全書』によれば、こうした失敗を防ぐために、人は「対抗‐めっき」に期待する。金属は、二つの層の間にこれらの層の効果が打ち消しあうような仕方で閉じ込められねばならないだろう。

鉄ないし鋼板は、その最初の形態を保持するだろう（事項、ほうろう）。反対に、鋼板の一つの面のみを実験的にコーティングしてみると、鋼板は必ず（めっき面が凸状に）湾曲するだろう。これに対して、薄片の表と裏がほぼ等しい層によって処理されると、密着した〔コーティングは〕こうして閉じ込められた基体とともに、またその基体のために維持される。ここから、火に耐える杯や容器に必要な対抗ほうろうが登場する。ここでもまた、ガラス製造からの技術的な移行によって、不変性という課題に対する解決が見出されたのだ。

しかし、本書が指摘しておいたように、有益な変化すなわち改良を生み出すことでは十分ではない。物理‐化学者は、それらを諸々の配置に関係づけることを学ぶのであり、それゆえ〔それらの改良を〕説明する分子の構造を「想像する」。本書の主題である鉄‐変幻自在の物という事例において、この領域における少なくともいくつかの結論を想起せねばならないと思われる。こうしてここで、あえてデカルト主義者の試みを再開する。彼らは、たとえば磁気ないしはこの金属〔鉄〕の酸化物の自発的な磁化から、（特別な組成ではないとしても）「その空間的な組成」を導き出そうと試みた（『哲学原理』第四巻）。そもそも彼ら以前にも、この奇妙な引力によって当惑させられた多くの人々がいた。たとえば第一人者の一人であるルクレティウス[*15]は、『物の本質について』の中で、アテネのペストに関する記述を除いて、長い詩の最終部全体をこれに捧げている。「鉄を引き付ける力が、いかなる自然法則によって、ギリシャ人がマグネスと呼ぶこの石に帰属するのかを、私は説明しよう。彼らは、その産地にちなんでこの石をマグネスト呼ぶのであるが、それはこの石がマグネジー（マケドニアに隣接する地方）を産地とするからである」[6]。ここからまた、マグネティスムという語が生まれた。ルクレティウスによれば、すべての物体から、さまざまな放射、不可視の分子のほとばしりが発出しているのだろう。そしてこれらは、しばしば相反しさえする数えきれない諸効果をもたらすだろう。たとえば火からの放射は、金を溶解するが、肉を乾燥させるように皮を収縮させる。同様に、水はある物を軟化させ、焼き入れされた鉄のように、他の物を堅固にする。まあよいとしよう。さらに大部分の物質には、多くの小管（細孔）が穿たれているだろう。これによって、〔粒子の〕流れがあるものを貫通し、他のものにはぶつかる。ここから、最後の説明が帰結する。磁性を帯びた石から、一種の不可視の埃の流れが発出している。これらの流れは、空気の諸相のうちに分散し、それらの相を追い立てるが、ほぼ選択的にそれらの流れを受け入れることのできる鉄の中に入る。この結果、磁石と隣の鉄との間に空虚が生じる。取り巻く空気が、鉄を前方へと押し出すだろう。鉄は発信者と一体になるだろう。「石から発せられた流れが、鉄以外の物を引き付けることができないことに驚くことはやめろ。金がそうであるように、それらの重量がそれらを不動のままに維持する。反対に他の物は、それらが多孔質であるがゆえに、流れとの接触を被ることなく、それを通過させ、いかなる衝撃も受けることはできないのである。木材は、これらのうちに数え入れられるようである。鉄は、その中間の性質のために、磁気の流れの衝撃に従うことができるのである」[7]。この説明は、数世紀を越えて伝えられることになる。デカルトは、これを借用するだろう。

機能ないしは性質から構造への移行という、ここでの問題を解決するために、これらの電磁気諸特性のみで事足りるだろう。なぜなら、いわゆる鉄は、主にこれらの諸特性を通して個別化されるからである。本書が繰り返すように、一つの鉄というものは存在しない。鉄の結晶は、つねに「包含物」をその格子のうちに含み、顕著な諸々の歪みを有している。それゆえ鉄は、結局のところより好ましいその特殊性と結合体（固溶体）を介してのみ把握される。過去において、最も知られているのは、いわゆる硬鋼と軟鋼である。これらの鉄と炭素からなる合金は、量という基準によって相互に区別される。軟鋼は、最大〇・三％の炭素しか含まない。硬鋼は、炭素を〇・八％まで含み、鋳鉄はそれを二％から七％まで含む。しかし、どのようにして偶然的で自発的な磁化を説明すればよいのだろうか。どのようにしてかくも決定的なこれらの潜在性から、その構成へと移行すればよいのだろうか。

原子核の周りを運動している一個の電子が、この閉じられた軌道の内部に、この種の円環の平面に対して垂直な磁場を必然的に作り出す（いわゆる軌道磁気モーメント）ことだけを思い出そう。さらに、電子の自転だけでも第二の磁場が作られる（スピン）。ある原子の磁気諸特性は、本質的にこれら二つの各々の電子に関わるモーメントの付加から生じるだろう。これにまた、「軌道‐軌道」の諸モーメントと同じくスピン相互の諸モーメントを付け加えねばならないだろう。さらに、軌道とスピンの諸々の相互作用を認めねばならないだろう。しかし、これらの相互作用は、他の二つのモーメント（スピン‐スピンと軌道‐軌道）に対して少しの重要性しか持たないだろう。少なくとも、最初の二つのモーメント、つまり軌道モーメントとスピンモーメントを加算しよう。

ところで、単なる記述のうちに身を置くならば、次の点には誰も異論はないだろう。(a)同一の区分けの中の二個の電子が対になる時（共有電子対）、それらの電子は、この事実によって、総体的な磁気モーメントをゼロにする。というのも、それらは相互に反対の方向に回転するからである（アンチパラレル）。(b)同時に、副殻が飽和している時（いわゆる遷移金属における逆転の事例。つまり副殻4s軌道が、その空きによって特徴づけられる3d軌道よりも先に満たされる場合）、軌道成分の代数的な総計は、同様の理由によって必然的にゼロになる。いまや、以下のことが理解される。鉄イオン（未飽和な殻ととりわけ平行の状態にある五個の不対電子の存在）は、全体的にプラスの磁気モーメントとして現れ、それによって際立つ。ここから、次のことが容易に演繹される。たとえば「希ガス」は、飽和状態に限りなく近いすべての原子やイオンや、さらには外的な電子を容易に譲り渡すすべての原子やイオンのように、ゼロ磁性モーメントを提供することしかできない。それゆえ磁性の決定のみによって、原子配置と同時に結合が明らかになる。基礎的な組成とそれを表現している性質との期待された関連づけへと、われわれは向かう。

鉄を磁石へと変化させる実験のおかげで、より先まで進むことができるだろう。実際、任意の原子に外部磁場がかけられると、核の周りを回転している電子の諸モーメントと諸運動が攪乱され、これによって反磁性[*16]が生まれる。この電磁石に対する弱い反発が生じ、適切な秤（グイの秤）[*17]によってこの磁化率が測定される。しかし、すでにゼロではない磁気モーメントを有する諸原子にとって、常磁性[*18]といわれる反応が、先に記述されたもの〔反磁性〕に重なり、それを無化する傾向、ないしは少なくともそれを隠す傾向がある。別の場合であるが、温度を上昇させるならば、熱運動が整列を妨害し、攪乱する。これは、温度が上昇するだけなおのことそうである（かつて問題であった、いわゆるキュリー臨界点は、この水準で磁力が消滅すること、あるいは常磁性からただの反磁性へと移行することを意味する）。

鉄は、仲間であるコバルトとニッケルと同様に、いっさいの外部磁場の外での自発磁化によって規定されねばならない。この自発磁化は、その構成－組織によると同時に、相互に自らの磁荷を付加しあう同一方向を向く電子を原因とする。鉄は、マイクロ磁性体のように反応するだろう。温度が介入し、鉄が変容されるのは、温度がこの秩序を乱すからである。すなわち物質〔鉄〕は、常磁性へと移行する。それは、反強磁性[*19]という仮説においても同様である（たとえば、ニッケルの酸化物）。とても奇妙な事例である。鉄の原子は、つねにプラスの電荷を担っているが、それらの原子が結果を無効にするような仕方で、互いに反対向きの二つの下位（副）格子に分配される。熱エネルギーはまた、それらの原子を自由にし、あるいは撹乱する。これによって再び、いわゆるネール温度といわれる一定の温度における常磁性が生じる。

反磁性、常磁性、強磁性[*20]、反強磁性、これら変化する諸特性としてそれぞれを測定することで、一種の「振動する原子の巣」であるユニットの相互作用に関してではないにしても、充填、配向、結合について、反動によって、情報が与えられる。このことを記憶しておこう。われわれは、ここからこれ以上は期待しない。物質は、とりわけ様式（マニエール）になる傾向を持つ。つまり、諸要素ないしは下部ユニットが、配置され、積み重なり、相互作用し、入れ替わり、平衡を保つ、その仕方が重要なのである。そしてわれわれは、この渦巻く多元性の地位について「想像する」ことになる。つまり磁気は、それが外在化する諸配置（孤立させられた諸電子、強磁性において平行に配置される諸電子、反強磁性において下位格子によって逆平行に配置される諸電子）を暴いてみせる。これらの多様なハイパーマイクロソレノイド[*21]によって誘導される流れ以上に、内的な秩序を感知し、それを開示するものは存在しないのだ（本書二四五ページの図5を参照）。

秩序、少なくとも一つのある秩序か、あるいは無秩序、あるいはまた二つの互生的で中和しあう系列へと分断された一つの秩序か、という別の結論がある。同様に、別の場所を割り当て、再配置（常－と反－）させることもできる。われわれはここに、本書の主張を支持するもう一つの論拠を見出す。それは、原子という最も小さな構成要素が、混沌として集まり、それ自体で豊かな多様性を生み出すという主張である。最も取るに足りない、あるいは表面上は最も貧しい粒子が、諸々の運動とそこから結果として生じるエネルギー（磁気）を収容する。相関表を作成するのが適当だろう。〔相関表の〕一方には、鉄の結晶ないしはその化合物のすべての性質。他方には、それらの性質を明らかにすると同時に担うシステム。性質の多様性が、システムの多様性のうちに反響している（機能－構造の対応関係）。

本書は、消磁についてもヒステリシス・ループ（あるいは残留する磁気）についても検討しなかった。鋼鉄は、軟鉄に比べて、ある特性をよりよく保持するだろうが、その特性とはモールス信号を操作するかつての通話やある電磁石の製作のために使用された特性である。それは軟鉄が、消磁化する弱い磁場の作用のもとでより簡単に「消磁され」うるからである。つまりわれわれは、ただ一つの所与に限定したのだったが、この所与は即座にその作為性を喪失したのである。この所与は、結晶の構成ないしは原子の構成（平行し、打ち消しあわない電子の四つの矢）に結びつけられる。さらに、それ自体において、またわれわれにとって、自然の強磁性、あるいは引き起こされた強磁性以上に何がより重要だというのか。鉄ないしはその二つの仲間のみが、これを利用できるし、そうすることができた。われわれは、鉄から道具と機械を得るだけではなく、鉄によって物質を再定義できる。結果として物質は、一つの可能的な「指示薬」ないしは真実を語る証人として理解されるだろう。少なくとも二つの理由によって、物質は変革された。

(a)物質はまず、鉄を介してまた鉄によって、物質を貫く最も小さな電気のインパルスでさえも記録し保存することができる。さらに、この影響に対する透磁性は、電流が増大すると、透磁性が減少するという意味において、場（これ自体が電流の強度に比例している）に応じて変化する。かつて人は、優れた「センサー」を夢見ることができなかった。つまりより軽く、あるいは微細でありながらも記憶するセンサーである。われわれはまた、電流を開き、閉じ、減少させ、増加させ、逆転させることもできる。なんという幅広さだろうか。鉄の一片あるいは原子は、これらすべての操作に合わせて形作られている。「基体」の価値を落とすために、それに向けられた果てしない非難は、根本的にはその受動性と不活性に由来していた。あるいくつかの合金の磁化の可能性は、こうした非難を打ち消すものである。というのも軟鉄は、最も小さな電流にも反応し、とくにそれらの電流を「記憶」のうちに保持するからである。軟鉄は、二重の実在する「感受性」によって性格づけられる。この物質は、最も知覚しがたい影響にも反応するのだから、人間の神経システムを越え出ている。

(b)さらに鉄は、自然の磁化によって、自分が閉じ込められていた狭い空間を越え出る効果を生み出す。

鉄は、「遠隔作用」という領域を開く。それは引き付ける（不可解な引力）。この不可思議な引力を過度の神秘によって包み込んでいた物活論者たちと同様に、これに不快感を抱いていた機械論者を、大いに迷わせ狼狽させたものが、わずかながら解明された。電磁気は、方向づけられた場を引き起こすのに十分な電気－電子の組み立て（最小の閉路）に対応する。

地球の磁場全体への連続的な関与と同時に、感受性と遠隔作用というこれら二つの側面は、鉄の価値を過度に下落させていたもの、ないしは失墜させていたものから、鉄の断片を救済する。鉄は、自らがその流れないしは方向を指示している、あるいは方向づけている宇宙の総体に関与し、自分の存在を示している周囲全体に拡散している。鉄の堅固さと硬さが賞賛されていたが、むしろ鉄は最も「感受性の強い」構成要素ないしは、境界を定めることができない（自らが引き付けたものと分離できない）構成要素であることが判明する。本書は、鉄の電気伝導性、弾性、可鍛性を考慮しなかった。それは磁性だけで、鉄を過度に還元主義的な記述から救い出すのに十分なはずだからである。

要するに、それ（鉄）は無規定な物質についての格好の標本だと、本書は考えた。その化学的性質さらには多様な物理的側面の検討と、次いでしばしば挙げられる短所を消滅させる、工業的な諸変換（鉄は、かつての鉄とは違うものになったし、今はまだ将来なるはずのものではない）を思い起こすと同時に、その主要な諸性質の一つ（磁化）の記述的分析を通して、本書は絶えず、鉄の進化と同様に、それが有する豊かさ、汲み尽くしがたさを明らかにした。それゆえ鉄は、鉄のうちに全宇宙への関与だけを認めるのではなく、宇宙を構成し、自らが存続する世界の歴史の痕跡を同様に認める物質学者を十分に満足させる。デカルトは、すでに十七世紀にこのことを知っており、調査していた。鉄、鋼鉄、鋼の焼き入れ、磁石について長々と論じている『哲学原理』の第四部（地球について）は、十分に解説が施されてはいない。ところがデカルトは、磁針の変化から出発して世界の歴史を書き直そうとしていた〔論文一六八「なぜ磁石の極は、つねに正確に地球の極を目指して方向を変えないのか」、論文一六九「いかにしてこの変化は、地球の同じ場所で時間とともに変化しうるのか」〕。ついでに、デカルトが彼の機械論に抵触するように思われた鉄の磁力を気にかけずにはいられなかったことを、本書は確認する。しかしデカルトは、彼流の仕方でそれを打ち消す前に、例外的な諸性質をもこの金属に認めねばならなかった。これらの性質のうちには、次の性質が含まれる。〔鉄の〕一かけの各々の断片は、全体と同じく磁針として振る舞う。つまり、部分は全体と等しい。それゆえ、部分をいくら切り分けても無駄であり、〔切り分けられた〕部分はつねにこの能力を保持する。

非常に多くの場合、部分は断片的な「対象」――一つのかけら――の地位へと貶められる。しかし鉄は、それ自身でこうした過少評価を拒絶する。したがってわれわれは、早急に鉄にその真の資格（宇宙との明らかなつながり）を返してやろう。

そもそも、鉄をモデルとして選択した哲学者は、デカルト一人ではなかった。――たとえば十七世紀には、鉄は自己生産の可能性を保証するものとして記憶された。鉄が特別扱いされるのは、その硬さや延性によってでさえもなく、自ら豊かになる道具的な自己改善によってなのである。スピノザは、『知性改善論』において、この点を指摘する。「鉄を鍛えるためには、一本の槌が必要である。そして、一本の槌を入手するにはそれを作ることが必要である。そのためには、もう一本の別の槌と別の諸道具が必要である。そして、これらの道具を入手するためには、新しい道具が必要である。以下同じように続くのである。ところで、こうした仕方で人間が鉄を鍛える能力を持たないことを証明しようと努力するのはまったくの無駄である」（知性の道具――真の観念について、三〇）。『精神指導の規則』（規則八）においてデカルトは、すでに同様の指摘を展開していた。もちろん鍛冶屋は、兜や剣から始めることはない。彼は、今後役立てるだろう基本的な道具の心配をする。うまく導き出された鉄製の道具によって、より鋭利で複雑な道具を創造し製造することができる。これらの機械的技術の方法は、規則的な段階を経て進歩するのだから、外部かつ他の助けを必要とすることのない真の一般的方法を例示している。デカルト主義者たちが、加工されるこの金属に、自己改善、つまりそれ自身によるそれ自身を通しての自己改善の内的な能力を授けていたことは賞賛されるべきである。

ある一人の現代人は、霊感豊かな（鉄に関する）彼の注釈において、デカルトやスピノザほどに幸せではなかっただろう。彼は、まず彼を感激させた鉄について、（不変性と強靭さという）最も月並みないくつかの外観しか評価しなかった。これらの外観は、後に必然的に彼を鉄から遠ざけ、鉄を陳腐なものにするのに一役買うだろう。本書が漏れなく引用したいと考えているテイヤール・ド・シャルダン神父[*22]は、この初めての偶像化について長々と説明した。「（六歳か七歳の子どもであった）私は、私の『神としての鉄』の観察のうちに、その所有と、その味わいのある存在のうちに引きこもっていました。そして私は、特異な鋭さを持って、私の偶像の一連の姿を眺めます。田舎では、私が大切に庭の片隅に隠していた犂の刃を眺めました」さらに「実際のところ、なぜ鉄だったのでしょうか。さらに限定すれば、なぜこの鉄の一片だったのでしょうか（この鉄の一片は私にとって、可能な限り厚く、どっしりと重量感がなければならなかった）。それは幼年時代の私の経験にとって、ありうる限り完全な形式のもとで把握された、この驚異的な物質以上に、硬く、重く、強靭で、耐久性のある物質は世界のうちには存在しなかったからです。硬さ、これこそが、私にとって疑いなく存在の根本的な属性でありました。ある人がその成長の過程において、時期尚早に、かつむなしく成長を阻まれる時、絶対者を触知可能な形式においてこのように初めて把握することこそが、見識のなさによって、守銭奴や収集家を生み出すと、私は考えています。私の場合、萌芽は、摂理によって成長したにちがいありません。しかし、変質しないもののこの優位、つまり不可逆なもののこの優位が、偶然的なもの、特殊なもの、人工物とは対照的に、必然的なもの、一般的なもの、自然物を好むという私の偏愛を、現在まで、また最後まで、決定的に印づけることをやめなかったし、今後もやめることはないであろう」。最後に、彼の失望とそれを介した超克の過程を要約する引用である。「オメガ点から鉄の一片まではるかな距離がある。私が当時夢見ていた硬さが、どの程度、物質の実質的な結果ではなく、努力の集中の結果であるかということを、徐々に私が学ばねばならなかったのは、私の苦い経験を通してなのです。ある日私は、鉄が傷つき、錆びることを認めたのですが、それによって私は、幼年時代の悲痛な失望感を味わいました（私はそれを忘れなかったのです）。『ソコハ虫モ食イ荒ラサナイ（Quo tinea non corrumpit）』。それで私は、自分を元気づけるために、鉄に代わる別のものを探求していたのです」(8)。

それゆえ、完全なもの、絶対的なもの、偏在するものを渇望していたこの古生物学者は、金属から鉱物へ、鉄から石英へ、さらには生物と人間へと移行することになる。彼がそう呼んでいた「諸々の物質の女王」は、急速に威光を失ったが、それはテクストが強調しているように、鉄が実用的な「事物」、それゆえ製造される「断片的な」「事物」に関係していただけに、いっそう急速であったと思われる（「金属は、私を製造された断片的な物体につなぎ止めておく傾向があった。それに対して、鉱物によって私は、『宇宙』の方向へ組み込まれていたのである」）。ところで、こうした間違いなく心を揺さぶる進化の軌道は、金属の急速な信用喪失を伴う、部分的で歪曲された「所与」に由来するところが多分にある。しかし金属は、まさに金属に対置される「岩石の科学」に依存している。酸化第一鉄の結晶学によって、「地球のこの産物」を性急に排除することが回避されたはずだった。この産物は結局のところ、神父にとっては、その誤った対立物、つまり意識を優遇するよう予定されていたのだ。学者〔ティヤール・ド・シャルダン神父〕は、かくも性急に鉄に別れを告げたのだが、それははじめから、誤解があったからにすぎない。鉄というものは、鍛冶に依存せざるをえないし、空気中では傷むものである。鉄が、それ固有の歴史として秘めているすべてのものが無視されたのだ。この歴史は、鉄のうちに刻印され、世界の歴史と切り離すことはできない。人は、鉄の最も直接的で表面的でもある側面だけを考慮していたのだ。これらの側面が表面的であるのは、鉄がこれらを消去しうるし、消去する可能性を持つからである。それゆえ、最も特別な特性として鉄が示している側面が、それほど露呈されてはいなかったがゆえに、忘却されてしまったのだ。この現象主義に現象学を置き換えよう。要するに、学者‐哲学者〔テイヤール・ド・シャルダン」は、鉄がもたらしたと思われていた自発的な愛着にもかかわらず、間違いなく歪められた仕方で、物質にとって不利な証拠を集めていたのである。しかし、われわれが裏切られるのは、自分自身の愛着によってのみである。

コンポーザン

本書は、鉄と諸々のコンポジットについて非常に長々と言及した。織り地それ自体は、極限においては、このグループに属している。というのも、炭素だけで空間の三次元に従って、「組織化〔テクスト化〕」が行われうるのと同様に、織り地は縦糸と横糸という同じものを同じものに結びつけるからである。つまり相互に結びつきオリジナルな綜合をもたらす古いものから、新たな物体が製造される。同様に重合（同じものの自己累積）は、諸々の生命体を構成することに成功する。生命体とは、まさに同じものの自己累積に他ならない。

共存可能であるが相互に異なった構造を持ついくつかの物体を結合することにより、その構成物より高機能な混成体（エテロジェーヌ）ないしは安定した「化合物（コンプレックス）」を実現する諸々の物質を、われわれはコンポーザンと呼ぶだろう。プラスチックや鉄筋コンクリートが、その古典的な例を提供する。相互層配列、侵入さらには包摂が、二つの物質をともに変容するとはいえ、性格づけている。たとえば「諸々の固溶体」（銅と金、同じグループに属し、同じ結晶構造、同じ族、同じ配置などを持つ二つの遷移金属）のようにである。ここからこれらに加えて、相互の置換の可能性と、各々の多様な比率に応じて無数の結合体が生じる。

現代世界には、これらのコンポーザンがあふれており、これらによって世界は変革される。しかし科学技術の専門家や哲学者は、もう少し詳しい解説を要求するだろう。ここに三つの点を挙げる。

(A)(a)鉄が、とりわけ十八世紀における最初の産業革命の道具であり媒介手段だったことについて異論の余地はない。鉄は、衝撃、激突、摩擦に屈するようなほどほどの硬さしか持たない手工業木材に取って代わるからである。木の優しさあるいは脆さを日常の家庭用道具（とりわけ家具）のためにとっておこう。(b)十九世紀において、冶金化学のおかげで、なお脆くて加工しにくく、分解や疲労の余地のある鋼鉄に、合金が取って代わる。つまり人間は、より優れた物質、より硬く、いくつかの矛盾を包含できるような諸々の物質を創造することをやめなかった。これらの矛盾とは、諸々の影響に対する浸透性と堅固さ（あるいは保存）、しなやかさおよび耐久性と一体となった軽さなどである。(c)しかし二十世紀には、諸々の「合成物」、腐敗しないが容易に伸長可能な繊維が発明される。本書は、第3章においてこれの誕生を跡づけた。これと同時に、金属ガラス、超伝導体、超合金、会合‐化合物という腐敗、加速による振動、外的な極限的な諸条件（温度と圧力）に耐えるあらゆる「コンポーザン」が登場する。これによって、電子工学者、結晶学者、「製陶業者」、化学者などを糾合する、固体に関する物理学と材料に関する新しい科学が現代において発達する。

(B)かつて工業は、製品と道具の形態に期待していた。作業は、粗く角付けされた金属を、鍛え、造形し、やすりにかけることを目的としていた。外観が変更されたのである。役割と役割を果たすべく介入する時機の完全な転換がなされ、これからは工業は、しばしば上流に位置取るのだ。工業の目的は、与えられた素材の形状を変化させることではなく、素材自体を提供することだが、この素材はそれだけでしかじかの決定された機能を遂行したり可能にする（プロセッサー、原子力発電所）。生産は、諸々の要素をただ受け入れ、適合させ、矯正せねばならないのではなく、それらの要素を決定するだろう。

すでに強調しておいたことだが、こうした役割の転換と同時に別の転換も生じる。人は長い間、鉄や鋼鉄の加工（圧延、融解と焼き入れ、同じく焼きなましなど）に執着してきたが、現在いくつかの製造においては、もはや塊にではなく、原子の構造に取り組む（これにより、ここでの主題であるコンポーザンが製造される）。工業は、「分子化」される。

(C) さらに最後には、鉱物化学ないしは冶金化学と有機物との間の古くからの区分けが終焉する。そして諸々の生体適合材と生命無機物という重要な学科が隆盛する。

生命は、特別な牙城ないしは世界と見なされた。生命の微細ではないが複雑で不安定な諸分子は、データによる把握を妨げてきた。実証主義それ自体は、分離を強化した。化学は、諸々の破壊（排泄物や拒絶現象さらには分解における発酵）しか扱えない。すなわち諸々の流れが生命を特徴づけるように思われていたのだが、化学が対象にできるのは、その流れから抜き取られるものだけである。しかし、実在をそのさまざまな段階において尊重しようと考え、再統一を過度に形而上学的であると判断し拒んだオーギュスト・コント[*23]の哲学は、この糾弾という行為それ自体によって、彼が糾弾していたものを回避していなかった。したがってここから、過度の分離と同様に諸々の実体を支持する一つの〔生命力という〕イデオロギーが生じる。クロード・ベルナールやパストゥールのような当時の学者たちの理論は、彼ら自身がどのように考えるにせよ、このイデオロギーによって支配されていた。

しかし、以下の点が重要である。ほとんど工業的な二つの革新が、物質と生命との溝を急速に消滅させた。(a)まず、第3章で詳しく論じたシャルドンネ伯の諸発見（一八八五年）、彼の人工繊維の調製である。たとえこれらが、着想としては誤っていたとしてもである。彼にとっては、病気にかかった蚕を治すことがもはや重要だったのではなく、蚕を厄介払いすること、つまり蚕の力を借りずに木を絹に変えることが重要だった。彼は、十分に希望を抱かせる成果を手にし、スイスとフランスに繊維工場を敷設した。(b)さらなる栄誉は、まったく別の側面に関わる。生化学は発酵を、継起する（一一の）段階へと巧みに解体することで、発酵と最も微細な細胞の呼吸作用とが最終的にしか区別されえないこと、また〔区別されるとしても〕きわめてわずかの差異によってのみであることを明らかにした。本体、つまりわれわれの細胞の奥底（とりわけ大量消費者である脳の中で）で生じていることは、糖の沸き立つタンクにおいて生起していることと区別されないか、ほとんど区別されない。生物学者が結びつけようと思いすらしなかったもの、つまり解糖作用と呼吸がほぼ同一視されねばならなかった。〔両者の〕差異が介入するとしても、それはピルビン酸（CH_3–CO–COOH）が表現する一種の仲介者から出発してのみである。さらにもう一度、生命は罠に捕らえられたのではないとしても、外在化され、把握されてしまった。ATPの分子〔呼吸することは、このATPを製造し、貯蔵することである。同様に、そもそも酵素が糖を分解するのは、この最小不可欠のエネルギーを生命のために蓄える目的においてのみである）というこの蓄財者であると同時に分配者であるものが存在しなければ、われわれの細胞は機能できないだろうから、これはＤＮＡの分子と同様に重要なものと見なされねばならない、ということを付け加えることは不要である。このことは、ここではさほど重要ではない。つまり、ここでは外部――酵素工業という外部――、と内部は、同じ目的と同じ手段を持った唯一の同じ世界のみを形成するということは真実のままである。

有効な道具を構築するために、生物からそれらの生活の仕方、伝達の仕方、移動の仕方を取り出す生体工学以上に、生化学もまた、細胞からそれらの製造手続きを盗み出す（人造ゴムが、シャルドンネの例に匹敵しうる一例を提供する）。素材の科学は、こうした着想ないしは併合（生命‐素材）によって、変動され豊かにされる。

中間状態

この章の冒頭において本書は、コンポーザンとコンポジットという事例と同様に、「液晶」という事例について検討したいと語っていた。古いものを解体し、新しい分類を認めさせるような枠組みの必要性を証明するために、液晶について手短に言及しておくという作業が残っている。〔液晶という〕呼称の二つの語〔液体と結晶〕は、それらが互いに矛盾している限り、実際に相互に排除しあうように思われる。結晶は、固体のグループのうちにしか配置されえないからである。

化学者が、われわれの区分を複雑にするよう余儀なくされたのは、十九世紀の終わりにおいてだろう。グリニャール[*24]——有機マグネシウムの有名な発見者——の概論に従えば、こうした「中間状態」のはじめのものは一八八八年にさかのぼるだろう。安息香酸コレステリルは、いわば二つの融点を示す。一つは一四八・五度で、この点においてこれは濁っていると同時に流動する液体を示す。次いで、第二の融点はおよそ一七八・五度である。この点においては完全に澄んだ状態になる。この安息香酸塩は冷却される際に、まず紫色に色づき、次に不透明、つまり乳色になり、その色を失うが、それを再びほぼ取り戻し、最後に白い塊へと結晶する。ところで、ここで取り上げ直すグリニャールの同じ概論によれば、一四八・五度と一七八・五度の間のこの段階は、偏光顕微鏡で見れば、結晶のように複屈折を有している。

ここでは以上のことから、液体と固体の間に「二元的な物質」が挿入されることだけを記憶しておこう。すでに、ゲル、コロイドという曖昧なものと多かれ少なかれガラス状の物体が知られていた。これらは、液体と固体の双方の本質的な諸性質を示し、一方（液体）のように見えるが、他方のように運動する（固体のように）。光学あるいは熱学の観点から言うとすれば、ここから異方性、伝導性に関する非対称性が生じる）。変化を受容しうる、多かれ少なかれ柔らかい固体（タルク）や可塑的な固体（鉛）、さらには（化学的な意味における）液体金属（たとえば水銀である）が、たしかに知られていた。しかし、さらに徹底せねばならない。真に液体である固体、その脆さゆえに液体と同じように流れ、消滅しつつある状態において、結晶状態における特性を保存する結晶が存在する。たとえば安息香酸コレステリルは、少なくとも三つの段階によって注目されるだろう。一七八・五度は、融解点、つまり等方性への移行を示している。固体から真の液体へと到達する手前で「固体－液体」となるのだ。最近まではなお、以下の二つの物体が明確に区別されていた。(a)あらゆる意味における一種の無秩序、いわば多ベクトルの無秩序を伴ったカオスが支配する〔液体という〕物体。(b)典型的に周期的で規則的な配分が、完全に規定された網状の配列を伴って作用している〔結晶という〕物体。〔これらの〕ちょうど真ん中に、異方性の液体、つまり増大する無秩序の中におけるある秩序が位置するのだ。

過度に驚く必要はない。生物化学は、円盤や細長い棒さらには双円錐状のシリンダーの形を持った、嵩の大きくて柔軟な巨大分子について、この「両義的な」地位を認めさせたからである。われわれは、低温において、これらの巨大分子がある配列――相互的な嵌め込み――を実現するが、熱の上昇が部分的に少しずつ炭素と炭素のある結合（とりわけ諸平面を連帯させるように見えるより不安定な結合）を破壊することを理解する。熱が重なり合いを解きほぐし始めるのだが、いまだ基礎構造間の内的な結合を壊しはしないだろう。科学は、より薄く、とくにより脆い物体、その結果、相互の結合に関わる基本的な鎖が壊れてしまうなら、ある状態から別の状態へと素早く移行する物体に注意を払いすぎていた。ここでは、解体は緩慢にしかなされえない。しかし、「粘性の高いもの」というこの新たな存在に対して、異議が申し立てられるだろう。混じり合う二つの液体のエマルジョン〔乳濁液〕、あるいは懸濁状の結晶のごたまぜを目の前にしているのだと主張されるであろう。しかしこれら二つの仮説は、他の仮説と同様に、この不純な相の分別蒸留の不可能性と一致しない。それゆえ、この相は均一であると見なされねばならない。〔またこれらの仮説は〕光学的な諸特性（いくつかの軸を示す複屈折、これは結晶と分子のある組成との近親関係を認めさせる）の存在とも合致しない。

「これらの混合物」の中で最も流動し、最終的には「滴」の形状になり分離するものをまず見分けるために、ここではこれらの混合物を再区分すべきである。それらは、（ギリシャ語のνῆμα、つまり「糸」から）「ネマトード物質」という名で指示されるだろう。なぜなら、それらの中に、粘着性のある液体の中に浸った線のようなものが見分けられるからである。しかし粘性が強度を増す時、これらの物質はやや結晶へと接近する。これらは、流れる「パスタ」のようなものと見なされるが、ここから（σμῆχω、石鹸で洗う、に由来する）スメクチックという名称が由来する。ネマチックとスメクチックという二つの極限の間に、「コレステリック」と呼ばれる物質が滑り込むだろう。このように命名されたのは、それらの初期のものがコレステロールの派生物のうちに見出されたからである。これらの物質は、もちろん〔ネマチックとスメクチックという〕先行する二つの物質と同じ定義に見合うものである。なぜなら、これらの物質は、先行する二つの間に挿入されているからである。この定義とは、液体の分子配置（ここでは、無秩序と可動性がある）よりも優れているが、結晶における分子配置（秩序）よりも劣った分子配置の一つのタイプ、つまり重なり合う諸層と部分的な並行状態からなる下位構造化を意味する。温度の上昇に従って、この性質を持つ物体は、結晶↓スメクチック↓コレステリック↓ネマチ

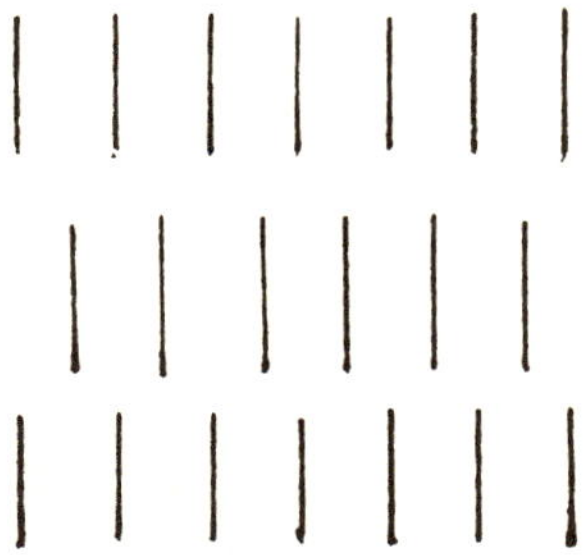

結晶相

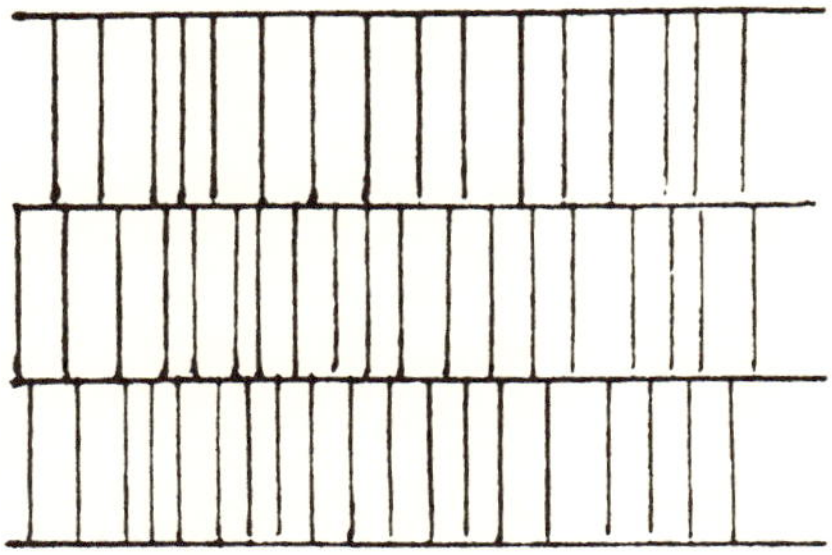

スメクチック相

ネマチック相

ック、最後に液体という行程に従うことが容易に想像される。さらにいくつかの事例においては、両者〔ネマチックとスメクチック〕のいずれかのいくつかの下位タイプ、つまり分離し個別化することが容易である移行状態（同一の物質に関していくつかのコレステリック）が認められねばならない（前ページの図を参照）。

　最後に科学は、日常生活におけるこれらの好まれない存在、ごたまぜ（ビュイイ）、パンがゆ（パナード）、ピュレ、マーマレード、どろどろしたもの（マグマ）、寄せ集め（マセドワーヌ）、ぐにゃぐにゃしたもの（モラース）などという呼称だけで十分に過小評価されていることがわかるものに、いわば市民権を認める。すでに強調しておいたことを繰り返そう。混合物（メランジュ）が、存在しえない（結局のところ現実化不可能な）「純粋なもの」を凌駕するだけではなく、中間の諸状態、諸々のハイブリッドが、最も現代的な技術の中にいっそう入り込む。ある「反プラトン主義」が進展する。さらに過去において、「固いもの（デュール）」が過度に優遇され、「柔らかいもの（ムー）」が不当に拒否された。後者は、この不評から立ち上がる。

　これらの中間構造物が存在するための条件は、諸分子が、一定の体積と長さを持ち、ほぼ直線状をなしていることに由来する。だから、横のつながりが官能基に接合され、それに重りを付けるやいなや、それら（つながりか分子）は官能基の秩序を乱し、その両義的なモーメントを消去する。質について語るならば、また思いがけない旋光性の力を説明することができるように、われわれは同様に、各層が、それだけでアンサンブルに筋立った様相、さらにはほぼ螺旋状に捩られてさえいる様相を与えるのに十分だったと主張することもできた。いずれにせよ、心に留めておくべきなのは、かわるがわる消滅と形成を繰り返すプリズムから生じるこれらの物体によって、色彩が、たんに入射角、層の厚みに応じて変化するのではなく、（それらの脆弱な構造物を破壊する）温度に応じても変化することである。それゆえコレステリックのフィルムは、最も些細な程度の変化のような小さな変容でさえも測定することができる（究極の感受性）。われわれは、これらのフィルムによって分子の諸変容を視覚化し、また標定する（ディスプレイの技術）。

スメクチック、コレステリック、ネマチックという液晶の三つ組みにとどまろう。しかし細カナ違イハアレ、（フランシス・プージュが非常に巧みに巨視的な解説を施した）石鹸だけで「中間物（メディアン）」の構造を理解することが可能である。石鹸は、二つの対立する極の間に引き伸ばされている。一方の極は、親脂肪性で疎水性の末端であり、他方の極は、それと反対の性質を有するが、このおかげで石鹸は水の中に入り込み、そこで溶解できる。これら二つの部分は、正反対であることが明らかなだけではなく、必然的に対立する仕方で作用する。ここから、これらの役割が帰結する。分子の上部が、それがひっかかっている脂質と結合する。他方で、もう一つの「極」が水に溶け込む。こうして、三つのもの（石鹸それ自体、脂肪、水）が寄り集まることができる。

現代的な諸々の資材の提供者である有機化学によって、本書は「物質のカテゴリー表」の見直しを余儀なくされ、「混合物（ミクスト）」を称えたことを、より一般的に指摘しておくべきだろう。有機化学の大部分の物質は、しばしばこの有機化学の物質から着想を得ているコンポーザンの大部分のように、過度に引き離されたものを収容している。タンパク質は、アミノ酸を足し合わせ重合させるのだが、これらのアミノ酸は、同時に酸と塩基として機能する（両性）。アミノ酸は両者を嵌め込む。これによって、アミノ酸の相互に結合しあう（ペプチド結合として知られている）能力が説明される。先に指摘したばかりだが、石鹸はいわば機能的に相対する二つの断片を並置する。われわれは、この二元性を利用する。炭水化物は、この規則の例外ではなく、いくつかの部位を含んでいる。要するに、十分に分析された有機物は、しばしばあまりに遠く分け隔てられてきた諸能力の錯綜を認めさせるが、これらの諸能力は、外的な条件が整えば瓦状に重なり合うことが可能だし、またその能力を有する。この有機物は、分極化されていないにしても、段状に配置された一続きの「建築物」と考えられる。液晶によって可能であるように、この有機物よって本書は、単純さによっても、一種の線状性や水平性、さらにはきわまりない凡庸さ、すなわち同質性によっても特徴づけられない物質のより一般的な概念を再定義できる。

接 着 剤

コンポーザンと液晶という資材が変わるだけではなく、それらに適用できる操作、ないしはそれら自身が可能にする操作も同様に変化する。

予告しておいたように、それらのうちの二つの操作ないしは（正反対の）ただ一つの操作に言及することで十分である。最も根本的であると同時に基本的な作業は、結合か分離のうちに存することを本書は確信しているからである。結びつけるか分割するかである。ところで、「組織（コンテクスチュール）」すなわち諸々の結合を変化させるこれら二つの運動は、今日では巧みに現実化されている。どのようにして〔留め金で〕留めるのか、また結びつけるものは、どのようにすれば結合される（同類であるか、あるいは異なる）諸要素を堅固さにおいて凌駕するほどに強く締め付けることが可能なのだろうか。それはどのような力によって可能なのか。「物」は、思索する人をつねに魅了した。物は、その統一性と堅さによって定義される。人は、それを容易に砕くことはできない。ところがいまや、諸々の手段と粘着性素材のおかげで、諸断片の持続的な綜合が可能になっている。そして場合によっては、これらの断片が相互に凝集されていることが意識されない。つまり斬新な結合体（アサンブラージュ）やコラージュが、製作されているのだ。

かつて人は、紐を結び「まとめる」際に、失望に近い、諸々の不都合を経験していた。昔ながらの有益な技術の歴史は、本質的には結びつける術へと帰着させられるだろう。(a)たとえばわれわれは、ボルト締め、ねじ留め、鋲打ちという簡単な機械的手段に訴えた。ここにはさらに、編むこと、機織り、フエルトをかけることも含まれることを忘れないでおこう。二つの部分ないしは諸断片（ないしは切れ端、小片、糸）が、いわば流し込まれ、分離不可能になる。究極的には、多数のものが、分割不可能なものと連続するものという一つの物体になる。(b)より困難だが、われわれはユニットのそれぞれの可動性を喪失することなく結合することに力を注いだ。こうして、結びつけたり、引き離したりできるように、蝶番、錠、桁端、掛けがね、ボタン、さらには単純な入れ子が発明され、開閉が可能になったのだ。

大昔から人間は、たとえば木片と紙を接着するために、あるいは画家のカンバスと下塗りを結合するために、自然と生物から手段を取り出しもした。デュアメル・デュ・モンソーは、彼の著作──『さまざまな種類の糊製作の技法』（一七七一年）──において、粘性から引き出される諸々の有益な使用についてわれわれに教える。この点に関して彼は、マスチック〔乳香〕とセメントを糊自体から区別する。「マスチックはくぼみを埋めたり、起伏を形成したりするために十分な厚みを持つのに対して、糊は液体で流動するために厚みを形成しないのである」[9]。彼は「膠」を研究し賞賛したにちがいない。これは、動物、とくに魚から取り出された膜質と筋の部分が熱によって溶解することから生じ、長い準備を前提とする。動物の骨、とくに軟骨が湯通しされているタンクから、それを取り出した後に、比較的多量の水に混ぜ、次に乾燥させ、最後にタブレット状に裁断するだけのことにすぎないのだが。ラシャ製造業者、高級家具師、寄せ木細工職人、馬具師のすべてが、これを使用する。しかし、〔手紙に〕封をしたり、ただラベルを貼るためであれば、満足のいく植物製品──でんぷん、小麦粉、アラビアゴム、トラガカントゴム──が使用されただろう。

冶金化学は、これらの創意工夫以上に巧みに独自の手法を見出すだろう。冶金化学によって、われわれは即座に「自生溶接」、つまり金属に関する「同と同との」癒着、二つの末端を溶解するバーナーによる自己接合へと招き入れられる。これらの末端は、適合させられうる。これは最もよい解決ではなかろうか。

理論的には、そうではない。実際に本書では、この問題を技術的にと同時に哲学的にも一通り検討する。というのも、いかなる思想家も壊れたユニットを繕う可能性、ないしは分離されたものを結合する可能性、さらには解きほぐされた状態の構成要素から一つの固体を構築する（融解による創造の）可能性を気にかけざるをえないからである。結合、再結合をなしえるのは、火の見かけ上の勝利にすぎないのではないか。素材の変換（合金と結合）は、このブリコラージュ〔工作〕が、多くの拘束に従わねばならないだけに、いっそうわれわれの注意を引く。これらの拘束は、この工作に諸々の策を弄するよう余儀なくする。(a)たとえばこのブリコラージュが、透明な断片を結合する場合、目指された和合を実現するためとはいえ、それらの透明性に制限を加えるべきではない。結合するだけでは十分ではなく、「この総体の生命」を危険にさらすべきではないのだ。それゆえ、たんに二つの要素を溶かすことだけが重要ではなく、それらの要素のうちに、またそれらとともに自然に融解せねばならない。(b)これと同時に、もし器具が熱や電気を伝えねばならないとすれば、流れを中断する危険性がある人工装具のように、接合点をその経路のうちに置くことはできないだろう。「存在する」と同時に「存在しない」のでなくてはならないのだ。(c)同様にこのブリコラージュは、いまや結合されてしまっている元の断片と同程度に腐食と外的諸条件（圧力と温度）に耐えねばならない。そうでなければ、総体はいまだ目指された「まとまり」を欠くだろう。偽りの統一性が実現されたにすぎないだろう。克服されるべき矛盾でないとしても、なんと多くの障害だろうか。「中間物（メディアン）」は、堅固な「他のもの」でなくてはならない。「他のもの」であるというのは、それは強化されるが、また同一物にその独立を残したまま、その同一物のうちへと己を失うこともできるからである。その中間物は、同一物を連結したのではあったが。多数のもののただ一つの「実体」への変換に成功することが可能なのだろうか。そこで、「同の同への」溶接が、最も優れた解決（明白な同質性と結晶の連続性）であるかのように思われる。それは、十九世紀に、諸々の共融物によって、この溶接が突然に改善されただけになおのことである。

実際に、これらの共融物のおかげで、われわれはもはや高温、つまり金属の融解温度を必要としない。すなわち、適当な混合によって、金属の融解温度が著しく低下し、接合が容易にされる。たとえば、ある結晶化の点においてBに配合されたあるAは、統合に必要な熱を変化させ低下させるだろう。共融物には別の利点がある。もしわれわれが、鉛は鉄に比して諸々の衝撃によく耐えるという理由で、鉄に鉛を溶接したいとしても、これは不可能である（鉄と鉛はいかなる合金も形成しない）。しかし、鉄との化合物を生み出す錫を少量加えるなら、鉛はこの場合には混合物に溶け込むことができるだろう。さらに、錫は二三二度で融解し、鉛は三二八度で融解するが、「錫－鉛」合金の融解点は、一八二度である。ここから、二つの構成要素の凝固点よりも低い凝固点で、よりよく結晶化する溶液の技術が生まれる。それゆえ、すべての面において進歩したのだろう。しかし、なぜわれわれはなお不平を言うのだろうか。

それは、見かけ上の解決でしかないからである。問題は、とりわけ機械的に扱われ、その深みにおいて扱われなかったからである。まず、われわれは金属の「焼きなまし」を必要とし続けるだろうが、これは必ず再結晶化する鉄の特性を悪化させる。電子顕微鏡による検査によって、実際に構造の不可避的な変化が明らかにされる。「同を同へ」付加すると思われていたのだが、総体が変化させられていたのだ。さらには、金属の膨張に関連した変形が完全に回避されることはないだろう。これは、純然たる秩序を喪失した鉄片にとって最終的な不規則性を伴うだろう。たしかにわれわれは、早急にやすりを掛け、研磨し、角を付け直すことに専念する。こうして傷跡や傷が隠される。二つの断片は、強固に結合されるが、挿入されているものは隠されてはいるとはいえ、一つの連続性を断ち切る。要するに、真の合成物ではなく、一つの「つなぎ合わせ」が製造されたのだ。われわれは適合において欺かれるが、それは付け足しの堅固さに関してではなく、その内的な同化作用についてである。

だから現代のテクノロジーは、より上質で取り扱いやすい資材（接着剤）と、とりわけ生地ないしは結合体（アサンブラージュ）を妨害せず、より堅固でもある資材を考案するだろう。「エポキシド」[*25]は、再統合の可能性と質（ついに修復されたり、復元されたり、補完されるものの存在）に関する人々の不審の念を追い払う。人々は、これらの素材とともに有機物素材を利用した手段（タンパク質、鳥もち〔膠〕、木タールピッチ、ビチューメンなど）に立ち戻りもする。作業は三段階において展開される。(a)表面を十分に処理する、つまり結合を妨げる表面の埃、脂肪、多くの沈着物を取り除かねばならない。これは予想されていたことである。接触を遮蔽するものは最も小さなものでも取り除こう。(b)きわめて流動的な樹脂は、薄片や板に機械的に押しつけることなしに、まず常温で（あるいはほとんど常温で）簡単にそれらの上に拡散する。二つの主役（一方には金属や木材あるいはガラス、他方にはエポキシ）の表面張力を危険にさらす「湿潤性」すなわち容易に広がることによって、真の合致が可能になる。つまり、両者は互いにかみ合う。(c)一般に考えられているほど滑らかではなく、それゆえ幾分ざらつく金属の最も小さな切込みとミクロなくぼみにさえも、液体は広がる。さらに、自己凝固剤が樹脂の鎖を重合し、結合を空間の三つの方向へと展開し、錯綜した諸々の分子を誕生させるが、これらの分子は錯綜していると同時に、これらが決定的に密着させるものに比べて薄く、またそれに対してニュートラルである（強力な粘着性）。(d)次の点を付け加えておこう。統一をより確実にするために、われわれは同時に最も古い原則に依拠するのだが、これに従えば必要な場合には接着をより強固にできる。二つの表面を可能な限り近づけねばならないだけではなく、それらの表面に可能な限り多くの接触を与えねばならない。それゆえ、接合面が広げられる。本書の略画は、それにはは単純にどうすればよいかを示している。次第に巧く引っ掛けるのである（次ページの図を参照）。(e)これらの粘着性の樹脂は、「凝固する」可能性によってだけでなく、ほとんど無へと収縮する能力によっても特徴づけられる。それらは、時によっては顔料で彩色可能なものであると同時に、透明なものでもある。(f)さらに生化学者たちは、諸々の手段による一つの作用を手にしている。彼らは、凝固剤はもちろんのこと、ゲル化にかかる時間を短縮する反応促進剤をも自由に使用できる（酵素）。これがなければ、ゲル化は数週間にわたるだろう。またしばしば、後戻りせねばならない。つまり、柔軟にせねばならない。この際には、可塑剤が使用される。柔軟性と拡散への適性を増加させることもできる。諸々の液化器が加えられる。要するに、技術者はいっさいの段階を調節する。

以上のことから、エポキシドとそれによって可能となる締め付けとの物質に関するミクロな弁証法が、ここでも中間状態（メゾモルフ）の物質に依拠していることが、とりわけ記憶されるべきだろう。中間状態の物質は、まず液体であり、「シロップ状の」長い中間期の後に次第に「固体」になる。これらが科学技術専門家が調整する三つの段階だが、彼は（促進剤によって）これらの段階を進行させたり、（希釈液によって）

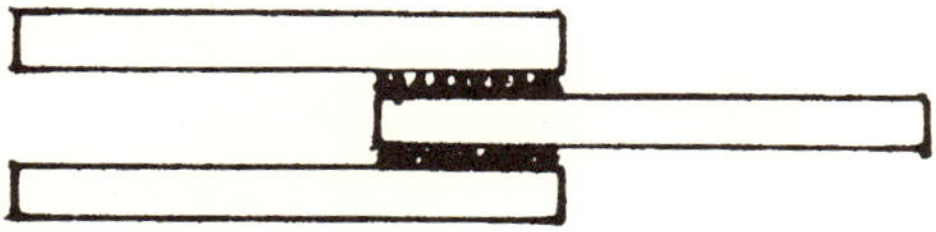

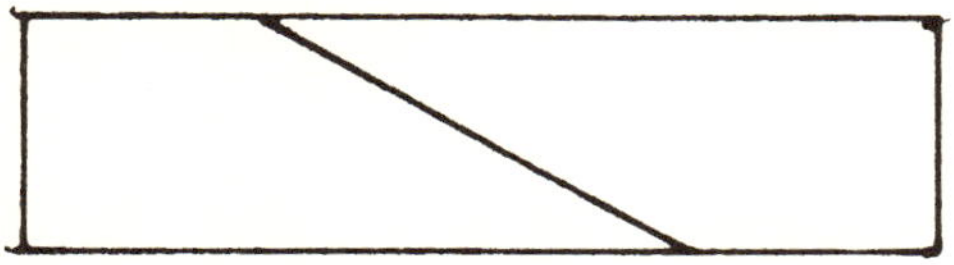

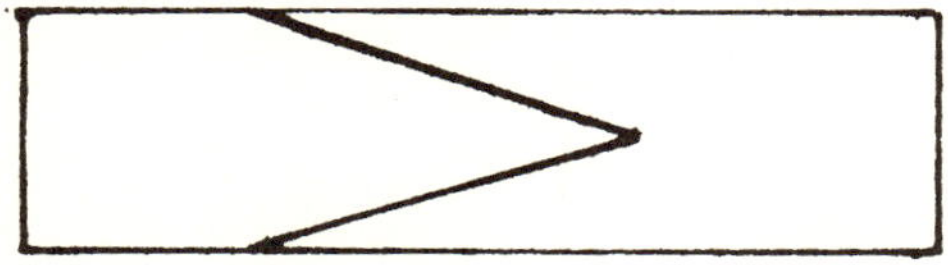

これらを無効にする。さらに彼は、この重縮合を方向づけることも可能になった。こうして、凝固にかかる〔時間の〕長さを論難し、できる場合には、三次元格子の架橋を弱める。要するに生化学者は、操作の空間と同時に時間をも支配する。一方で、速め遅らせる（時間）が、他方では配向、極化を強化し再配分する（空間）。

実現不可能と思われていた作用が、われわれの注意を引く。これは活動的でほとんど消えてなくなりそうな薄膜状の物体による作用であり、この作用だけが真の融合による出会いを可能にする。これは低温において作用し、どのような裂傷も傷も生じさせない。われわれは、もはやこの物質に気づかない。それはいわば消え去る。現代技術は、この物質から驚くべき恩恵を引き出すだろう。数ある中から、ここに二点を挙げておこう。

(1)もし、ある器具が高価だとすれば――金でできた極微細な歯車が必要だと想像しよう――、これを廉価な鋼鉄製の部品に換え、これに（金製の）冠を張りつけることができるだろう。そして、この冠が擦り切れたり壊れたりすれば、これだけが交換されるだろう。希少な器具や製品が二つの部分に分割される。一方には、受容することで満足する任意のきわめて貴重な基体があり、他方には必要とされる諸性質と緻密な特異性が存在する。土台にかぶせる表面が重要なのだから、土台には多くの関心を払う必要はない。機能性は、こうした周囲あるいは境界領域にのみ宿る。

(2)大部分の機械は、嵩と脆さのために容易に運搬されえない。時には同様の理由で、それらの機械を実験室や製造所の内部に運び入れることができない。その場合には、部分に分割するしかないだろう。

かつてはまだ、その場で加工し、溶接し、鋲打ちし、ボルト締めしていた。もはや苦労する必要はない。容易にすべての断片がまとめられる。できる限り解体しようと工夫が凝らされる。なぜなら、容易に再結合できるからであり、結合するものが結合されるものを、堅固さにおいて凌駕するからなおさらである。

かつては、一つの道具の統一性が問題を提起していた。諸々の精神と創造者たちが、影像の素材のうちにイデアを記入したという意味において、影像に関する技術が彼らの役に立っていた。形相が、それによって生気を与えられていた質料のうちに降下するという、製作に関するアリストテレスの概念が取り上げ直されていた。イデアが優位を占めていた。本書は、アリストテレスが考慮した四原因のほかに、五番目の要因を考慮せねばならないのでは、と問うてさえいるのだ。それは、非常に巧みに接着された再編成を可能にするアセンブラあるいは網目（レティキュレール）である（飛行機の翼、タービン、スポーツカーなど）。重要なものはなんだろうか。それは、組み立て装置（モンタージュ）を可能にするものである。現代の接着は、「物体」の構想および生産と同時に「物体」という観念をも刷新するだろう。

反対の作業は、結合ではなく、解きほぐす、つまり分割し分離する——これらは破壊だろう——のではなく、引き伸ばしたり延長することに専念する（諸々のフィルム）。物質的実体は、引き裂かれ、分裂させられ、その構成要素へと分解されてはならず、同時に薄くなるまで伸ばされ、広げられることに耐えねばならない。

実際のところ、物質はそれを広げるものに逆らう。維持と凝集あるいは外的なまとまりは、原子相互間のさらには分子相互間の多くの力に由来する。だから、表面の拡大、その展開は、連帯するものに抵抗するエネルギーを要求する。液体自体は、より自然に解きほぐされるとはいえ、〔これらのエネルギーに〕屈服しない。なぜなら、その体積全体は、それ自身で最小の範囲のうちに閉じこもる傾向を有するからである。滴は、周知のように最も強い凝集力と最小の表面積に対応している球形の形状をとる。さらに実験によれば、二つの滴が出会う時、より大きな滴が小さな滴を吸収することで、それらが即座に溶け合うだけでなく、結果として生じる滴は、足し合わされた二つの総計よりも小さな体積をとることも示されている。あらゆるところでわれわれは、収縮を目の当たりにする。二つの液体の懸濁状態において、一方の液体の粒子は接触を減少させるために、なんとかしてさらに集合し連合しようとする。ここから再びある内向（ルプリマン）が生じる。こうした凝集を避けるためには、混合物を揺さぶらねばならない。合体が壊される。こうした分子構造の検討に入るまでもなく、以下のことが知られている。ミルクの中で脂質の小球が水の内部に分散するが、これはカゼインがこの「散布」を促進するからである。同様に、いわゆるマヨネーズソースについてだが、油が酢の内部で分散する。これはコレステロールや卵黄がそこで油を安定させ、油にこの超‐分割を余儀なくするからである。こうした界面活性がなければ、諸要素は凝集し元の状態に戻るだろう。

　分裂ではなく、単一マクロ分子層ないしは連続した規則的な圧延を獲得するのはどれほど困難なことだろうか。実際にこの場合には、不可能に思われること、つまり諸要素が並置されたままで、それと同時に遠く隔てられることが要求されている。〔要求されるのは〕結合でも、それら諸要素を分離してしまう間隔でもなく、単なる伸長である。ここから出てくるのは、いかなる重なりでもなく、この平板な配置に関する伸長である。

過去には、こうした目的のために水を利用してこねること、融解の後の圧延などの多くの機械的な手段が利用された。しかしこれらの中でも、シリコーンは、これが刷新する先例（接着）のアンチテーゼとしての大きな集団に属する。ここで本書は、酸素原子と結合されてはいるが、その不飽和な原子価によってアルキルあるいはアリール基に結びつけられるケイ素原子に助けを求める。この有機ケイ素の構造式のみから[10]、そのいっさいの特性を演繹することができるだろうが、本書は分離する役割を持った特性、強固に結合した先行事例の反対の特性だけで満足するだろう。有機ケイ素の不活性、耐熱性、疎水性の激しい作用、弱い表面張力に注意を促しておこう。有機ケイ素は、この弱い表面張力によって、究極的な流動性を持ち、それゆえ薄く広がるのである。工業におけるいくつかの用法がこれらの特性から由来する。(a)シリコーンは、それが孤立させる板を覆い保護することができる。(b)簡単に「摩擦を避け」たい時、あるいはモーターの機能低下を避けるために、その反接着性によって、シリコーンは必要不可欠となる。なぜならシリコーンは、沈殿物、埃、接触に対抗するからである。これによって、潤滑がなされる。(c)シリコーンは、独自の仕方で拡散し、並置を妨げる。(d)接着剤と対置されるとはいえ、シリコーンはそれでも容易に重合するという、接着剤と共通の特性を持つ。まず低温では液体であり、すり潰され、伸ばされうるのであり、上塗りないしは被覆材として役立ちうる。それから、溶剤が蒸発したり温度が下がった時には、硬化しかつ網状化される。シリコーンによって物質は、加工され、とりわけ平坦化されうる。ほとんど不浸透性の被覆物（ニス）を形成する前に、薄膜状の諸構造が相互に差し込まれる。これは、いわば物理的な性格に関わることである。化学的には、その不活性が指摘されるだろう。たとえば、活性体はシリコーンを「湿らせる」ことなく、その上を転がることしかできない。

それゆえ工業は、結合すると同時に、フィルムや薄片を入手する。これらのフィルムや薄片は、同質の諸要素から構成されてはいるが、次第に薄さを増す。つまり再結集や合体を妨げ、同類のものを引き伸ばし、いわば平坦化し、さらには分離せねばならない（諸々の絶縁体）。

多様な役割を持ち、いまだなお比類なく、同じく重要なゼラチン（動物性接着剤）は、網目のうちに、それが均等に配分する銀のハロゲン化物の結晶を保持しようと努めるだろう。カラーフィルムが、諸々の層を重ね合わせること、また同様に感光粒子を均等に分布させねばならないことは周知のことである。ここでもまた、伸張と区別、要するにエマルジョンが追求される。

錯　体

現代テクノロジーは、融合する、あるいは区別する、または接着に適していなかったものを接着する、あるいは断ち切ることなく解きほぐす、という相反する二つの基本的な操作を分子レベルで実現したことを指摘するにとどめておこう。

工業が勝利を収めたのは、異なったものの結合あるいは同類のものの遠隔化という二つの基本的な操作を調整するからである。次の点は認めねばならないが、工業は化学者が長い間放置していたもの、つまり有機金属化合物、生物－無機物、錯体（コンプレックス）、タンパク質、混合物（ミクスト）、分析不可能と見なされていたもの、あるいは分析しがたい生命力にきわめて合致していると見なされていたものに、多くの場合依拠している。シリコーンは、本書において言及されたエポキシドと同様に、この広大な領野（ケイ素だが、いわゆる有機的といわれる横のつながりを持ったケイ素）に属している。構造化された物質の奇妙な回帰である。これらは同質なもののみが価値あるものと見なされたために、ベルセーリウス[*26]を筆頭とした十九世紀の科学によって追放された物質である。これらの物質はあまりに不安定で、明確な組成を持たない（多様な要素間の単純な諸関係を持たない）がゆえに、「われわれの悟性には永遠に理解不可能なもの」と見なされ、敬遠されたのだった。

要するに現代の工業は、以下のものによってとりわけ特徴づけられるだろう。それは諸々の中間状態（メゾモルフ）（液晶、固溶体、調整された混合物（メランジュ））の利用、分子構造の諸変換であり、工業は与えられる素材を利用せねばならないのではなく、素材自体の製造を目指しているという事実、つまりもはや物質によって構成するのではなく、固有の「コンポーザン」を物質化するという事実によってである。

結論

CONCLUSION

I

過小評価

本書は、「脱物質化の傾向」と呼ばれたもの、またこの傾向に影響された教育学、「重々しい」と見なされる実在物の消滅へと導く教育学に反対した。

しかしわれわれは、物質をひそかに排除しようとする観念に遭遇し、それを扱わないわけにはいかない。いかなる形式の唯物論にもまったく合意することなく、これから実際にこうした観念を概観してみよう。反対にわれわれは、物質の豊かさを歓待するのだが。本書は、基体、つまり操作し決定を左右することがあるにもかかわらず、単なる媒介者や運搬者と見なされてしまっているものを再評価したいのであり、物質という観念に対して、そのひそかな排除をすでに含んでしまっていないような定義を要求するつもりである。(1)

科学、少なくとも学校で教えられる科学と哲学および芸術は、「脱物質化」の傾向に影響され、しばしば同じ足取りで歩んだ。たとえば物理学において、記号表現（シニフィアン）は、法則を例示する、あるいは例証するためにのみ役立っていたのだが、物理学者は、こうした諸関係に価値を認めるがゆえに、諸々の支持体を若干敬遠していた。

古典的芸術は、支持体に対するこの不当な評価に強力に関与した。ヘーゲルの美学は、古典的芸術をほぼ必然的に自殺に等しい消滅へと導く方向のうちで展開した。（ギリシャの寺院や自由と身体性の合致を表す彫像において）理念と形式、精神と感覚的なものが合致し、互いに照明しあう特権的で、脆弱な、宗教的契機の後では、概念は、長期間この種の監禁に耐えることはできなかった。そしてロマン主義は、合致を揺さぶり、さらには破り始める。つまり、可視的な手段の欠如、表象の不可能性を明るみに出す分離が出現し増幅される。ついには、いくつかの方法によって、表象不可能なものを表象せねばならなくなる。主題は、明確に現れるが、それと同時にそれを表明していたものから自らを引き離しもする。物質性は、単なる表現的な能力を超えることはできない。われわれは、すぐさま物質性の限界、不毛さに触れる。結果としてロマン主義の諸主題は、自己と造形芸術の合致という錯覚に過度に捧げられていた精神の勝利をよりよく肯定するために、有限なものの排除に関与する。芸術では事足りない。「精神は、自分自身で満足したい、自分自身のうちに、真理の真の聖域である意識という親密さのうちに引きこもりたい、という欲求によって所有される。まさにそうであるからこそ、芸術の後に何物かが存在するのである。……省察は、芸術が外部において観想させるものを心の底に、魂の内奥に運び入れるのである(2)」。

哲学が、これをまねたことは誰もが知っている。ギリシャの思考は、観念論的に着想された概念を、はじめから躊躇なく認めさせるだろう。たとえば、生物においてさえも、具体化されるのは本質であり、身体は概念を個別化するために役立つにすぎない。外見上の合一は、二つの項の地位を変化させはしない。人間は、決定的なイデアがこの合一のうちでただ現実化されたことにより誕生する。

本書は、この傾向、その諸様相のうちのいくつかを、その危険性を提示しながら分析したいと思った。現代科学、急激に変化する技術、現代芸術は、この傾向から逃れた。たとえば、画家は、彼の思考あるいは印象および構成に関する知識に気遣うことがより少ないのであり、絵の具、油、言葉、彼の諸々の道具に対する罪を贖うために働く。彼は、軽視されていたものを見るよう強制する。解放された素材の典礼は、魂を豊富な素材で構成できるだろう。そしてこの芸術には、飼い馴らしまた投資すべき新たな素材（諸々の音、顔料、塗料）が毎日もたらされるだけに、この芸術が枯渇してしまう危険性は少ない。すでに見たように、ジャン・デュビュッフェの「ミロボリュス・マカダム商会」[*1]は、「タール、アスファルト、ビチューメン」、土、砂粒を、遠慮なく取り扱い、配置して見せ、またいっさいの理念の手前で、われわれに単なる粒子の群がり、さらにはひびの入ったもの、筋のついたもの、斑点のついたもの、もつれたものを提示した。タピエスは、幾何学主義を敬遠し、主知主義的な伝統（染み、文字、模様、落書き、線）を排除さえする。同様にコブラ[*2]（北部の都市——コペンハーゲン、ブリュッセル、アムステルダムのイニシャル）は、彼らの仕方で色彩の強度を、その激高ではなくその単なる輝きのうちに表現する。他の多くの芸術家が、解放運動に参加する。かつて軽視されたものあるいは押し潰されたものが回帰し、表現され、認知されることで、その可能性を明らかにせねばならない。

しかし、この物質自体を、本書の分析の地平でどのように考えればよいのか。物質を検討せねばならないとすれば、物質はそれ自身について何を明らかにするだろうか。ここでは、しばしば〔物質を〕削除し、不当な評価を行う哲学者のさまざまな態度を、そのつど思い起こさねばならない。要するに、長い間物質に対して陰謀を企て、その排除を請け合った人々に対する批判を再開する。

(1)物質に対する第一の見解。それは格下げである。プラトンは、アリストテレスと彼の質料‐形相論の図式を先取りした。『ティマイオス』[*3]において、[3]プラトンは物質を単なる「受容者」、すなわち一種の生地と定義する。われわれは、この生地の中からすべての所産を裁断して作ることができ、またこの生地はすべての配置に区別なく適している。

実際のところ、周知の諸原理は、相互に転化しあう。つまり、水は凝固して、土それから石になる。水はまた蒸発する。こうして、息と霧が生じる。熱せられることで、水は火になるが、火が消えると、煙になり、次いで雲になるだろう。そしてこれらすべては、当初の水に還る。『ティマイオス』によれば、ここからいっさいの固定された規定を受け入れない循環的な変化が出てくる。

プラトンは、ここから即座に次のような結論を引き出す。これらの変身は、いっさいのものに共通であり、無差別で、これらのめまぐるしい動きを促進する「これらの変身の前提」を含んでいる。「ですから、あらゆる種類のものを自分自身のうちに受け入れようとするものは、どんな形をも持たないものでなければなりません。これはちょうど、よい香りのする軟膏を作る場合のようなものでして、その場合に、工程に入る前に、あらかじめまず技術上の工夫が凝らされるのも、まさにいま言ったような条件を作るという点にあるのです。つまり、そのような場合には、匂いを受け入れなければならない液体は、できるだけ無臭のものとされるわけです。また、何か柔らかい材料にいろいろの形を押捺しようとする人々も、あらかじめどんな形が見えていてもいっさいそれを見逃すことなく、まずそれを均して、できるだけ滑らかに仕上げるものです」[4]。それゆえこの基体は、実際には存在していない存在として、また存在してはならない存在、他のものが住まい、あるいはただ横断するものとして性格づけられる。この基体を、たとえば、彫り込まれた印のみによって無規定性から救い出される蜜蠟や粘土のようなもの、それ自体で非本質的なものと見なそう。プラトンは、二元論の傾向から離れない。彼は、この傾向を強化し、たとえイデアが感覚で把握可能な物の中に埋まり込み、翼を失う危険を冒しながら、感覚的なものに刻印されるとしても、イデアを物体の外部に、また感覚によって把握可能なものから隔たったところに置く。

アリストテレスは、プラトン哲学の行き過ぎを修正するが、これを引き継ぐことも忘れないだろう。彼は、「第一質料」を、これにほとんど劣ることはない第二質料から区別するだろう。青銅は、彫像の下地を構成している。銀が杯の下地を構成するのと同様である。しかしこれら（青銅と銀）は、芸術作品に含まれるある組成（オルガニザスィオン）と諸特性を所有している。われわれは、杯を木や羊毛で制作しないだろう。ある見方では原料にすぎないと思われていたものが、別の角度からは、「形相」と見なされうる。ところで、第一質料が定義されえないとしても、第二質料は可能態としての存在を含んでいるように思われる。すなわち、「非‐存在」ではなく、「まだない」であり、第二質料が呼び求めないしは予告しさえする所産を待っている存在を含んでいるように思われる。究極的には、「存在」は実際にはまだ存在せず、「非‐存在」ですらないが、生成、要するに潜勢態、可能態によって、かつこれらにおいて存在することを求めるのである。

つまりアリストテレスは、二元論を緩和する。しかし物質は、堕落させる側面とまで言わなくとも否定的な裏面を喪失しなかった。物質は「可能的存在」を含むのと同じくらい、これに対立しもする。物質は、欠如として定義される。現実化しようとする力だけが重要である。

そもそも世界は、総体において階層的に配置されている。つまり、〔階層を〕下降すればするほど、イデアは力を喪失し、結果として決定論の重みが増す。反対に上昇すれば、存在は最後にはそれのみで勝利する（現実態活動）。非物質論が勝利し、いっさいの点で優位を取り戻す。さらに受動的な支持体が（ティマイオスの彷徨する種類の原因のように）[*4]、混乱、逸脱、失敗を説明する。「プログラム」の消去ないしは破壊、介入すべきでなかったものの報復でないとすれば、怪物とはいったいなんだろうか。物質は、完全に意図（創造するのみの活動）に従属せねばならない。物質は、干渉し存在し始めるやいなや、喧騒、不規則性さらには無秩序を導入する。

(2)古代の原子論は、哲学の壁を破壊するように思われる。ガッサンディによって引き継がれ、十八世紀まで哲学のこの壁をおびやかし続けるだろう。物質は、原子論によって脱神秘化の道具、反存在論的な武器としてのみ使用されるとしても、本書は原子論に特権的な地位を授ける。物質は、否定的なもの（運命、錯覚、死の恐怖）を罷免し、悲しみ、危惧、未知なるものによって占領された魂を鎮めるだろう。

ここでは、デモクリトスもエピクロスも引用しない。[*5] 両者の差異を見出そうともしない（周知のことだが、マルクスによれば、エピクロスにおいては偏向によって弁証法が始動されるがゆえに、クリナメンという観念が両者を対立させる。[*6] これは非自律的な直線運動と同時にその否定の弁証法であり、ここから自由にされた分子の斜行進が生じる）。ガス状で不可視の微粒子という唯一の実在だけを考慮するルクレティウスのいくつかの節を引用することで満足しよう。

それらの微粒子は、諸々の錯覚と同時に驚異を消滅させる任務を負っていた。『物の本質について』において、議論の余地のない十分に好奇心をそそりさえする説明が読み取られるが、それらの説明はすべて、われわれを取り巻く不可思議なものを解明し、あるいは消滅させるために書かれたものである。われわれは、これらの微粒子を見ないだけではなく、すべての方向に動きまわり、絶えずわれわれの周りを旋回していることを知りもしない。また、これらの粒子が不動だと誤って信じている。ところで、ルクレティウスによれば、岬から見られるならば、つまり遠くから見られるならば、羊は「緑の上の不動の白い染みを構成するのみである」が、羊は平原の上を休みなく移動し、ゆっくりと歩んでいる。これと同様に、われわれが休止していると見なすとしても、微粒子は永遠に動きまわっている。それらは空気中を飛びまわり、これによって、最も小さなそよぎの効果と同時に、葡萄酒の芳香が説明される。

とりわけ諸々の香り、味、触覚（たとえば暖かさ）は——後に「第二性質」と名付けられるもの——、『物の本質について』によって特別に扱われた。なぜならそれらは、知覚不可能な微小の要素、〔その存在は〕疑われる余地がないと同時にすべての要素の中で最も小さくかつ軽い要素から構成されているからである（シミュラークル）。われわれは、それらを見ることも、触れることもできないが、それらの力と同様にそれらの存在を容易に確認する。「たとえば、波が砕け散る浜辺に掛けられた布地は、湿気を帯びるが、同様に日に照らされると乾燥する。しかし、水分が沈殿させられる仕方は、熱によるその消失と同様に不可視なままである[5]」。

ルクレティウスは、主に「精神的なもの」に取り組まねばならなかった。彼は、精神を死に際して身体から離れる「精妙な蒸気」のようなものと考える。彼は、自発的な運動を単純に規定する。微少で感覚可能で容易に動くことのできる分子から出発して、「魂の魂」はこの蒸気（生命の息吹）を揺り動かす。この蒸気も、それ自身で血液に働きかけるだろう。メッセージないしは命令が、即座に骨と筋肉に伝わる。つまりルクレティウスは、彼の粒子に関する着想を捨てることなく、この移行、つまり実現されるべき意図からその実行までの伝達を分析する。原子論は、あらゆる場合に、すべてを吸収できるが基本的である図式を発明する。微粒子は、分離することも相互に結合されることもできる。この不可視で微視的なめまぐるしい動きは、雷から雲、虹、火山の噴火、地震に至るまで、最も常軌を逸した諸状況を正当化するのに十分である。隠された力、神秘的な作用、神の怒りは存在しないのだ。たとえば、アヴェルヌといわれる場所（この名は、これらの場所が鳥類にとってさえ有害であるという事実に由来する、アーオルニス〔鳥類のいない場所〕は何を意味しているのだろうか。地面のここかしこから死を招く放射性の気体が立ち上っている。これら地中の場所は、死と悪魔の帝国と見なされていた。しかし、炭酸あるいは硫黄の発散物さらには金属毒素が関与しているだけである（毒物学）。ルクレティウスは、あらゆるところで、諸々の奇怪な現象を狩り出し追い払う。同様に、病とは病原菌の空気による感染、伝染（有害で伝染性の接触）でないとすればなんなのだろうか。

しかし、こうした原子論のうちに本書が見出すのは、想像力の異常な産物を追い払い、人間を怯えさせるものを説明する、真の物質に関する哲学ではない。それは、超自然的なものと偽りの無限に対する容赦のない戦いを遂行する、徹底的に想像上の唯物論である。物質はここでは、破壊的な一つの武器に、一つのアンチ－ドグマになる。物質は否定的に使用されるだけではなく、その不毛さと等質性によって特徴づけられもする（時には多様な形態を持つとしても、存在するのは原子のみである）。

(3)この同じ物質が、最悪でさえあるもう一つの憂き目、つまり消滅という不運を経験することになる。いまや物質は、存在することをやめる。ここで本書は、物質の排除と物質に対する中傷の主要な諸段階について想起しているのだから、この決定的な段階で立ち止まらねばならない。

より正確には、スコラ哲学者の可能態を追い払うのに役立ちもする延長は、デカルトによって、神が自らの法を記入する書物を構成するだけではなく、物の生地をも構成する。しかしこの基体は、それを思考に対立させていた本質的なものを喪失し、ついには思考に吸収されてしまう（観念論的傾向）。

一つの図形が一つの定理といくつかの真理を提示するのと同様に、宇宙は最も合理的であると同時に単純な法則を表出する。知性と外在性との間に認められる照応関係がいかなる様態であれ、すべてのデカルト主義者が、両者の調和と並行関係を強調していたことが理解される。一方は、他方を翻訳する。よく行為するために、よく思考することで十分なのだから、秩序、真理、透明になったさまざまな物体を理解するために、同様によく思考すれば十分である。『哲学原理』の三巻と四巻は、これに関する驚嘆すべき証明を提供する。それ以来、いっさいが解明される。電磁気という最も複雑な客観的諸特性を認識するためにデカルトは、経験にまったく訴えることなく、論理的推論と演繹に専心する。精神が秩序に従って思考すれば、われわれはさまざまな物体の構造の諸法則と機能を、精神のうちに見出すだろう。たしかにわれわれは、これらすべての存在の根本に、不活性、単調さ、延長を置かねばならないが、いっさいの作用は、神あるいは神が開始した運動に由来する。

さらにバークリーは、もう少し徹底し、この曖昧で説明不可能な「媒体」の存在を厄介払いするだろう。いまや世界は、神の言語を提示するのみである。記入を沈殿として保持していたものが、消滅した。

そもそもデカルト主義者たちは、完全とは言えない彼らの消去の操作をより巧みに成功させるために、われわれ自身の反応や変換器としての感覚器官のみによって生じていた、いわゆる第二性質（色、味、香り、さらには硬さと柔らかさ）を放棄せねばならなかった。たとえば、つんとした酸の運動によって、われわれの内部に苦痛、少なくとも刺激的な諸性質が引き起こされるが、この「印象」はわれわれによって生じている。しかしこの印象は、体感を通してわれわれによって経験されているとはいえ、諸々の衝撃の力学に帰着するものである。身体は、無駄に減速させるプリズムのようなものを形成している。

しかし反省の論理は、まもなくいわゆる第一性質と第二性質の分離を回避するだろう。そもそも第二性質が、われわれの「主観性」に帰着するとしても、第一性質は第二性質に伴っていなければならなかった。しかしながら十八世紀以来、音、色、熱は、ほぼ客観的諸特性に、それらの第二性質がその組成を反映している物質の構成に依存する。だから、物質の構成によって得られる情報やこれらの結びつきがなくても、諸々の（熱の、光の、あるいは音の）流れの通過によって、われわれはそれら物質の固有の地位について知ることができるだろう。デカルトの思考は、その総体において、移動運動という基本的な力学（それゆえ延長）に強く拘束されたままであり、いまだそれが重要でないと見なすものを併合することができない。だからデカルトの思考は、味と諸々の印象の客観性を認めない。バークリーは、この状況を利用し、総体を希薄化して主観的なものの中へ収容するという別の選択肢を認めさせる。もはや人間の前には、一つのテクストしか残されていない。こうして非物質論あるいは絶対的な主観的観念論が開花する。

デカルト主義者たちが、口火を切ったのである。というのも、彼らとともに、延長と思考は唯一の原因である同一の神の力から派生したからである。もちろんライプニッツ[*7]は、神の介入という「恒久的な奇跡」につねに反対したが、彼自身、創造者である神はもはや絶えず作用するわけではなく、いわゆる調和ははじめに一回限り設定されるという相違点だけを除いて、精神と身体の合致、観念と自然との存在論的合致を同じ土台の上に基礎づけている。さらに、デカルトもまた、物質の非存在をほぼ認めることができた。彼が物質を認めるためには、神の存在証明による後の論証が必要だろう。感覚は、人間が受け取る「諸印象」を提供する。ところで、神は人間を欺くことはないから、この自然な傾向に従い、感覚的世界の実在を信じねばならない。マールブランシュ*8は、単独では疑わしいこの傾向を有効だと認めるために、聖書のほうを好むだろう。

バークリーの論証は、十分に注意を引くことも注目に値することもなかった。しかし彼の論証は、まず「延長」を多くの性質やそれに付随する特性から切り離さないための努力において、また彼が感覚的なものを賞賛することによってもまた、巧妙であるように思われる。感覚的なものは、誤謬さらには悪の源泉であるがゆえに、かつてはそれを避けねばならなかった。しかし哲学は、もはや孤立することはなく、これからはむしろ宇宙に浸るほうを好む。逆説的だが、もはや物質を疑わない人々が、そこから遠ざかり、その一方で物質を否認する人々が、われわれを物質に浸すのだ。最終的に物質は、もはやギリシャ人が行ったように、失墜させられはしなかった。物質は、いっそう気化されたのだった。「厳密な意味において、精神以外の実体は存在しない。……物質という語によって、知性の外部に存在する思惟しない実体を考えるのであれば、物質は存在しない(6)」。

(4)弁証法的唯物論は、本書が期待している物質についての知をもたらすことはないだろう。

経済学上の観点からは、即自的な客観性も社会関係から分離可能な商品も存在しないが、同様に、実体へと転換されるような自律的で外的な「実在」も認められないだろう。マルクスとエンゲルス*9は、多様な形態の「フェティシズム」、つまり人間に依存しているように見えるが、最終的に人間を疎外する役目を果たすものに十分な戦いを挑んだ。

史的唯物論と弁証法的唯物論を、性急に区別しよう。前者は、社会関係までをも決定する生産力に、いっさいの重要性を与えるのに対して、後者の弁証法的唯物論は、自然についての諸学を包摂する一つの哲学であろうとする。結果として世界は、それ自身一つの所与と見なされることはできない。世界は、それが抱えており、また乗り越える矛盾の外部で理解されはしない。さらに運動が、物質を満たし、それゆえ物質を規定する。『反デューリング論』によれば、「運動は、物質の存在様式である」。それは、デカルト主義者の機械的な移動ではなく、ある物体が、現在存在している場所とこれから存在するであろう場所とに同時に位置するという緊張である。この内的な力動性は、存在であり、かつ同時に存在の欠如ないしは存在の対立物であるという主要な矛盾を意味する。史的唯物論は、物質を、労働、行動に関連したもの、生産手段を有し、またこのことにより自己生産をも行う手段を有する社会に関連したものと理解していた。これにより、理念に対する実在の優位、あるいは主観に対する客観の優位についての空疎な議論に終止符が打たれ、同時にアポリアに満たされた不幸な二元論が消え去る。しかし弁証法的唯物論は、この年代的記述を強化するために、これを越え出る。それは、「人間化されていた」ものを自然化する。同時に、実践というすべての観念の中で最も実証的な観念が、非常に弱められる。というのも、自然が実践に先行し、それを可能にしたからである。客観性のみによって、現実化へと向かう変換の例が、提供されるだろう。

おそらく史的唯物論を、弁証法的唯物論によって基礎づけたかったのだが、これに失敗してしまった危険性が大いにある。この存在論は、疑わしい諸々の抽象のみに依拠している。「プラスとマイナス、北極と南極、美しさと醜さ、より多いものとより少ないもの、光と陰、引力と斥力」という類の対立が、諸現象の核心に宿っているだろう。各々の項は、他の他として示される。こうして最も極端に対立する諸傾向は、統一の可能性を目指して戦うだろう。この否定の否定は、けっして途中で停止することなく、つねにより上位の水準へと上昇するだろう（自己展開）。この否定の否定は、機能することで古いものを消去せず、それを包摂し越え出る新たなもののうちに維持するだろう。

しかし、次の二つのうちの一つである。重要なのは、社会的な闘争を鼓舞し、さらには与党を強化するための政治的イデオロギーなのか。しかし、なぜ科学的と称して自然を仮装することに依拠するのか。それは必然的に「テロル」を合法化しないか。あるいは、新たな唯物論を確立したいのか。しかし、この場合は非難されていた形而上学、「より多いものとより少ないもの」という類の最も緩い用語を恣意的に操作していた形而上学へと回帰してしまう。

(a)細胞説、[*10] (b)諸々のエネルギー形態の相互転化、(c)ダーウィンの進化説、[*11] というエンゲルスが、「ルートヴィッヒ・フォイエルバッハとドイツ古典哲学の終焉」において、力動的な諸過程の認識と現実を支持して提供する三つの革命は、彼のテーゼの方向に沿ってすらいないように思われる。というのも、これらは異なった仕方で理解されうるだけではなく、対立する仕方で理解されることも可能だからである。宇宙とともに、また宇宙において、（弁証法的発展の原理などではなく）保存の原理のみが勝利するだろう。たしかに諸々のエネルギーは、ある記録簿から別のそれへと移行するが、総計は一定にとどまる。この変換を現実化するために、「変換器の組み立て」が必要であることも忘れないでおこう。さらに、つねに負担を要する交換の過程での喪失という観念も忘れないでおこう。生物に関してであるが、諸々の生物はけっして古い構造を消去しない。細胞は、後のいっさいの段階的形成において存続し続けるだろう。獲得されたものは、既得物としてとどまる。ダーウィンの進化説は、併合と付加による緩慢な充実化も含意している。本書は後に、ここに立ち返るだろう。とにかく、一方の原理は他方の原理――必然的に光に随伴する陰のようなただの裏面――へと帰着する、あるいはその欠如を表出するだけだから、諸現象の中に「プラスとマイナス」、闘争していると称される対立項というタイプのダイナミズムをいっぱいに詰め込むことは、いっそう有効でないように思われる。つまり人々は、基体に自分たちに都合のよい特性を授けるのである。こうして基体は、人々の望むことを意味する。張り子材料が、いっさいの装飾を可能にし、あらゆる用法を受け入れるのと同様なのだ。

要するに、以下の二つのうちのどちらかである。物質の存在自体が否認され、観念論が大喜びする。カント哲学と彼の名高い「いわゆる超越論的観念論」は、仮定的で理解しがたい「物自体」を想定したが、その仕方がほとんど説得力を持たないので、彼の体系的な構築物を深刻な危険にさらすことなく、それを取り去ることができるだろう。あるいは、物質は兵器として使用される。つまり、諸々の危惧を追い払うことができる道具（ルクレティウス）、あるいは発展、より正確には政治‐社会的な支配を強化する道具としてである。科学は、支配階級を承認し維持するのに役立つだろう。しかし、より注意深く観察するならば、観念論と唯物論という二つの立場は、ただ一つの立場を形成するにすぎない。つまり物質は、ある理論や実践を要請しないにもかかわらず、物質が理論やそれによって課される実践を正当化したり、しなかったりするという立場である。

外在性

本書の分析によって、何を明らかにするのかという、別の視界と考察へと本書は促される。といっても、これは筆者の全責任においてである。物質を取り戻すことができるとすれば、物質はまず限りない豊かさをもたらすだろう。本書は、物質をそれ自身で、工業、社会、伝達、交換、経済を変化させうる、汲み尽くしがたい源と見なす。文明は物質に依存し、またその反対もしかりである。哲学的に言えば、〔物質の〕単なる一片も、(a)基本的で一義的な仕方で定義されえない。(b)また、絶えず革新され、多元化される。(c)われわれは物質を、その内部と表面に記入された時間から切り離すべきではないだろう。(d)(音楽の音とリズム、造形芸術の絵の具と粉末、詩の語と韻、建築の構造などと同じく、典礼もそうであるが)真の学者と芸術家は、物質を称揚するか、あるいは(工業とその新たな製品のように)強大化するか、(実験物理学のように)解明する。物質を忘却すべきでも、不当に評価すべきでもない。後に示すように、心理現象は、物質を「中心に据え」、それを活性化するのだから、その重要な部分を物質から借りている。

ここではこれについて説明しよう。しかし哲学者は、間違った道を進んだために、すなわち彼ら自身の内部で、個人的な体験を通して、つまり運動や身振り、あるいは決断を介して外在性（エクステリオリテ）を理解するという間違った道を進んだために、概して外在性の問題でつまずいたのである。われわれの内部の抵抗の存在、つまり相反する欲求の存在なしで、ある責務の義務感をどのように経験できるだろうか。こうして重力は、身体へと関係づけられ、また身体を介して、情念と欲動へと関係づけられる。重力は、即座に諸々の価値に対する「障害物」と名付けられるが、そもそも、ここから必然的に悪による彩色が、つまり反省を汚染し、気を散らせたり貶めるものに対して戦うよう反省を促す二元論（マニ教）[*12]が生じる。重力は、われわれを破滅させる限りで、われわれを引き付ける。自我とそのドラマを経由することなく「非-我」に到達すること、ビラン[*13]流の道（努力の感情とそれに結びつけられた受動性の感情）を拒絶することが、とりわけ重要である。

ただしわれわれは、思想家たちがこうした接近方法を選択したことを許してやるべきである。すべての哲学者にとっての不幸は、彼らが世界、その変化、その産物から切り離されたことに由来する。反省は閉じ込められたし、また自己のうちに閉じこもりもした。心理学雑誌（一九二〇年）の独創的な論文において、ジャクソン氏は以下のことを思い起こさせる。客観性に関する初めての理論家であるアリストテレスのいくつかの例が[(8)]、講堂や教室を占拠しているただの「諸事物」あるいは道具——まったく洗練されていない家具、テーブル、ブロンズあるいは石膏像、地球儀など——によって、哲学者に吹き込まれた。哲学者は、部屋を組み立てさえする。彼は、このつつましい教育学的な円環を越え出ないだろう。われわれは、どのようにしてこの監獄から脱出できるのか。また、どのようにしてわれわれから隔てられた世界を考えることができるのか。それができなければ、事務机やテーブルにつやや輝きを与える蠟の断片をはじめとして、木製の椅子、黒板（タブラ・ラサ）、白い紙片、鉛筆と白墨について一本調子で永遠に言及し続けるしかないだろう。デカルトもまた、部屋（ストーブで暖めた部屋）に閉じこもり、自らの思考に問いかけるだけである。マールブランシュは、われわれが見るものを信用せず、カーテンを引き、闇を求める。哲学者は、人間を洞穴の暗がりから解放するつもりだが、彼自身、自分の同類にしか遭遇しないような穴の中に投げ込まれていたので、この高邁な企図を即刻覆す。彼は、他人たちのために彼に直接関係することを遂行したいのである。それがしばしば規則であるかのように、哲学者は立場を逆転させ、他人の役割を演じようとした。つねに自分にはけっしてできないことを行おうと夢見るのだ。かつてディドロは、この高邁な企図を垣間見させた。たとえ彼が、完全な哲学者だと見なされなかったとしても、彼は工場やアトリエを訪問すること、つまり哲学者が閉じ込められていた習慣的な圏域から脱け出すことを要求する。しかし彼は、実際にこの要求に応えたのではなく、むしろこれを強く主張した。この天才的ジャーナリストは、実際に行ったこと以上に、彼がなさねばならなかったことを語った。たしかに書物と論文は、われわれに諸々の情報を伝えるが、それは情報を気化するエクリチュールを介してである。囚人たちもまた諸々の伝言と書簡を受け取る、しかし彼らは牢獄から出て行くことはない。おそらく数人の哲学者は、彼らを閉じ込め制限していたものを打破した。彼らは、自分たちの基地を遠く離れ旅しさえし、あるいは彼らが実践していたのとは異なる規律を吸収する。しかし本書は、思考をおびやかし、つねに歪めた、反対の傾向の力、過剰な囲いを指摘することを強く望んだのである。
幸運なことに現代科学は、解放のための道具を供給するだろう。それは物理学的というよりも形而上学的な道具である。それらによってわれわれは、諸々の物質のうちへと下降し、それらの組成を解明するだろう。狭小化されず「脱‐均質化」された一つの実在へと接近するだろう。純粋な反省のせいで入り込んでしまった袋小路から脱出するだろう。次には、驚くべき特性を備えた新たな「物体」を製造できるだろう。要するに、かつて宇宙はわれわれ人間の表象であった、すなわち認識されるものであったが、いまやわれわれの意志になることができるだろう。認識されるものから意志になるのである。

一般に「主観性」を離れた時に、われわれは質を規定する（カリフィカティフ）指標に遭遇してきたが、それはわれわれを自由にするには十分ではない。指標を、それが表出しているものに関係づけることを学ばねばならない。そうでなければ、指標を実在と見なしたり、影を物と見なすだろう。では、この王国に侵入するためにどのような方法が利用されたのだろうか。

もちろんそれらの方法の数は、「それらの策略」に比して重要ではないので、ここでは三つの方法を思い起こすだけにしておこう。科学は、「科学主義」を連想させるが、本書は科学をそのようには理解しない。というのも、われわれはこれらの方法によって包囲を回避し、十分に理解されていない世界の「奥底」を明るみに出す可能性を見るからである。哲学的思考の本領は、自己を一新できること、はじめの指標と比較し、それを放棄することのうちにある。

われわれは即座に、解決不可能な諸々の障害に遭遇する。これらの障害によって、おそらく人間を解放する技術の出現が遅れることになった。実際のところ、どのようにして微細な組織の中に入ることができるのか。以下の二つの道のどちらかである。一方では、これらの組織は壊される（分析）、しかしあるミクロな建築物を破壊し、それを煉瓦や石材へと還元してしまった者は、何も得るものがなかった。他方では、それは解体されないで、いくつかの断片のみがもぎ取られるが、それらの断片の配合は把握されえなかった。大部分の物質は、等しい量の同一単位を結合している分だけ、その配合は取り上げられえないのであり、また理解されえない。基本的な諸々の差異は、組成の秩序と性質にのみ依存している。ところが分析は、われわれに単位（諸々の塊）だけをもたらし、一つの結合体（アサンブラージュ）ももたらさない。要するに、どのようにして単なる物質的な組成ではなく、形式的な組成について気づくことができるのか。直接には観察不可能で、それ自体として把握不可能なこの「凝集（アグレガスイオン）」は、いくつかの状態の間で揺れ動いているおそれがあることを、さらに付け加えておこう。ガストン・バシュラールは、『合理的唯物論』の中で、いくつかの構造を含んでいる諸々の物質の振動する不安定なメソメリーについて力説した。さらに繰り返しておこう。これらは解体されないならば、見逃されるだろうが、壊されるならば、認識されないだろう。こうして、世界の扉はしっかりと閉じられているように思われる。

　教育的な標本として、ありうる限り最も単純な一つの共重合体、二つの分子あるいは二つのモチーフの連合（二元ポリマー）があるとする。結合は、少なくとも四つの方式に従って起こりうる。AABABBBA……という相互に無秩序な仕方。あるいは、（周期性を持つ、あるいはそれを持たない）二次元のグラフト（グレファージュ）化。

```
ＡＡＡ——ＡＡ
　｜　　　｜
　Ｂ　　　Ｂ
　｜　　　｜
　Ｂ　　　Ｂ
```

あるいは、ＡＡ—ＢＢＢＢ—ＡＡ……というシークエンス化された戯れ。あるいは、ＡＢＡＢＡＢＡＢという交互の戯れなど。

どのようにして、（同じ成分（コンポーザン）を有し、各成分が同量であり、同じ連結を有する）これらの共重合体を区別し、次には分離できるのか。さらにわれわれは、本書のテーゼに最も好都合な事例、単純な嵌め込み（アグラファージュ）の事例を考慮した。というのも、各モノマーが同一性を保持し、ただ一つの結びつき（共有結合）によってのみ、その同類に付加されるからである。にもかかわらず、微妙に異なり、理解し単離することが容易ではない諸々の物体が結果として生じる。

しかし現代科学は、われわれをこれらの窮地から救い出すだろう。分離するための装置あるいは方法が構築される。

(a)実験室において首尾よく成し遂げられたエネルギーの濃縮のおかげで、化学者は十九世紀の終わりに、もつれを解きほぐし、過度に破壊的だっただけの分析という袋小路からようやく脱出する。ベルテローは、段階をさかのぼり、再結合する。ル・シャトリエは、製造されえないもの、あるいは同定されえないものを、決定し認識することに成功する。「合成」は、いわゆる生命的なものを追放するが、それは生命的なものが諸々の分子を偽って自律化していたからである。また合成はそれだけではなく、次第にこれらの分子を改良する（熱発生）。「炭素と自由な水素は、いっさいの直接的な結合を受け入れないとずいぶん長い間信じられてきたが、それどころかアーク放電の影響のもとで直接結合する。それらは、考えられうる最も単純な諸関係のうちで結びつき、基本的な炭化水素であるアセチレンを形成する」(9)。われわれは、アルコール、糖、脂肪、芳香族化合物に達するだろう。アンモニア水が使用される時、窒素を含むアンサンブルはアルブミンにまで多様化される。諸々の物質が生産されるだけではなく、ベルテローが主張するように、自然のうちにはけっして存在しなかった無数の他の物質（たとえば、主要な諸特性が前もって予想されている多数の脂肪体）が産出される。有機化学は、組成の諸法則（定比例の法則）について長々と議論していたが、すでに新しい一歩は踏み出された。(a)一方で、一個の塩素原子（負電荷）が、分子化合物を大きく変容させることなく水素（正電荷）に取って代わることができるという置換の理論に、ローラン*14が急速な発展を付与した時、彼の力により、一つのシステムはそのシステムの中に入る反対の諸要素にではなく、その配置あるいは骨格構造に依存するという証明がなされたばかりだった。こうして、平衡に関する過度に電気化学的な説明は打撃を受ける。マイナスがプラスに取って代わるのだ。(b)これと同時に、他方ではジェラール*15が、「同族体」と「同族列」あるいは型の理論で名を上げていた。しかしベルテローは、炭化水素、次にはアルコールの段階的な合成によって、諸化合物を生み出すだけではなく、それらの組織を再構築することができた。ただし彼は、でたらめに進むのではなく、これらの化合の際に放出されるエネルギーの量に依拠しており、また反応においていわば最も多くの熱を放出する物質が優先的に形成されることを知っていた。驚かないでいただきたい。最も驚くべきものの実現を妨げるものは、何も存在しないのだ。こうしてベルテローは、空気中の炭酸ガスから容易に炭素を奪い取り、それを水中の水素と、さらにはともに豊富に存在する窒素、酸素と組み合わせることがすぐに可能だろうと主張する。ついにわれわれは、多様な合成食材（窒素を含んだタブレット、油脂の塊、糖分を含んだ水の小瓶、付加される多様な香料）を獲得する。それゆえ、食糧供給の問題が解決されるだろう。しかし、こうしたユートピアについては語らないでおこう。

それでもアセチレンは、実り多い道を切り開く。変換および酸素、窒素、金属、大部分の要素との結合のおかげで、化学合成はアンサンブルの鍵を提供する。熱生成の偉業は、長きにわたり制限されてきた。実験室においては、尿素のような「死んだ産物」、あるいは生物が排出するもの（諸々の老廃物）しか作ることはできないとつねに主張されていた。ところが熱化学と触媒によって、次第により複雑な化合物が「創造される」。われわれは、分析しかできないものは十分に認識できないが、再構成できるようになったものの組成は把握できるのである。

(b)物質のシステムを破壊する必要なく、システムの「構造（コンフォルマスイオン）」を究明する別の策略がある。前もって赤熱状態にされるものを、分光光度計によって検査することのほかに、溶液や固体、結晶内のX線の通過だけで、成分（コンスティテュアン）とそれらの個々の配置、さらには未知なるものの同定に関する情報が提供されるだろう（ブラッグの法則[*16]は、ある一定の波長に対して、原子網面上の等距離を、面に対するX線の入射角に結びつける）。より正確には、同一波長の光は、分子の鏡によって拡散される危険性がある。その光は、それ自身直接にではなく、光電倍増管（変換器、変圧器、最後に増幅器）を通して集められる。ガルヴァノメーターを使って、既知の尺度（分光拡散測定）との関係で測定される。当該の光線は、固体あるいは結晶の内部に浸透することを想像しよう。第二列の原子は——第三列と第四列の原子と同様に——、光を拡散させるが、表面にある第一列の原子に対してわずかな遅れを伴って拡散させる。これらの「鏡面」の間の距離が、ある値よりも低くなる場合、二つの光線が干渉しているはずだと理解される。ここから反射の欠如が生じる。しかし、当該の結晶は、一つの軸に従って回転させられるならば、入射角が拡大され、同時に記録された斑点が変容される。われわれは、この斑点を通して配置（オキュパスイオン）と位置を計測する。

いくつかの方法によって、諸層、それらの間隔、密度を外在化するという原理にのみわれわれは訴えている。ある気体を「評価」せねばならなかったとすれば、それに対する対処あるいは調査は、照射によって形成されたイオンを集めること（濃度計測）で成立しうるだろう。〔それらのイオンの〕再結合が妨げられるだろう。これらのイオンの周辺に、十分に強力な場が作り出され、流れが測定されるだろう。すべての場合において、われわれは諸々の分子の中に入り、それらの組成を解明することができるようになる。われわれは、時にはそれを「計測する」ことで満足するだろう。

(c)これほど徹底的な方策でなくとも、光学異性を利用することで、分極化された単なる光によって、どのようにしてパストゥールが非対称性についての理解とその空間的な表象への道を切り開くことができたかが知られている。さらにこれに磁気諸特性を付け加えておこう。これらは平衡あるいは構築物を変質させることなく、生じうる電子飽和についてと同様に、配置についての情報をわれわれに提供する。

代謝可能なものに関しては、必ずや「トレーサー」が使用されるだろう。自然の構成要素と同様に、放射性元素が諸変換のうちに入るだろう。この模倣体は、核の質量とサイズによってのみ自然の構成要素と異なり、この隔たりは無視できるほど微細である。しかしこの模倣体は、それによって道程を追跡できるほどには十分に自然の構成要素から分離される。さらに、極微量で十分である。それゆえ、最も小さな差異のみによって、標定可能な物理的性質のみによって相互に区別されるが、代謝に干渉する特別な反応を生じない同位体元素からなる物質の差異が、利用可能である。われわれは、「現像液」あるいは自然の「スパイ」にとどまることができるだろう。たとえば、宇宙線の放射に引き続いて高度の高い大気中で形成される炭素一四[*17]は、空気中に回帰し、そこである平衡状態に到達する。生物は、それを吸収するが、この同化の活動は彼らの死によって終わる。それゆえ、われわれはこの停止のおおよその年代を確定できるようになる（標定、年代確定）。

有機合成、放射、磁気学という二つあるいは三つの破壊的でない介入方法によって、物理学者は次第に構造——無秩序によって豊かにされた秩序のうちの無秩序の部分を含めた——を決定する。科学者は液体に関しては、別の策略を用いる——蒸気圧、溶解、化合、場合によっては粘性など。この主題に関して、ここでは、あまりに静的で、いわば停止してしまった物質の表象を提示しているのではないか、物質はまず運動と振動ではないか、あるいはさらに渦、引力、反発力ではないか、という反論を早急に退けておこう。たしかにそうである。しかし、いっさいの力は、その支点、作用、ベクトル、それが入って行くところの、あるいはそれが構成する諸平衡によっても規定される。エネルギスムは、非局在化と「波動」だけを考慮するという重大な誤謬へ導かれて行く危険性があるというわれわれの弁論を再び取り上げるのはやめよう（伝達に先立つ衝撃と同様に、必要不可欠な「場」が忘れられる）。いずれにせよ、振動することが可能な一つの基体あるいは点を認めねばならない。われわれは、相対的で過度な不確定へと回帰することを拒絶する。

物質と生命

結果として、われわれにとって物質は、複雑な構成された一つの総体として考えられねばならない。物質は過小評価されたが、それには根拠がなかった。ところが、まず〔物質の〕最も小さな一片ですら、実験室において説明され再調整され、構築される多数の装置を含んでいる。この一片は、けっして説明しつくされなかった。さらに、言及しておいたように、物質は人間と協働し、人間が行う操作に関与することをやめない。われわれはまず、物質の硬さ（合金、鉄、青銅、銅、錫）――可鍛性を併せ持つ硬さ――を利用した。次には不変性が優位を占める（抵抗するもの）。現在われわれは、ノイズ、減速、消去などを伴わない、感受性、「保存」、伝導性という他の諸性質に狙いを定めている。

本書は、究極的な二つの哲学的解決にまで至る。一方では、物質は大昔から存在していた。結果として、物質が神格化される。あるいは神が、物質を自分自身から引き出すので、物質は神固有の性質を分有する。いずれの場合においても、われわれは物質に卓越した地位を与えている。ノアの箱船と同様に、物質は潜在的に創造の総体を含んでいる。反対に、この総体を、混濁し限界を持ち不変である基体の暗黙の能力に関連させることは、作業を減少させはしない。われわれは、まさにこの基体を拡大し、あれこれと検討し、変形することを学ぶだろう。

科学は、この基体を発見する責務を負う。それゆえ科学は、自然の産物を改良し、拡大適用するために、それらの産物から着想を得ることに成功する。本書はこれを、たとえばコンポーザンとコンポジットという金属について理解したが、同様にシャルドンネ伯の人造繊維によっても理解した。合成物は、実在を増加させ、それを巻き付いた状態から、とくに盲目的で単調な反復から、さらには相反するいくつかの相同士の結合不可能性から救済する。人間は、自然が分散させ、間隔をおいて配置することしかできないものを、「一まとめ」にできるようになるだろう。

より一般的に言えば、生命はまず媒介となるリンク、「自然に関する初めての実験室」だった。生命は、化学者に先行していた。これを認めねばならない。以下は、この点に関してとくに関連性を持つと思われる引用である。「生命は、蒸留し濾過する。緑の地球、森、草原は、光化学を実践し、太陽のエネルギーを化学的に吸収する。しかし、こうしたいっさいの前‐人間的な諸現象は、人間が文化的な段階へ到達した時には追い越されるであろう。……真に化学を実践しようと欲している自然は、最終的に化学者を創造する」[10]。本書では、ガストン・バシュラールのこの指摘を、自ら責任を持って取り上げ直そう。筆者は、彼が宇宙と実験室の間に、さまざまな物質を製造する有機的な力を挿入したことを指摘できて嬉しく思っている。

結果として、もはや物質とそれを実現する生命を分離すべきではない。それゆえ本書は、二元論に反対するだろう。（機械論のように）生命を物質に完全に帰着させるべきではないだろう。一方を生じさせるために、他方を付加すること、あるいは積み重ねることでも十分ではない。あるものをそれ自身と対にする、その結果、それを複合的にするだけでよい。〔物質と生命という〕二人の主役の未知なる諸特性を備えた、新たな存在を生産するために、別のものに結びつけられた要素、あるいはそれ自身に結び付けられた要素で十分である。最も重要なことはなんだろうか。内的な諸変化が、対応する「修正」を引き起こし、協同作用が働くように、総体がそれ自身に閉じこもり、閉じたシステムを規定するようにすることである。

神秘化しないよう、無駄な要因ないしは謎めいた力をどこにも導入しないよう警戒しよう。酸素と水素によって、水が作られる（合成）が、水はそこに含まれる二つの成分とまったく類似していない。また木から糖と酢を製造することもできるだろう。しかし木は、これらのどちらも含んではない。生命（すでにセルロース）は、これらの漸進変化を含み、あるいは可能にしている。われわれは、これらの変化の諸段階を標定するのだから、これらの原理を理解する。

自身に付加された諸要素、糸に付加された糸、ユニットに付加されたユニットによっては、どんな驚きも余剰も与えられないと、反論されるだろう。これは、論理に従って展開されるプロセスの結果を縮小するために、つねに振りかざされる議論である。しかし、この議論を適用するのは誤っており、それゆえこの議論は挫折するだろう。単なる寄せ集め（ラサンブルマン）と合一（ユニオン）が同一のものと見なされている。合一は、二つの成分を活性化し、それらの相互浸透を促進することから始まる。われわれは、対立するものの統一を想定する必要はない。二つの成分は、二つの敵対者と見なされるべきではない。それらは、厳密に等しくなりうる――それ自身に付加されたアセチレンのように（重合）。われわれは、和解させるために前もってなんらかの紐帯を想像する必要はない。結合のみが、もし可能であれば、環化反応のみが重要である。したがって、付加と融合を明確に区別しよう。

化学は、本質的に「諸々の紐帯」の多様性、それらの個々の能力、位置あるいは部位、諸成分の位置取りを学ぶ。諸々の物体よりも、組織化、割合のうちにある差異、連合（フェデラスィオン）の型、位置のほうが重要である。本書は、ある観点から、混合物、群（アマ）、溶液、「真の結合（アリアンス）」の間の非常に明瞭で重要な区分について再び言及する。

生物もまた、諸々の破片の数よりも、それらの合着について考慮させる。生物の形態学だけからでも、われわれはいくつかのことを教えられる。たとえば後生動物は、それらの動物を構成している部分（子葉、えら、椎骨、筋節、皮節など）をうまく「混合」することに成功するという事実によって、注目に値する。反対に原生動物は、群体による生、数多くの相対的な分離しか知らなかった。第一段階――海綿動物、イシサンゴ類、礁、イソギンチャクなどの段階――は、「寄せ集められたもの」（環形あるいは単なる反復による構造）しか提供しない。しかし、われわれは次第に、より一貫性を持った接合（ジョンクスイオン）を目の当たりにする。かつての堆積の痕跡はほとんど認められない。そして動物は、頂点において、多数性の最後の名残を消し去った。発生学者や解剖学者は、生命が首尾よく作り上げたものを解体するが、これによって、フィルムを逆方向に回転できるようになり、統合の諸段階が見出される。淡水のヒドラに関するトレンブリー[*18]の名高い実験は、さらに本書の主張を支持する。ヒドラ[*19]の「尾」が切断されたのであれ、それがただ逆にされたり、差し替えられただけであれ、いかなる「断片」であっても、十分な自律を保持し、分離された状態で生き続けることができたのである。

さらにここでは、単純なトポグラフィック的解釈の一例を提供する。なぜなら、実際に「並置された」配置が、原基の状態あるいは痕跡の状態で存続するからである。困難を伴うが、われわれはその配置を見出すだろう。たとえば、覆われた三つの筋（皮節）を持った皮膚片があるとしよう（次ページの図を参照）。神経線維1と3が切断されたとしても、神経線維2がそれだけで感覚を確保し、ほとんど知覚しえない効果のみを生じさせる（これは知覚麻痺ではなく、せいぜいのところ減退である）。同様に、神経線維2の削除は、神経線維1と3による交替を妨げないだろう。それゆえわれわれは、上肢と下肢の区分のように明確な区域を限定することは困難である。人間は、完全に静力学を変化させたのであり、人間の直立姿勢は、四足歩行性の区分を混乱させる。そして脳——多くの陥入と埋め込みの成果——においてわれわれは、段階と領域の識別を試みるうえでの最も深刻な不都合に直面するだろう（しかしこれらの段階と領域は存在する）。巻きつきによってもまた、機能の代行と拡散が説明される。脳

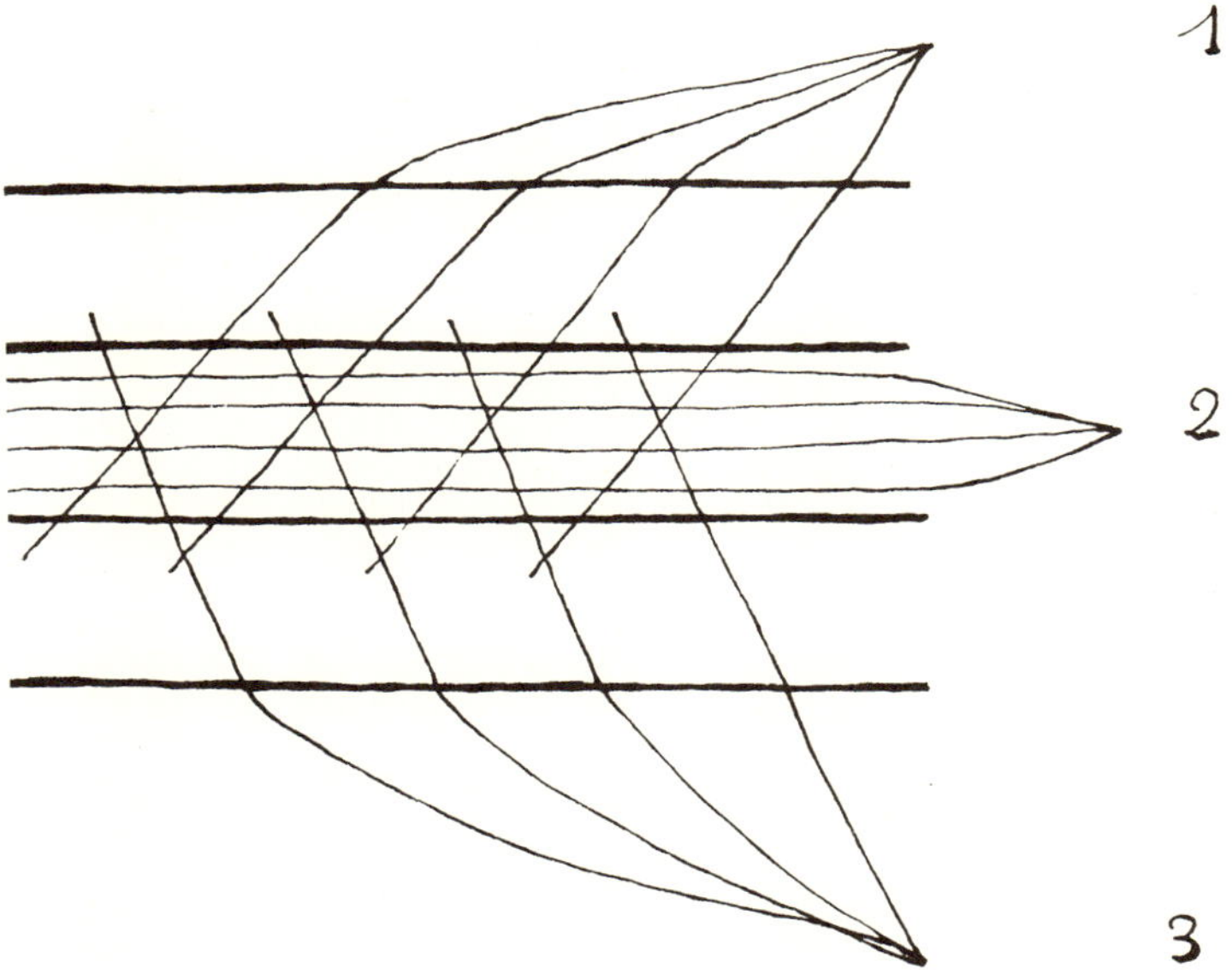

重ね合わせの図

の「襞を伸ばし」さらには「再び巻きつける」よう試みねばならないだろう。

つまり生物は、必要最小限の物質性を乗り越えるが、この物質性を否認しない。生物は、重ね合わせと自己を閉じ込めること（倍加）の歴史と圧縮から生じる。頭蓋だけでも、これについて説得するのに十分である。頭蓋は、それが相互に関連させる細胞の塊を詰め込んでいる。パヴロフ[*20]ほどの鋭敏な生理学者は、その機能の基本的ないくつかの規則を分析し、開示することができた。条件反射は、糾合と同時に拡大によって――典型的な論理に基づいた作業によって――定義される。

AがBに関係づけられる、たとえば音が肉に関係づけられれば、この同じ音によって(a)一方では、二つの領域が相互に巧みに融合され、重なり合わされた（空間的拡大）。(b)他方では、それ以来AがBを予告する（予兆と予想）。諸作用の時空内での分散が消去されることで、時間と空間が支配された。われわれは、ここに決定的な成功ではなく、制御の端緒、つまり「意識」の始まりを見よう。

本書の結論――「再物質化」を目指すのだから、物質により高い価値を与えること――をさらに一般化するために、「現代の客体」はもはや主体に対立しないことを指摘すれば満足である。隣接する領域においては、同様に、精神を身体から分離すべきではない。諸々の古い二元論を回避しよう。これらの二元論はおそらく、これらの分割（質料形相論と生気論）の擁護者であるギリシャ人に起源を有する。

アリストテレスによる生物の定義は、この分割を考慮し、その影響を受ける。彼は、生物を一つの力のようなものと考えた。その力は、受容体のうちに記入されてはいるが。しかし、この力が具体化されるところの生地である受容体から解放されるにつれて、この力は優位を占め、分類において上位を占める。現実化するのは、「霊魂」である。アリストテレスは、生命は基体から切り離すことができると考えたので、それを有利に扱わざるをえなかった。その結果、生命の移動の仕方（運動、身振り、迂回的な活動）と同様に、生殖の方法（解放的で動的な発生）を特権的に扱った。機械的で盲目的な移動が低く評価された。それでも、すぐに〔人を〕疲弊させ、彼らの安逸や安楽のためになる習慣をまったく生じさせないような移動を維持しなくてはならない。それゆえ労働する奴隷は、重い道具や器具に勝るのである。哲学の伝統に重くのしかかる概念の本質は、おそらく政治‐経済学的な考慮によって着想されている。(11) 道具と装置‐手段とは対照的に、自らの構造によって課される条件を超出するような存在の豊かさと、創意に富んだ柔軟性が長きにわたり賞賛されるだろう。

哲学者たちは、この道に従った。それゆえ彼らは、「有機体」を賞賛した。カントからベルクソンに至るまで、彼らは生物を、彼らが価値を認めなかった機械から区別した。なぜなら彼らは、結局のところ説得力を有していた次のようなタイプの議論に依拠していたからである。(a)時計は、自分自身を修理しない。(b)さらに自己を複製したり、「産出」することもできない。時計職人だけが、時計を製造する。(c)時計は自らねじを巻かない。人が作動させ、ぜんまいを巻かねばならない。

しかし、この罠に陥らないようにしよう。現代世界は、「諸々の器具」と同様に最も複雑な生命化学的操作、神経‐筋（自発的運動）を理解する仕方を変化させた。さらに、これら二つの変換はしばしば混じり合う。結果として本書は、バイオテクノロジーに、つまり、大きく隔たった二つの分野の相互浸透に重要性を認めたのだ。諸々の機械は、それらに先行していた生物を模倣したが、その後この生物を凌駕する。他の分野の中でも繊維は、少なくともこの干渉しあう主題に依拠している。高感度の変換器、フィードバック調整器、データの貯蔵装置などの機械は、それらを使用する人々に似てくる。反対に、彼らは、これらの機械に自らをゆだねる。人間と道具が相互に入れ替わり、立場を交換する。物質は、不毛さと不活性から救出された。われわれは、物質をいくつかの側面から、記憶を持つもの、また作用を被るものと見なすことができる（物質は、人間が注意を向けない影響に対してすら反応する）。工業は、ハードウェアとソフトウェアの融合、ハードウェアとプログラムの融合を確固たるものにする。

過去に数名の著者が、コミュニケーションにおける「伝達手段〔媒介〕」の重要性を証明したことを想起するなら、これは人を驚嘆させるような主張ではないだろう。支持体ないし手段は、もはや二次的なものと見なされえない。それらは、しばしば内容を決定し、少なくとも内容の変更を命じる。媒体は、進化したことで、自らメッセージを引き起こす。間接的だが、この教訓を記憶しておこう。

だから、哲学の歴史を、すなわち哲学とその諸々の教義を「再物質化する」まで徹底せねばならない。人々は理論家によって正当化された結論そのものへと、あまりに性急に依拠してしまう。この再物質化が意味していることはこうしたことではない。これは何を意味しているのか。

理論の結論へと急いで駆けつけるのではなく、反対に、

(a)まず、理論家が使用した語、作り出した語彙はもちろんのこと、彼の文化と同様に彼の時代に関連した語彙を無視してはならないだろう（ネオ論理主義）。

(b)哲学者は、論証のための装置一式を貯蔵庫から取り出した。彼は、つねにそれらの装置を発明するのではなく、たんにそれらを再現実化したり、逸脱させたりした。諸々の逸脱のリストと同様に、それらの装置のリストを作成しよう。

(c)彼自身が、「新しい方向に導かれ」えた。それゆえわれわれは、彼の作品を、それが直面していた諸々の出来事ではなく、それに向けられた諸々の反論に応じて、「時代区分」すべきだろう。巧みに裁断できるように。

(d)中心となる主題は、どのようなタイプの論述で表現されたのか。アフォリズムの形式か、会話の中でか、あるいは概論によって、さらには新聞、案内書、告白によって表明されたのか。中心となる主題のみを考慮することで、どのような論述のタイプが受け入れられたかが忘れられるべきではない。

(e)草稿とそこでの削除された部分の検討に、注意が払われるべきだろう。これこれの一節はなぜ削除され、移動され、変更されたのか。最終的なテクストは、モンタージュに類似している。われわれは、構成、元の場所への引き戻し、連結を識別することを学ばねばならない。

〔印刷術以前の〕写字生は、たとえ彼が実際の印刷に対して二次的な場所に置かれているとしても、それなりに仕事をしている。彼は少なくとも、時代の諸々のドラマについて考える。われわれは、見かけ上抽象的な思考を、それらが誕生した土壌、瞬間から、切り離すべきではない。それらを再び根づかせることが必要だが、写字生はこうした根づかせることを考えるための別の仕方である。

哲学者は、時代の諸々の問題に関与している。彼は立場を明確にする。諸々の解決を維持するために戦うか、あるいは変化を支持して戦うが、それはこれら両方の態度の危険性を知ったうえでのことである。

しかし本書の指摘は、われわれがはじめに取りかかったものについて主張する。つまり、再物質化の教育学への訴え、哲学における、またテクストの研究における、離陸、気化、すなわち昇華——化学と心理学に共通の用語——を支持するものの拒絶である。このことは、われわれを驚かせることも、ましてや不快感を抱かせることもありえない。

拡散

しかし、繰り返しの危険を恐れず、本書はいくつかの結論に立ち返る。そして、先行する結論に従って、補足的な二つの結論を付け加えよう。われわれは、哲学が容易には与しない再物質化の運動を奨励しているのだから、こうすることが必要なのである。哲学は、むしろ反対方向、つまり観念の方向へと歩むからである。

(A)まず、模範的で生産的な現象だと思われる繊維の領域(第3章)を拡大すべきである。本書では、技術がこの物質の構成素材の製造、つまりシャルドンネ(一八八四年)により自然性から解放された糸の製造を可能にしたことを証明しようとした。まず糸は、いわば「模倣」されたのであり、次いでわれわれはこの手順から次第に解放された——シャルドンネ自身でなくとも、少なくとも後継者によって——、ここから人工繊維の後に、カロザース[*21]の合成繊維が登場する。われわれは、羊毛、絹、綿による独占に別れを告げると同時に、亜麻、麻と決別したのだ。

同じ時代（パーキン、エマニュエル・ヴェルガン）に、有機化学によって染料（アニリン）が供給され、われわれは植物資源（インジゴ、パステル、サフラン、アカネ）から解放された。

すでに十八世紀の終わりには、機械が自動製織の問題を解決し、解放への道を切り開いたが、この解放は重大な衝撃を引き起こさざるをえなかった（一五〇〇年前に、大勢の絹織物工が、最低賃金の固定化を要求した）。「タフタ織り工」の反乱が勃発し、一八三一年から一八三四年にわたり、多くの新展開をもたらした。最後に——最終的な要因は〔先の反乱ほど〕目を引くものではないが、もちろんまったく取るに足りないものではない——、布地の上の装飾的な模様（プリントあるいはインド更紗）が、それ自身もまた「織られた支持体の上の模様」である画家の作品と対決した。それゆえ、画家の仕事が、軽視され非難されさえした。これによって、とくに十六世紀以来、画家が布地の表面に「トワル・パント」を描くことが禁じられる。しかし、十九世紀の終わりに生じた、役割の完全な逆転が指摘されねばならない。リヨンの芸術家たちは、アトリエに省略的でしなやかな表現技法を持ち込まねばならなかった。彼らは、絹織物製造業者の注文によって、こうした技法に慣らされていた。ここから、簡潔さと暴力的な簡略化によって一挙に進歩した一つの絵画が登場する。ジュイ＝アン＝ジョザの威光も忘れないでおこう。そこは、同じ世紀の初頭、彫り込みを入れられたシリンダー工業（オーベルカンプ）と芸術家（風景画と動物画のスペシャリストであり、ジュイの製法のために、さまざまな工程における綿布に図式的に描くことに成功したジャン＝バプティスト・ユエ）との最も実り多い協働の中心であった。要するにわれわれは、見事な報復を目撃している。競争を危惧して、また機械化の到来あるいは再登場に対するおそれにより、絵画からさえ追い払われた繊維が、絵画の中心へと回帰し、それを変革するに至る。同じ支持体（織り地）が、交換と反転を説明しかつ可能にする。つまり、布地の表面にプリントされたものが、布地の表面に手で描かれた模様を、わずかに消滅させるのだ。

本書は、第一の結論へ到達する。芸術は、合理性を、合理性（多様な織り方とそれらの結合関係）によって産出される素材のうちに宿らせた後に、幸運にも反対のこと、つまり反復的な物質性の幾分かを精神的なもののうちに挿入することに成功する。たとえばグラフィックデザイナーは、単純で生硬な模様、とくに反復可能な模様を構成する。そもそも本書が紹介した現代芸術（ヴァザルリのモンタージュ、デュビュッフェの写しとモノタイプ、クロード・ヴィアラのステンシルとエスパルト工芸）は、このメタ－織り地化の道をたどった。二つの領域（科学と芸術、物質と記入）は、収斂と合着のうちで終わる。創造は、規則、プログラミング、推奨される技法、諸々の生地や絵の具（物質の組成）と相容れないものではないのだが、古典的な哲学は、創造を神秘のオーラで包み込み神話化した。

要するに、繊維の、繊維による、繊維のための四つの成功（素材それ自体、色彩、織り方、プリント）を指摘する。ここから、繊維によって輝かしい物質性が生じる。しかし、なぜこうした大成功をなしえたのか。たとえば、なぜブッションーヴォーカンソンージャカールは、隷属的な労働のうちにある人間の代理を認めさせることができたのだろうか。さらに後には、なぜ創造における主体の相対的な排除を認めさせることができたのだろうか。最小の物質性、動かし構成することが最も容易である物質性を加工することが重要だった。織り地は、諸々の交差のみから生じる。つまり織り地は、秩序によって構成されるのだから、人間は、次第にそれをより巧みに秩序立てることができるようになる。織り地のうちで、実在と合理的なものが実際に合致したからこそ、この混合物は哲学者たちによって賞賛され、自律的な道具である人工知能への扉を開いたのだ。この道具は、この混合物のうちに、驚嘆すべき花々(フィリップ・ド・ラ・サル、ルヴェルの花束など)や風景(点の総体)、さらには構成されるそれ固有の仕方、ジュイの絵画の中の絵画を挿入することもできた。つまり、物質化への革命が始まったのである。この革命は、工業を変革し――社会構造を失効させることなく、それに重みを与えさえした――、織物工を消滅させたが、それは動物と植物の排除以降であり、社会構造が個人に取って代わる以前においてである。実際に、孤立した芸術家と生産者の間の障壁は崩れ落ちる。なぜなら芸術家は、自分自身のうちに、諸々の反復と単なる操作におけるほどには、可能性と輝きを見出さないからである。

ここに、これほどの偉業を担った繊維産業全体の威光を支持する補足的な議論がある。

人間は十九世紀の終わりに、可逆的な機能を有する道具、すなわちこの場合には現実から「像」を取り出し、次いでそれらの像を投射できる道具、つまり捉え、それから捉えたものを返すことができる道具を構築できた。ニエプス[*22]は一八二四年に写真を発明するが、ベルギー人のジョゼフ・プラトー[*23]は一八二九年以来、撮影された現実そのものを復元するというアイデアを、少なくとも構想するには至った。さまざまなストロボスコープに続くフェナキスティコープ[*24]、ゾートロープ、フォトビオスコープ、ファスマスコープ、キネトスコープ[*25]、プラクシノスコープ、フォトゾートロープなどである。いかに多くの試作がなされたことか。しかし、第二の契機(投射)の結果は、納得のいくものではなかった。(a)一方で、ゆっくりと連続して回転するフィルムは、そのままだとネガが反対方向で再び上映されてしまうので、停止せねばならず、それから広げた部分を巻き取らねばならなかった。不動性と撮影、確固とした固定と速さが連結されねばならなかった。もっとも、ほとんどここまで到達していたのだが。(b)他方では、同調させねばならない、つまり厳密に均等な間隔を持った休止を保証せねばならない。網膜反応はこれに依存する。

映画の創造は、結局のところルイ・リュミエール[*26]に帰せられねばならなかった。しかし、〔映画の創造が〕なぜ彼によってなされ、またなぜリヨンにおいて、ブッション、フィリップ・ド・ラ・サル、ルヴェルの都市においてなされたのか。ルイ・リュミエールは、この疑問に対する答えをほのめかした。彼は、訪問したクロワ゠ルスの工場で、織機の帯が次々に流れるのを見て、リヨンの絹織物工から穿孔による利点を借用するだろう。鋼鉄製のいくつかの小さな爪が、フィルム(これはセルロイド製のフィルムであり、シャルドンネの革命の直接的な結果であり効果である。彼のおかげで、耐久性があると同時に薄いフィルムによって、重い不活性のガラス板の代用ができたのである。この点を指摘しておく)を引きずり込み、次いでそれらの爪は穴から出て、正確に測定された一瞬の間、空のまま上昇し、新たに後続するイメージを引き入れる。挟む道具による〔フィルムの〕この上昇は、フィルムの通行を調整し拍子を付ける。つまり映画は、実際にリヨンで誕生したが、またそこで誕生するよう運命づけられてもいたのである。一人の若い写真機材業者が、(繊維産業という)彼の世界に隣接する世界から、一つの装置を運び入れたからである。彼は、この装置を別の世界へと、つまり機械装置とクロノグラフィックなシステムの研究へと適用し、映画の登場を促進することになるのだ。ブッションージャカール、さらにミシン〔編み機〕は、イメージをつなぎ、それらを投影する方法をひそかに教示した。これと相関的に、ＩＢＭ社がつつましいブッション——彼はコード化とオートメーション化可能な転写の科学の起源に位置する、花々と単純な模様のデザイナーであり、ヴォーカンソンに先行する——に対して自らの借りを認めたことに、本書は注意を促す。

そしてここでは、諸分野を裁断することの不毛さに対置される、それらの横断的な接近と融合の有効性について、より一般的な規則を引き出す。すなわち、すべての発明家、学者は諸々の分野を融合したのである。彼らは自分の分野から隔たった領域へと、自分に着想を与えた領域へと開かれている能力を持っていたし、また実際に開かれていることができたからである。彼らは、不都合な諸々の分割を消去した。まさに先端を走っていた織り地の世界が、拡散したのだった。それが、コンピューター・グラフィックス、デジタル録音の分野を準備し容易にしたことは明らかだと思われる。

再審

(B)本書が擁護した、物質についての一般的な概念は、基体についての「ギリシャ的な概念」からまず区別される。ギリシャ的な概念は、基体をほとんど無視してかまわないような受動的な集積容器と見なすからである。形相だけで、その形相が具体化されるところのものが関与しない、あるいはほとんど関与しない結果が決定される。ここでは、細部にわたる解釈によって、部分的に反論されたり訂正された「型どおりの諸観念」のうちにとどまろう。

しかし、アリストテレスが制作あるいは創造行為における四つの因子を考慮したことは、誰も否定できないだろう。たとえば、大理石、次いで動作主、つまり彫刻家、彼のうちにあるアイデア、彼が現実化することを望む目的、最後に彼が作り出した最終的な形象である神あるいは陸上競技選手。現実化する運動は、この運動を支え、この運動に影響されるものの外部に位置づけられるが、それだけでなく、本書は、運動を支えるこの素材の相対的な偶然性も指摘する。青銅あるいは木、さらには石膏あるいはスタッコが、大きな支障なく石に取って代わることができるからである。したがってこの素材は、非本質的なもの、偶然によるもの、無差別なものと規定される。後にヘーゲルは主張するだろう。「感覚的なものは、まったく別の帳簿のうちにあって、精神にとっては無差別で、移行的で、非本質的な何物かである。感覚的なものに意味を与えるのは、霊魂であり、精神的なものである」[12]。ギリシャの思考によって、われわれは不吉ではないとしても、無定型な、このほとんど存在を持たないものから切り離される。

プラトンは、この不当な評価の責任を担う。この評価は——たしかにほとんど避けがたいが——製作者（デミウルゴス）に価値を認めるがゆえに、まず産物を過小評価するが、こんどは製作者が、現実化する人（執行者）と考案者（知性で認識可能なイデアないしはパラダイム）とに性急に分割された。プラトンは、商人と農民に比して職人を引き立たせるが、たとえプラトン主義によって、自分の製作物に十分に関与する職人（冶金工と精錬工、建築家、運搬人、靴製造人、陶工、織工）に発言権が与えられるにしても、プラトンは依然として、観想と組織化する仕事、政治的な仕事に身を捧げるすべての者を賞賛する。

本書は、デカルトの理論からも、これに先行する理論からと同様に離反する。デカルトの理論は、物質に関するより危惧すべき理論であり、物質をいっそう不当に評価する。実在は、それが包蔵しえたものによって、徹底的に蒸発させられてしまった。もはや実在は、神がその内部で開始した運動しか含まない。実在は、自らが受け取ったものを表現するためには、すべての内容から解放されねばならない。ここから、存続し続ける純然たる唯一の空間性が生じる。それゆえデカルト主義者たちは、「諸々の実体」、天与の諸力、諸々の質（重力、磁気、発酵、つまり局在化できないもの、距離をおいて働きかけるように思われるいっさいのもの）に対して、情け容赦のない戦いを始めた。デカルトは、単独で十分に説明能力を持つ延長という黄金律に従って、それらを場所の移動、諸々の配置あるいは精妙な伝導装置へと還元した。宇宙を不確かな存在へと帰着させるこの種の画架は、最後には消滅することさえ可能だった。これによって世界という絵画が、わずかでも縮減されることはないだろう――バークリーの非物質主義あるいは主観的観念論。

しかし、徹底されたこれほど過激なテーゼは、実験に基づく諸発見の襲撃に、長い間耐えることはできなかった。実験によって、外在性に――プネウマ的、化学的、電気的に――、多様な能力が付与された。硬さ（凝集力）や最も耐熱性のある物体の内部に浸透する不可測の熱（伝導性）の重要性が主張された。好奇心をそそる現象で満ちた自然について解説しようとする物理学が誕生した。ニュートンの体系は、フランスの哲学者たち、たとえば有名なボーマン博士（別名モーペルチュイ）[*27]が、『組織化された諸物体の形成に関する試論』において主張していたことを、称揚するのに役立つことになる。彼は大胆にも一歩を踏み出し、はっきりと「物質の内部に思考[(13)]」を挿入する。物質に、知性に加えて「欲求、嫌悪、記憶[(14)]」を与える。これは、第六二節において規定される。「結局のところ、知性の原理を物質に賦与することに対する、われわれのいっさいの嫌悪感は、これがわれわれの知性に似通った知性でなければならないと信じることから派生するが、用心すべきなのは、まさにこのことに対してである。人間の知性について反省するならば、そこには相互に異なった無際限の程度が見出される……[(15)]」。しかし、このテーゼにこれ以上言及することも、ディドロによる論駁について言及することもしないでおこう。

本書は、物質についてより慎重で神秘性を持たない理論にとどまるつもりである。われわれは、この理論を中傷する人々から救出するために、これを拡大せねばならなかったが、分析はいまだなお論争に覆われたままである。本書は、とりわけ超自然的なものと精神的なものを破壊しようと努める通常の唯物論、ブーランジェ、ミラボー（ホルバッハ男爵の筆名）[*28]の唯物論を固守しないし、これとは反対に、自らの対立物に接近し、それを吸収する伝統的な唯心論にとどまりもしない。唯心論哲学は、われわれ自身の内部、つまり主観的なものの内部に——かわるがわる、骨の折れる努力や沈殿し持続する習慣、さらには忘却を[(16)]——障害、不活性、弱化、つまり非‐我、従属、失敗という属性を理解するためのものを探求した。筆者は、こうした形而上学的傾向の可能性と正当性に激しく反対する。こうした傾向は、精神的なものの内部に、その裏面である物理的なものを見出そうとするが、これでは物理的なものの亡霊にしか遭遇できない。自我の境界へと赴くことは、たとえそこで自我が幾分ぼかされているとしても、依然として自我のうちにとどまることである。

本書では、弁証法的唯物論、最もイデオロギー的で不可解な唯物論と出会ったが、それは行きがかり上そうなったにすぎない。どのようにして物質のうちに葛藤のエネルギー、つまり否定と止揚のエネルギーを挿入することができるのか。たしかにエネルギスムは、この哲学を支持する。基体は、それを構成する内的な力学の外部には存在しない。ところが、この恒常的な運動は、すでに「そこに存在することと」と「別の場所に存在すること」、つまり二つの対立物を対にしている。しかしわれわれは、これらの分析の射程を縮小することをやめなかった。なぜなら、いくつかの理由の中でも、移動は保続の厳密な諸規則に従うからである。作用し多元化できる構造が活気づけられることは正当だが、これをよりどころとして、可動的な構造の基礎と土台の重要性を忘却してはならない。さらに、そもそもこれらの思考は、先行する思考と同様に、対立させられたものあるいは対立するものを還元するための機械だったのである。

物質は、出発点においては特別に貧しく漠然としており、とくに混乱した総体として提供されていたことを証明しようと本書は考えた。有効で頑丈な道具を形成するために、制作によって使用されうるのは、手の入れられていない粗雑な素材のみだろう。次いで、創意に富んだ製造が、ますます装備を充実させ（高炉と熱）、次第にもつれを解きほぐし、それまで無効にされ混合されていた素材の可能性の範囲を拡大するだろう。たとえば、鉄は非常に頑強で、壊れやすいものだが、われわれはまずそれを鋳造できるようになるだろう（融解）。

現代の世界は、完全な転換の恩恵に浴している。この転換の道具と分析的な戦略のおかげで、現代世界は明らかに、紛糾させられ混濁した諸々の組織を探索することができた。現代世界は、それらの組織を一定の方向へと導いて行くだろう。ある特定の結晶、あるポリメタリックな構造、分子のある結合体は、特定の機能、ただその機能だけを可能にするだろう。いまや、目的を達するために素材を生産するだけで十分である。つまり、素材（すなわち物質）が目的になった。古くからの失墜の最終的な症状までもが消滅した。

第一の転換にも勝る第二の転換。生産ラインの出発点において――シャルドンネの諸々の独創に続いて、合成繊維が明らかにした驚嘆すべき別の出来事――、粗野なものではないとしても通常の成分が使用されるが、［生産ラインの］最後には細部にわたって調節された繊維が獲得される。皺を寄せつけない性質や磨耗しない性質といった、最も予想外の性質を前もってプログラムしておくのである。ところで、十九世紀の工場ラインは、これとは反対の事態、つまり、高値、浪費、減損、調達に関する問題、要するに入金高と支出高の高低差によって苦しめられていた。どのようにすれば、より少ないものからより多くのものを生み出せるのか。これこそが工業哲学の成功と問題だが、それは哲学によって不当に評価された物質の成功ではなく、改革され恒久的に豊かにされる物質に関する哲学の成功である。

以上のことを記憶しておかねばならない。つまり本書は、メタ－造形性に依拠する唯物論を提案する。こうした「連続的な創造」の諸段階は、すでに周知のものである。(a)自然のモデルの使用。(b)それらのモデルを巧みに模倣すること。(c)控えめに諸々の改良を加えること。(d)最後に合成すること。最終的な産物は、人間が現実化するもの、つまり物質化するものなのだ。〔物質化という〕この言葉は、諸成分の内容も重要性も無視すべきではないという教育的な願いを含むと同時に、われわれにとってこうした操作の成功を意味する。だから物質は、われわれ人間の複製（ドゥーブル）と定義できる。物質を、「非－我」あるいは単なる集積容器と見なすことをやめよう。物質は、われわれ人間の性能や成果を映し出しており、それらを具体化し可能にしている。物質を豊かにすればするほど、われわれはいっそう物質の中へ身を沈め、物質に自分自身の責務を譲渡できる（センサーの鋭敏な感応性、限界のない記憶力、諸々の制御、計算）。いまや物質は、「代替可能な素材」ではなく「機能を担った素材」である。現在の技術によって、基体が解放されるが、現代芸術もまたこの基体を発見する。

これが本書のテーゼだが、われわれは新たに、諸々の指摘についての証拠あるいは少なくとも例証を、本書の見解には最も不都合な例に関しても提示したいと思う。すなわち、ただの鉄片なのだが、これは無際限な豊かさの担い手である。最もささやかな鉄の断片ですら、秩序と無秩序が結合すると同時に関係しあうミクロ構造に依拠している。この基礎的な組成は、必ずや変化する。ある構成要素を含むか否かはもちろんのこと、それら構成要素の割合だけで、鉄を個別化するのに十分である。それゆえ、他の部分にまったく類似している部分は存在しないのだ。これをより詳細に検討してみよう。

まず鉄片は、つねに、相反するいくつかの側面を持った一つの「固体」として提示される。鉄片は、可鍛性（延性）を有すると同時に頑強で硬い。たとえば、鉄片を加工したり、打つことができたが、鉄片はわれわれがそれに課していた（押しつけていた）形態を保持していた。われわれは、鉄の諸特性のみならず、その外観をも説明することができる。

原子の外殻が、わずかな電子しか持たない時（ナトリウム、Na^{+}）、外殻は必ずそれらを喪失し、可能な場合には、立方体の形をした塩化ナトリウムの結晶のようなイオン結合を形成する傾向を持つ。反対に、外殻が多くの数（六個ないしは七個）の負の粒子を含む時には――酸素あるいは塩素――、外殻はそれらの粒子を共有し、自らに類似した円環に加わる（共有結合）。こうした相互的な交換によって、O_2 あるいは Cl_2 というような分子が作られる。しかし鉄のような遷移金属は、こうした二つの可能性から逃れている。それは塩でも分子でもなく、一方ほど固定されてはいないが、それと同時に他方、つまり場合に応じて液体や気体の形状をとる後者ほどの不安定さを持たない物体である。この物体は、すべてのプラスイオンによって共有された電子群によって取り囲まれた、これらのプラスイオンの積み重なりから生じる。ここに、熱伝導性と電気伝導性の根拠がある。互いに押し詰められたこれらの陽イオンの配列によって、この物体の性格は明確に規定される（可能的な配位化合物）。

これらの「金属結晶」の反応諸特性は、すべてこの配置に帰結する。われわれは、これらの特性をこの配置から、ますます巧みに演繹する可能性と能力を備えている。なぜなら諸々の機能によって、総体の規定が十分に限定されうるのであり、これがいったん認識されると、われわれが確証しようと専念する諸結果が、そこから導出されるからである。工業は、直ちに以下のことを追求するようになる。システムの構成要素の一つを、似通った原子によって置き換えるか——部分的代置とわずかな変更をもたらす代置——、あるいは結晶格子の隙間あるいは間質性の空隙に、あまり場所をとらないイオンを導入するかである。たとえば、〔導入されるイオンという〕これらの闖入者は、急速な偶発的移動を阻止し、とりわけ諸々の打撃の機械的な圧力のもとで現代の物体がすぐに屈してしまう崩壊の拡大を阻むだろう——つまりわれわれは、疲労に耐える強化された鉄を構築できるようになる。異質の粒子をほんのわずか挿入することは、システムに別の配置法を、場合によってはより緊密な配列法を余儀なくする点において、システム独自の特性をつねに条件づける。さらによいことには、第一の配置に別の配置が付加されると同時に、第一の配置が持つ諸々の利点が保存される。だから、救いようのないプラトン主義者のように「同」、「自己同一者」、「純粋なもの」を賞賛するのはもうやめようではないか。

もちろん本書は、物理化学の論文を書いているのではなく、限界を持たない物質（鉄）についての主張が有効だと認めたいだけである。周知のように、この物質は、原則として次ページの図1のように図式化された仕方で記述される。矢印は、個々の部屋、つまりそれらの量子の場で運動している電子を表現する。ところで、一方では、いくつかの場合に、この物質は別の仕方で表現されねばならないだろう。というのも、四個の不対電子が二個のペアにまとまるからである（複数の組。図2を参照）。同時に、低く、自由な、それゆえ占有へと開かれたエネルギーの六つの水準が見出される。ここから、たとえば一つの錯イオンであり真の分子である有名なフェロシアン化物 $[Fe(CN)_6]^{4-}$ が出てくる。後で再びこ

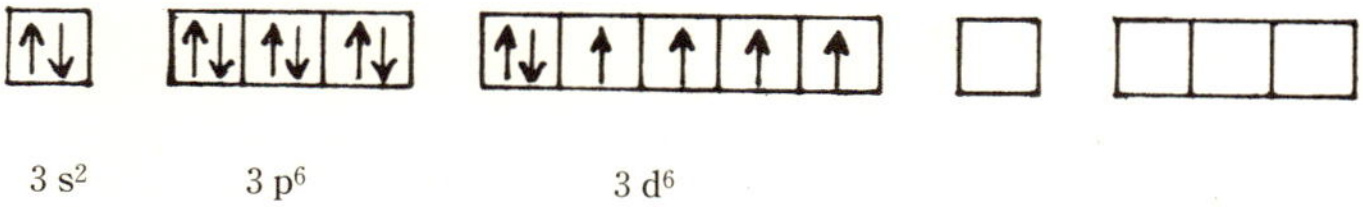

図 1

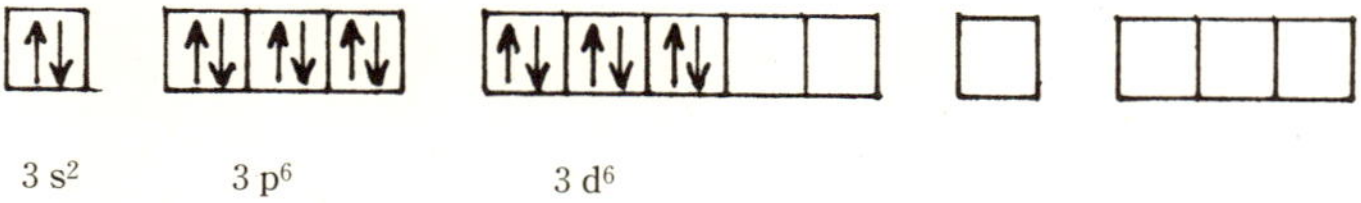

図 2

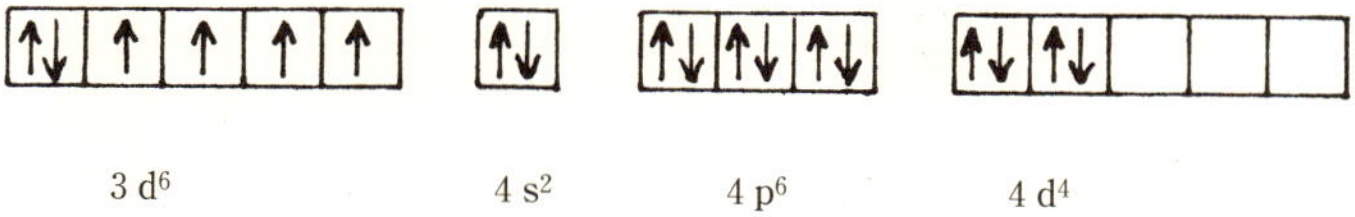

図 3

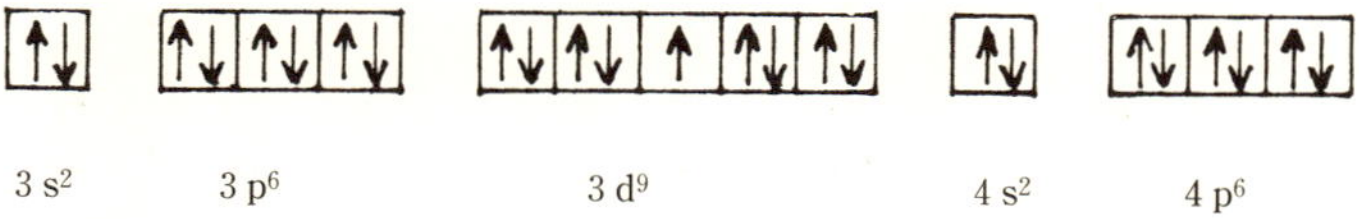

図 4

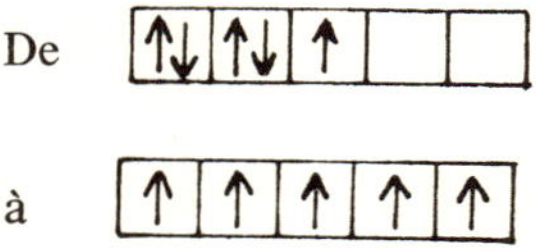

図 5

れには言及するが、他方で、混成の過程はこうした組み換えを禁じることなく、不対電子を保持できるだろう。この過程は、図3のような仕方で記号化されるだろう。最後に、多様な非占有あるいは部分的に空虚な場所が同様に予測されうる。ここでは、その（三価の鉄に関する）記号表示の一つの可能性を提示する（図4を参照）。鉄の場合で言えば、図5の二つの極限の間に鉄（Fe^{3+}）が挿入される。
要するに当の鉄は、その基礎それ自体のうちで絶えず「振動し」、「揺れる」。この基礎から、つねに同一のもの（鉄）が生じるが、それはわずかな差異を含んでいる。これらの隔たりのきわめて小さいことが重要だと容易に推察される。

ここから、どのような結果が導き出されるのか。まず基礎的な配置が、大まかな機械的諸特性とそれらの異常（屈曲、侵食、ひび割れ、変形）を含むすべてを決定する。この配置は、もちろん反磁性と同時に常磁性の諸効果を導く。すでに見たように、もはやただ一つの不対電子のみが残されている時に、反磁性の諸効果がもたらされる。非常に特殊な諸能力を持った多くの構造と結合体が存在するので、建造において、また建造のために、鉄の諸能力（ここから鉄の隠蔽が生じる）もシアン化物のそれらももはや見出されない。錯イオンは、開陳するが、保護し隠しもする——これら両方を行う。いずれにせよ、鉄はわれわれの眼下で多様化するが、だからといって本書は基礎も根拠も持たない多様性に与しはしない。われわれは、この爆発的な現れを原子の組織化する変容に帰着させる。物質性は、こうしたざわめきを糧としており、それ自体こうした隠れた運動なのである。

さらに、これらの錯体の内部でほとんど副殻を分離しない、低いエネルギーレベルは、光子の吸収だけで置換と再編がもたらされることを説明する。これによって、非常に鮮明な色合いが生じる。磁性と同様に光の振動は、配置変換の機敏さを外在化する。たとえばフェロシアン化物となった諸々の総体は、鮮明に染色されうるだけでなく、それらの同類は現像液（呈色指示薬）の機能を担うこともできるだろう。色合いの突然の可視的な変換のうちに、ある影響や作用が読み取られるだろう。あるいくつかの結合は、他の結合に比してより容易に断ち切られ、再配置がなされる。こうした再配置はささいなことなのだろうか。けっしてそうではない。というのも比較対象となる鉄は、両立不可能な二つのものを結合しているからである。それは堅固さと永続性を持つ（鉄のように硬い）が、これに劣らず顕著な可変性と一定の可動性を有する。このことが、そもそも二価鉄－三価鉄の巧妙な交換を基礎づけている。

鉄は、純粋な状態では存在せず、つねに化合した状態（磁鉄鉱、黄鉄鉱、白鉄鉱、褐鉄鉱、赤鉄鉱など）で存在することを、もう一度思い起こしておこう。それゆえ鉄は、複数の操作の途中で抽出されねばならない。鉄は融解によって得られる。そこから、過剰な炭素に加えて、硫黄とリンを除去せねばならないだろう。諸々の要求と使用法に応じて、それにニッケルとコバルトを付加する（特殊鋼）こともできるだろう（融合図）。それゆえ鉄は、いわゆる同一性を喪失する。われわれは、鉄の同一性を把握したことがあっただろうか。鉄は、それが被らねばならなかった熱処理によっても、さらに変化し、「面心立方」の形式のもとでと同様に、「体心立方格子」の形式のもとでも凝固する。

物質性に関する理論は、こうした増殖と豊かさを考慮せねばならない。本書は、現代の世界においては、物質はそれを押し潰していたすべてのものから、救済されたと考えている。現在なぜこうしたことが可能なのか。それは、（手始めには、X線による）検査における近年の進歩、および分解と合成の進歩によって、物質のミクロな構造と驚嘆すべき可能性が認識されえたからである。物質はごく最近まで、まだなお諸々の側面から非難されていたが、それらの非難は結局のところ相互に相反するものであった。物質は、諸々の影響に屈しない――不透過性と感受性の欠如――か、過度に折れ曲がり、壊れてしまいさえする――可鍛性と鉄の可動性――かである。物質の貧しさが指摘される一方で、不安定性と分散の証明である過剰がとがめられた。さらにある時は、物質は傷み、同一にとどまることができないと、本書は強調した――磨滅――、時には物質の不動性に苦しめられた。どのようにすれば物質を活性化できるのか。こうしたいっさいの非難は、物質を否応なく変質させる外部からのみ物質に生じていたことである。ところが、これらの批判はもはや有効ではない。

人々は、物質に実体という資格を拒絶するに至った。物質は、（無際限に分割可能だから）実体の統一性も（デカルトの蜜蠟の断片が想起させる物質の不安定性、諸状態の継起、多形性からわかるように）同一性も所有してはいなかった。しかし人々は、おそらく「混合物（メランジュ）」と「化合物（コンビネゾン）」を混同していたのだ。実際のところ、「単体」を、望む数の小片へと分割することはできない。各々の断片は、それとして同定可能だが、元の単体と等しいままにとどまり、他の断片とも等しい。われわれは、けっしてそれを本当の意味で二分できないだろう。また現れの多様性についてだが、それは諸要素のいわゆる「変質しやすさ」ではなく、構造的な豊かさを証明しているのである。こうした多数性の「存在根拠」は周知のものである。それは、偶然性にも、また現象主義的な単なる事実性にも還元されない。最も黒く不透明なグラファイト〔黒鉛〕と、最も澄んだダイヤモンドはともに、同じ炭素から派生しているが、立方体と六角形という二つの異なったシステムにおいて結晶化しているのである。

本書は、こうした非難や不当な評価に与するつもりはない。デカルトによる一片の蜜蠟の議論は、こうした本書の判断を有効にすると思われたのだが、結果的にそれを陥れたことを認めよう。また別の領域において、別の原因によって、想起された千角形も同罪である。

デカルトは、知解可能なものに価値を認めるがゆえに、感覚で捉えうるものを排除しようとしていた。彼は第二省察において、消滅してしまう蜜蠟の断片に関する悲痛な物語によって、感覚で把握されうるものの不十分さを証明しようとしていた。「見よ、私がそう語っている際にも、火に近づけると、残っていた味は除かれ、香りは消え、色は変じ、形は崩れ、大きさは増し、液状化し、熱くなり、ほとんど触れがたく、そしていまや、打っても音を発しないだろう。それでもなお同じ蜜蠟が〔この変化の後に〕なお残っているであろうか[17]」。これは、説得力のない議論だ。まずデカルトは、実際には喪失しなかったものを、容易に取り戻せることを付け加えない。この状態の変化を、可逆的と見なすべきではないか。加えて、〔蜜蠟の断片に〕多くの性質が詰め込まれすぎである。蜜蠟は、実際には存在しない諸々の性質によって満たされたのではないか。それは、「それが集められたところの花の香りのいくらか[18]」を保持していないし、筆者は、蜜蠟の大きさが増したとは考えない。最後に、蜜蠟の不当な評価の基準となる受容性、急速に変化可能なこと、二形性は、むしろそれを称揚することに役立つはずである。物質は、諸々の試練にさらされ、必要な場合には崩れ、明らかな歪形を経験する。経験は、物質の従順さと柔軟性を忘れることはないだろう。ここから、ある時には決定的にまた別の時には一時的に、物質の表面に――さらには内部に――刻印、諸々の標章、諸々の作用を記入する可能性が生じる。

まったく別の領域においては、千角形あるいは千の辺を持つ多角形が、同様に物質を中傷するために使用される。われわれは、千角形を思考はできるが、それを表象できない。〔あるものが〕把握されるためには、感覚的なものは凌駕されねばならない。「〔三角形の三つの辺と〕同じようにその千の辺を想像するということ、言うならあたかも現前しているものであるかのごとくに見つめるということ、はできないのである」[19]。悟性が想像力を利用してつねに勝利することをデカルトが認識していることに加えて――したがって、彼はこの点について言い逃れをする[20]――、彼はここで鋼版彫刻法が巧みに成し遂げること、すなわちいくつかの描線を利用して多くのものを正確に想起させること、要するに無限なものを正確に表象する可能性を過小評価する。われわれは、数えきれないほど多くの葉を持った木々、誰も数えることができない人物の髪を、版画や絵画において知覚する。われわれは、こうしたことを知っているし、デカルトは『屈折光学』で、このことに言及していた。無限は、実際には「想像すること」を断念させはしない。

蜜蠟のかけらと千角形という二つの事例において、とくに前者において、人を欺く論証がなされていた。本書は、これに対する有罪判決を引き出したい。

筆者はデカルトに反して、物質素材の汲み尽くしがたさと驚嘆すべき諸能力を強調したい。化学者は、古い枠組みを「破壊し」、諸々の液晶、固溶体、あらゆる無定型なものや合成樹脂を収容できる別の枠組みを再建することをやめなかった。また一方で科学技術の専門家は、二つの方向において——不可分なものを分離し、異なったものを結びつけるという方向において——、作業を行っていた。たとえば彼は、いわゆる単純なものを変質させ、その格子に微量の不純物を付加し、ついには異質な断片同士を破壊不可能なまでに結合することに成功する。こうして彼は、「物体」という重要な観念を混乱させる。二つの異質な要素を、もはや相互に分離できないほど結合する（溶接と諸々の接着）ことで、物理学ととりわけ伝統的な形而上学を動揺させるのだ。たとえ、まだこの「交替作用（メタソマトーズ）」に到達していないとしても、これが目指されている。こうした結合が、分離を妨げる。異なった本性を持つ諸々の断片をまとめて融合する。すでにベルトレの諸説は、凝集したものと安定したものとの古くからの二元性を、固定されていないものと混じり合ったものとの二元性を受け入れない限りで、人々が考えていた分割を破壊していた。本書はつねに、「真の物体」——統一性と普遍性を特徴とする——を、寄せ集め（アマ）および単なる結合体（アサンブラージュ）または「堆積物」としか思われなかったものから分離しようと努めた。ごたまぜに対するなんという不当な評価だろうか。ところが、われわれはもはやこの分割を保持できないし、それが含意するものに関してはなおさらである。新たな物質性という方向において、いくつかの再検討とより包括的な定義を認めねばならない。現代の接合の可能性は、「複合的な物質」というこの類に補足的な注解を付け加えると筆者は考えている。これらの物質のうちでは、諸々の差異が、吸収されると同時に維持されているからである。

　これと同時に本書は、別のいくつかの理由によって、物質に関する最も現代的な哲学に反対する。われわれが反対するのは、いわゆる物質を、弛緩することで広がる精神から引き出すベルクソン哲学ではなく、見事な隠蔽に成功するいわゆる物理学者の哲学である。なぜなら、この哲学は物質を気化してしまうからである。ここでは、いわゆる「反物質（アンチ・マチエール）」という観念が、引き合いに出される。エネルギーと波動のみが思惟される。〔物質は〕「非局在化」される。外在性は、重量および「現存在」、極限においては、輪郭と存在を喪失する。しかし、まず「反物質」という用語は、諸々の粒子に適用されるのだが、それらの粒子のすべての特性は、質量を除いて、われわれが知っている諸特性に対して反対に向けられている。これはそもそも同の減速（デミュルティプリカスィオン）という法則ではないか。いっさいの可能なものがもう少しで現実化されるように思われる。一方の他方への転換とその反対——同時に対称と非対称——が、この規則に従っている。これによって、物質性という観念と領野が拡大される。それは、否認されるのでも遠ざけられるのでもない。そのスペクトルの広がりが確証される。さらに、「非局在化」の要求に対して用心しよう。すでに言及したように、金属においては、価電子もまた核の周りに分散されている。それらは、流動し停止せず、一種の雲を形成する。広大な囲いの内部に拡散したガスは、あらゆるところに位置すると同時にどこにも位置しない。ここからは何も結果しないだろう。われわれの調査の方法によっては、配置の指定は依然として正当化されないが、旋回するという事実によっては、実在の消滅も、その絶対的な不確定性も導出できないだろう。遅かれ早かれ、最後には標定されるだろう。諸要素それ自体ではないとしても、少なくともそれらの効果が把握される。おそらく厳密ナ意味デノ空間化はあきらめねばならないが、物質を蒸留した後にその存在を認める物理‐形而上学の巧妙さを告発しよう。

諸々のイメージと表象の相対化の射程が増幅されたのだ。

われわれは、議論に疲れ果ててやむなく使い古された論証で我慢してしまうかもしれない。この論証によれば、大理石はやはり芸術作品を生み出さないし、それを含んでもいない。生み出される芸術作品の真の原因、理念、彫刻家の才能が必要なことは確かである。石材はそれだけでは、またそれ自体においては何も生み出しはしない。時によっては、それをほとんど無価値の状態から救い出そうとするものに抗いもするのだ。

しかし、石材を過小評価すべきではない。われわれは、その肌理、色、分割しやすさ、相対的な硬度、石目を無視しないだろう。しかしわれわれは、使い古された先の論証が証明しようとするテーゼ――思考とそれが依拠するものとの最大の隔たりと敵対関係を想定する創造――に肩入れする例について思考し続ける。現代の諸々の素材は、まさに思考と支持体との距離を消滅させたという事実によって、特徴づけられる。だから、性急にかつての唯物論を回避し、今日の唯物論へと入っていこう。これは、機能と構造のつながりに理解を示すものなのだから。

われわれは、こうした変化によって何も獲得しなかったし、企業（企業家）は、かつてないほど危機的な状況、灰色の風景および搾取へと向かっていると、必ず反論されるだろう。これに関して非難されるべきは、人であって、物ではない。諸政策が人間を隷従させるのに対して、物は人間を解放する。敵を間違えないでおこう。ジャカード織り機や紡績機を破壊することはもうやめておこう。

諸々の道具や物質を過小評価するのは、そもそも政策とそれらの立案者である。通俗的な唯物論は、変化し豊かになる実在に対応しているのではなく、むしろ諸々の組織に適合している。これらの組織は、自らの支配を巧みに維持しようとし、それらが規制を課しているものを失墜させようとする。

物質を救済すること、あるいは物質を拡大することは、結局は人間を解放することになる。われわれは、これとは逆のことを信じていたのだが、なぜ、あるいはどこからこうした策略が生じるのかを容易に理解する。すべてを逆転せねばならない。だから束縛された物あるいは過小評価された物に配慮しよう。きしむ音が聞かれるのは、これらの物の側からである。

登攀せねばならない坂道は、われわれを息切れさせるほど急なものだが、それは、われわれ人間が生まれつきの「唯物論者」でもなく、ましてや「物質化する者」でもないからである。われわれは、徐々に、かつ不十分に、そうした者になるにすぎない。

原注

第1章

(1) Sur l'esthétique de Kant, Lib. Vrin, 1982, p. 233.
(2) Introduction à l'Esthétique, Aubier, 1964, p. 155.
(3) Id., p. 159.
(4) Id., p. 160.
(5) Cours d'Esthétique, trad. Bénard, t. IV, p. 137.
(6) Id., p. 134.
(7) Id., p. 137.
(8) Ecrits complets, La Forme, p. 361.
(9) Ouvrage cité, p. 225.
(10) Les iconoclastes, Le Seuil, 1978, p. 96.
(11) アニリンの広汎な使用と人為的な利用の拡大の起源にいるこの職人は、この繊維の街において、ジャカールにも比肩しうるほど重要な役割を演じた。しかし、この街の一つの通りが、彼の名を持つことを除けば、この街は彼を忘却し、この街の何物もわれわれに彼を思い出させることはない。ある人は死者の記念日に祝われ、他の人は記念されない。これは、死者の日に関する不正である。記念されない人々は、二度死ぬのだ。
(12) そもそも心理学においても、無意味なもの、無意識の癖（チック）、夢に注意が払われてこなかった。学問の草創期において、それは理解可能なことなのであるが。
(13) 近年における自然放射能、それから人工放射能の成果は、次のことを十分に証明すると思われる。第一元素が別の元素へと変わること（たとえばウラニウムが放射線を出しつつ鉛へと壊変すること）と、またその反対の事態も生じることである。下った坂を再び登ることができるのである。だとすれば、両元素を統一するような概念を受け入れねばならないのだろうか。

しかし重要なことは、原子を構成する諸々の粒子の構造と配列のうちに存する。それらのうちの一つの付加、衝撃は、再配列あるいは分解を引き起こす。たとえ一方から他方への移行が実際に可能であるにしても、基礎的な組織化とその多様性がとりわけ重要である。

（14）L'Art de penser, O. C., 1798, t. VI, p. 182.

（15）Ouvrage cité, p. 258.

（16）Le Commerce et le gouvernement, 1798, t. IV, p. 120.

（17）Le Commerce et le Gouvernement, chap. X, Atteintes portées au commerce: l'exploitation des mines, O.C., p. 415.

（18）Id., p. 20.

（19）Le Capital, trad. J. Roy, t. Ier, p. 163.〔岡崎次郎訳『資本論』大月書店、一九七六年〕

（20）Le Capital, même éd., p. 104（La monnaie ou la circulation des marchandises).

（21）Le Capital, même éd., p. 137.

（22）La Rhétorique ou l'Art de parler（Réflexion sur la méthode des lieux, Ch. du Livre V, p. 380).

（23）Jean Jacques Goux, Freud, Marx, Economie et Symbolique, Le Seuil, p. 197.

（24）Berkeley, The Querist, cité par J. J. Goux, Economie et Symbolique, in Economie monétaire et Philosophie idéaliste, p. 195.

（25）Oeuvre Choisies, trad. André Leroy, t. II, Siris, §. 291, p. 265.

第2章

（1）Pierre Restany, Le Nouveau Réalisme, 10/18, p. 167.

（2） Plasticité, éd. Casterman, 1970, p. 117.

（3） Id., p. 20.

（4） Id., p. 76.

（5） J. L. Ferrier, Entretiens avec V. Vasarely, Belfond, Paris, 1969, p. 46.

（6） Plasticité, Casterman, 1970, p. 76.

（7） L'homme du commun à l'ouvrage, Gallimard, 1973, p. 375.

（8） Id., p. 443.

（9） Ouvrage cité, p. 294.

（10） Mirobolus, Macadam et Cie, Fascicule II du Catalogue des Œuvres, p. 12.

（11） Jean Dubuffet, Empreintes, Les Lettres Nouvelles, Avril 1957, p. 508.

（12） Idem, p. 509.

（13） Célébration du Sol, I, Lieux cursifs, Texturologies, Topographies, Fascicule XIII, 1969, p. 12.

（14） Tables paysagées, Paysages du Mental, pierres philosophiques, Fascicule VII, p. 142.

（15） Ornement et couleur, Catalogue Claude Viallat, Musée National d'art moderne, 1982, p. 144.

（16） Introduction à la méthode de Léonard de Vinci, in Œuvres, N.R.F., t. I, p. 1176-7.〔菅野昭正・清水徹訳「レオナルド・ダ・ヴィンチの方法への序説」『筑摩世界文学大系56』筑摩書房、一九七六年〕

第3章

（1） Troisième Mémoire, Des différentes parties des chenilles, T. Ier. Mémoires pour servir à l'histoire des insectes, 1784, p. 150.

（2） Id., p. 155.

（3） Mémoires pour servir à l'histoire des Insectes, par M. de Réaumur, 1734, tome I, Douxième Mémoire, p. 488.

（4） Mémoire présenté à l'Académie des Sciences, le 12 Mai 1884, —*Sur une matière textile artificielle ressemblant à la soie.*

（5） これは明白な特性であるが、これとは対照的な特性が、より優れた利点を規定する。つまり、諸状態の記録、それゆえ諸実験の「記憶」さらには一種の感受性。

（6） 非浸透性と拒絶は、物質に関して最も積極的に研究されるものの一つ（保護）を規定するが、もう一方の端においては、接着と隙間を塞ぐことを保証する他の製品——本書では後に再びこれについて言及せねばならないが、糊と接合用セメントのすべての仲間——が発明された。

（7） Henri Nozet, Textiles chimiques, fibres modernes, 1976, p. 33.

（8） 狂乱という名前がこの織り地につけられたが、人が言うようにそれはこの織り地が、「おぞましい図柄」を持っていたからではなく、女性たちがこれを身につけることによって、いっさいの強力な禁止、すなわち公的な秩序に刃向かおうとしたからである。まさに狂乱である。

（9） この政治的かつ経済的問題に関しては、以下の文献を参照されたい。E. Depitre, La toile peinte en France aux 17ème et 18ème siècle, 1912.

（10） J. Girardin, Leçons de chimie élémentaire appliquées aux arts industriels, 1846, 2ème partie, p. 729.

（11） ヴェルサイユに近いジュイはナポレオンや、製造所を訪れたルイ十六世によっても助成された。皇帝ははっきりと述べた（オーベルカンプは爵位を受けていた）。「あなたも私も、英国に対して戦争をしているのです。しかし、あなたの戦争は最高のものです」。事実、ジュイ＝アン＝ジョザは全盛期にあった英国の工業に打撃を与え、それに対抗しようとした。

（12） La Tonotechnie, 1775, p. 176.

（13） Id., p. 62.

（14） この主題について、失礼ながらここで私の以下の論文を取り上げたい。L'ivresse du savoir（sur l'Encyclopédie de Diderot）, *Milieux*, Octobre 1984, p. 14.

（15）Citation tirée de M. Bellot, L'introduction du machinisme dans l'Industrie française, p. 361.

（16）これは、『イメージの哲学』においてわれわれが着手しようと試みた問いである。*Philosophie de l'Image*, Vrin, 1984.〔水野浩二訳『イメージの哲学』法政大学出版局、一九九六年〕

（17）われわれは、この問題を以下のテクストにおいて扱った。Le nombre et le Lieu, Vrin, 1984, ch. 4, La synopsis.

（18）Ouvrage cité, Œuvres Poétiques de Charles Péguy, N.R.F., 1967, p. 662.

（19）Le langage du tissu, p. 248.

（20）Les Cahiers Ciba, Bâle, Avril 1946, La tenture murale, p. 117.

（21）「本物と見違えるまでに巧みに模倣された、紙の上の金属の輝き、毛織物の柔らかさ、サテンとダマスクの光沢は、かつては富裕層のみが購入できたたくさんの家具を、社会のそれほど富裕ではない階層の人々の手にも届くようにするのである。中国人によって発明され、イギリス人によって持ち込まれ、フランスで完成されたこの部門は、目下のところ、利益をもたらすと同時に、われわれの盛んな工業取引の一部門を形成しています……」(ouvrage cité, p. 32)。

第４章

（1）Le Matérialisme Rationnel, p. 1.

（2）Id., p. 3.

（3）Proust, Sur les Oxidations métalliques, in Journal de Physique, de Chimie et d'Histoire naturelle, Brumaire, an XIII, p. 321.

（4）A. Guinier, La structure de la matière, Hachette – C.N.R.S., 1980, p. 175.

（5）ルクルゾー研究所の実習生であったオズモンドは、一八八五年八月の『鉱山年報』に「鋼鉄の細胞に関する理論」に関する研究論文を、ヴェルスと共同で発表した。

オズモンドは、鉄の同素性諸形式に関する数多くの指摘と報告によって知られている。一八九五年に彼は、国家産業推進学会会報に、「炭素鋼のミクロ組織検査学的分析のための一般的方法」と題された論文を寄稿している。

（6）Ouvrage cité, trad. Ernout, Livre VI, v. 880, Les Belles-Lettres, tres. T. II, p. 135.

（7）Ouvrage cité, p. 142. この説明は、エピクロスの説明を取り上げ直し、敷衍するものである。

（8）Pierre Teilhard de Chardin, le œur de la Matière, Ed. du Seuil, p. 25-7.

（9）Ouvrage cité, p. 1（Introduction).

（10）かつてこれらのモノマーは、R－Si＝Oと記述されていた。ここから、ケトンC＝Oとの誤った類比が生じた。炭素の化学とケイ素の化学との差異によって、結びつきの可能性それ自体が性急に消去されるであろう。変化するのにより時間を要する語彙のみがこの可能性を保持した。ここから、不都合な呼称あるいは一貫性を欠いた呼称（シリコーン）が生じる。

結論

（1）筆者は、文献学的調査と目録作成に関心を寄せるが、哲学の概論、さらには百科事典には、目次に「物質」という項目がまったく含まれていないことに気がつき驚かされた。それはまるで、形而上学の集成において、この観念がもはやまったく場所を占めないかのようである。

　存在の忘却ではなく、この物質という存在についてのなんという忘却だろうか。なんと奇妙な隠蔽もしくは排除だろうか。

（2）Hégel, Esthétique, trad. Ch. Bénard, t. I, p. 34-5.

（3）われわれは、同僚であり友人でもあるテュルロ氏に感謝せねばならない。彼は、本書の主題に関係しており、もちろん本書で参照したギリシャ哲学のすべてのテクストを喜んで指示してくれた。

（4）Timée, 30e（trad. Chambry).〔種山恭子訳「ティマイオス――自然について」『プラトン全集42』岩波書店、一九七五年〕

(5) Ouvrage cité, t. I, vers 295 – trad. A. Ernout, Les Belles-Lettres, p. 41.
(6) Berkeley, Œuvres choisies, trad. Leroy, Aubier, 1944, t. II, p. 213.
(7) Les catégories du matérialisme dialectique, G. Planty-Bonjour, 1965, p. 126.
(8) Cité par M. Le Blond, Logique et Méthode chez Aristote, Vrin, 1970, p. 346.
(9) La synthèse chimique, 1876, p. 21.
(10) Le Matérialisme rationnel, p. 32-3.
(11) 本書はここで、生命と機械についての諸問題に非常に関心を寄せ、そもそもこれらの問題に対する関心を筆者のうちに喚起したカンギレム氏の解釈を取り上げ直す。
(12) Esthétique, ouvrage cité, t. I, p.158.
(13) Ouvrage cité, in Œuvres de Maupertuis, Lyon, 1768, t. II, p. 149.
(14) Id., p. 149, §. XIX.
(15) Id., p. 181.
(16) 「われわれのうちに忘却を置き入れるのは物質である」というベルクソンによって取り上げられたラヴェッソンの定式を、本書においてくどくどと繰り返すつもりはない。
(17) Descartes, Méditations, IIème Méditation.
(18) IIème Méditation.
(19) VIème Méditation.
(20) 『精神指導の規則』が、引用したテクストに比較してよりアリストテレス的であるもう一つの別の解答を示唆していることは周知のことである。

訳注

序論

＊1　Antoine Laurent Lavoisier（1743–1794）　フランスの化学者。化学命名法を考え、単体の概念を明らかにした。いかなる方法によっても成分に分けることはできず、合成もできないものという元素の定義を確立し、同時に全元素を、①自然界に広く存在する元素、②非金属元素、③金属元素、④土類元素という四つに分類した。

＊2　Claude Bernard（1813–1878）　フランスの生理学者。消化作用に関する膵臓機能の発見、肝臓のグリコーゲンの発見、血管収縮神経の発見、クラーレの薬理作用の研究などの業績を有する。『実験医学研究序説』において、実験に基づく医学という近代医学の本質を指摘した。

＊3　クラーレ（curare）　南米原住民が毒矢の先に塗る黒褐色の植物エキス。

＊4　錬鉄（fer forge）　鋼鉄 acier（炭素の含有量〇・一～一・七％程度）、鋳鉄 fonte（炭素含有量二・一四～六・六七％）に比較して炭素の含有量〇・一％以下と、炭素をほとんど含まず、硬度が低いが可鍛性がある。

＊5　Aristoteles（B.C. 384–B.C. 322）　古代ギリシャの哲学者。プラトンの弟子であり、ソクラテス、プラトンと共に、しばしば「西洋」最大の哲学者の一人と見なされるほか、その多岐にわたる自然研究の業績から、「万学の祖」とも呼ばれる。生物はすべて霊魂を持ち、これによって無生物と区別されるとした。

＊6　ＡＴＰ　アデノシン三リン酸。アデノシンの五ＯＨ基に三分子のリン酸が直鎖状にエステル結合したもの。このうち末端側の二個のリン酸分子間の結合は高エネルギーリン酸結合と呼ばれ、この結合が切れる時に発生するエネルギーを生体内のさまざまな反応に利用している。

＊7　小繊維（フィブリル）　繊維の断面に衝撃力を加えると、繊維の長さ方向に平行に亀裂が生じる。この亀裂により元の繊維はより細かな繊維に分裂する。この現象をフィブリル化と言い、分裂した繊維は小繊維（フィブリル）と呼ばれる。

＊8　コンポーザン（composants）　通常は、「構成要素」、「成分」などと訳される。本書におけるダゴニェ自身の定義によれば、コンポーザンとは、「共存可能であるが相互に異なった構造を持ついくつかの物体を結合することにより、その構成物より高機能な混成体ないしは安定した化合物を実現する諸々の物質」である。その古典的な例としては、鉄筋コンクリート、プラスチック（合成樹脂）、合金などが挙げられる。

＊9　コンポジット（composites）　通常は、「複合材料」、「複合体」などと訳される。ダゴニェの定義によれば、コンポジットとは、「ある側面（とりわけ物理的）において同質であると同時に異質であるが、一つの総体を実現するために、一つ一つ加算されうるようなすべての要素」であり、「またこの実現される総体は、自分自身を構成する単位に対してまったく新しいものである」。コンポーザンとコンポジットの質的な違いを提示することが、本書第4章の一つの主題である。「物体」という観念によってわれわれは、秩序づけられた「統一性」を思い浮かべる。コンポーザンは、統一性を持ったいくつかの物体からなる閉じた実体であり、そこではいまだ「統一性」という観念が前提とされている。これに対して、コンポジットは、「組織化された多様性」、「秩序づけられた数多くのタイプの無秩序」であり、それは開かれた一つの系譜として存在する物質である。ダゴニェは、鉄を「比類のない可能的コンポジット」と見なし、究極的には繊維もコンポジットに属するものと見なす。

＊10　Michel Eugène Chevreul（1786–1889）　フランスの化学者。ゴブラン織りの研究者、色彩調和と同時対比の法則で有名。

＊11　未来派（futurisme）　芸術における伝統的な美の概念を拒絶し、機械に象徴されるような文明の産物や、事物の動きそのものをテーマに掲げ、新たな表現の世界を切り開こうとした芸術運動。一九〇九年にイタリアの詩人フィリッポ・トンマーゾ・マリネッティ（Filippo Tommaso Marinetti, 1876–1944）によって起草された「未来派宣言」をその発端とする。

＊12　Etienne-Jules Marey（1830–1904）　フランスの生理学者。ライフル銃の形をした連続写真撮影機である写真銃を発明した。写真銃で鳥の飛翔や人物の動きの連続写真を撮り、その動きを解析することで自らの研究に役立てた。

*13　ヒステリシス（hysteresis）ある系（おもに物理系）の状態が、現在加えられている力だけでなく、過去に加わった力に依存して変化すること。

第1章

*1　Platon（B.C. 427–B.C. 347）古代ギリシャの哲学者。ソクラテスの弟子で、アリストテレスの師。アカデミー（アカデメイア）という名で学校を開いたため、プラトンとその後継者はアカデミー派と呼ばれる。プラトンとアリストテレスの思想は西欧の哲学の大きな源流となった。

*2　Demokritos（B.C. 460?–B.C. 370?）アトム論を唱えた古代ギリシャの哲学者。原子論の先駆者とされる。

*3　Marcus Tullius Cicero（B.C. 106–B.C. 43）古代ローマの政治家、文筆家、哲学者。博学・多才と雄弁で名声を得、三頭政治の開始以来、共和政擁護を主張。アントニウスと対立し暗殺された。その文体はラテン語散文の模範とされる。主著には「国家論」「友情論」など。

*4　Titus Lucretius Carus（B.C. 99?–B.C. 55）ローマ共和政期の詩人、哲学者。エピクロスの宇宙論を詩の形式で解説。主著『事物の本性について』で唯物論的自然哲学を説いた。

*5　René Descartes（1596–1650）フランスの哲学者、数学者、自然学者。当時の保守的思想であったスコラ学の教えである、真理の「信仰」による獲得ではなく、人間の持つ「自然の光（理性）」を用いた真理の探求を目指し、「近代哲学の父」と称される。「疑う我」の存在は絶対に疑いえないという自覚から「我思う、ゆえに我あり（コギト・エルゴ・スム）」を直観的に確実で明晰判明な第一の真理とし、探究の出発点とした。

*6　Pierre Gassendi（1592–1655）フランスの哲学者、科学者。アリストテレスの学説に反対してエピクロスの原子論を支持。すなわち原子と空虚な空間とを主張し、その点でデカルトの反対者である。デカルトとの論争は有名。

*7　Henri Bergson（1859–1941）フランスの哲学者。唯心論の伝統に立ちつつ、スペンサーの進化論から影響を受け、生の創造的進化を説いた。第二の主著である『物質と記憶』において、純粋記憶としての精神を持続の緊

張した極限として、また物質を持続の弛緩した極限として把握することにより、精神と物質の二元的な乖離を克服しようと試みた。

＊8 Francis Ponge（1899-1988） フランスの詩人。物の存在論的な優越性を認め、その存在の自律性を認識することにより、散文詩でそれらの物を記述することに専念した。J－P・サルトルによって、実存主義の詩人と見なされ、その後唯物論哲学とも見なされた。

＊9 Wassily Kandinsky（1866-1944） ロシア出身の画家、美術理論家。「青騎士派」を組織し、「抽象表現主義」の創始者として活躍した。モスクワ大学の教授となる。絵画だけでなく、抽象絵画の方法を音楽のアナロジーで説明する論文でも影響力を発揮した。

＊10 キュビスム（cubism） ピカソとブラックによって始められた芸術運動。立体派と訳される。ルネサンス以来の写実的伝統から絵画を解放したものとして、二十世紀の最も重要な芸術運動の一つと目される。

＊11 Immanuel Kant（1724-1804） ドイツの哲学者。『純粋理性批判』、『実践理性批判』、『判断力批判』の三批判書を発表し、批判哲学を提唱して、認識論における、いわゆる「コペルニクス的転回」を説いた。ドイツ観念論の祖でもある。

＊12 自由な美（puchritudo vaga）と付随的な美（pulchritudo adhaerens） カントは、花やアラベスク模様のような目的や主題を持たないそれ自体の美しさを「自由美」、これに対して、対象がどのような事物であるべきかの概念を前提とする人間や建築の美しさを「付随的な美」として区別した。

＊13 Olivier Chedin（生年不詳） 現在、パリ第一大学教授。哲学。カント研究で知られる。

＊14 Georg Wilhelm Friedrich Hegel（1770-1831） ドイツ観念論哲学を完結した哲学者。人間が理念を把握するその把握の仕方から、芸術のさまざまな形式が生まれると考え、芸術を理念の感性的顕現であると見なした。

＊15 ミニマリズム（minimalism） 一九六〇年代のアメリカで主流を占めた美術運動。装飾的な要素を排除し、形態の単純化を追求した。

＊16 神知学（théosophie） 神の様態を啓示ではなく直観によって知ることができると信じる哲学者が唱えてきた

神秘主義。

＊17 Franz Mesmer（1734-1815） 動物磁気による治療法であるメスメリズムの創始者。磁気流体という仮想流体が心を動かしているという発想は、フロイトのリビドーの概念へと継承されたとも考えられている。

＊18 Emanuel Swedenborg（1688-1772） 北欧スウェーデンの科学者、鉱山技師、政治家、神学者。科学者として、カント、ラプラスに先んじる星雲仮説の提唱、航空機の原型の設計、先駆的な脳研究などの業績を残す。

＊19 Jean Joseph Goux（1943-） フランス生まれの哲学者、批評家。経済学、哲学、精神分析学、美学（文学、造形芸術）など複数の学問領域を横断的に渉猟する著作で知られる。

＊20 Karl Heinrich Marx（1818-1883） ドイツの経済学者、哲学者、革命家。十九世紀後半から二十世紀の共産主義の運動に、圧倒的な影響を与えた。初期の労働運動にとって重要な影響を与えた思想的な先駆者。

＊21 Sigmund Freud（1856-1939） オーストリアの神経病理学者、精神分析学者。神経症研究、自由連想法、無意識研究、精神分析の創始を行い、さらに精神力動論を展開した。精神力動論はその後彼の弟子たちに伝えられ、さまざまな学派により改良され、現在でも精神医学のみならず現代の文化・人間理解に大きな影響を与えている。

＊22 Ludwig Andreas Feuerbach（1804-1872） ドイツの哲学者。唯物論的な立場から、とくに当時のキリスト教に対して激しい批判を行った。また現世的な幸福を説くその思想は、カール・マルクス・フリードリヒ・エンゲルスらに多大な影響を与えた。

＊23 Baruch de Spinoza（1632-1677） オランダの哲学者、神学者。デカルト、ライプニッツと並ぶ合理主義哲学者として知られる。

＊24 死人の頭（caput mortuum） ラテン語で死者の頭を意味する。化学において、昇華のような操作の後に残留する役に立たない物質を意味した。

＊25 Nicolas Leblanc（1742-1806） フランスの医師、化学工業家。木の灰からソーダを得ていた当時、木の不足で別の方法でこれを得ようと、科学アカデミーの懸賞に応じて、食塩からソーダを作る方法（ルブラン法）を発明した。

＊26　Antoine Jérôme Balard（1802–1876）　フランスの化学者。臭素の発見で知られる。

＊27　ガス、ガイスト、エスプリ　精神や心を意味するドイツ語のガイスト（Geist）とフランス語のエスプリ（esprit）は、ともに、神の息吹や生気を意味し、化学用語では、蒸留の後に得られる精を意味する。

＊28　ブーケ（bouquet）　とくに醸造、熟成に由来する香り。

＊29　プネウマ　ギリシャ語（pneo 吹く）に由来する語で風や息を意味したが、古来、生命の原理と見なされ、非肉体的な霊気で、呼吸によって体内に取り込まれ、血管によって体の各部分に運ばれると考えられた。ラテン語では spiritus と訳され、英語の spirit、フランス語の esprit の語源となった。オルフェス派やピュタゴラス派で重視され、グノーシス思想においては、世界はプネウマ（霊）とプシュケー（魂）とヒュレー（ソーマー）（物質・身体）の三つに分けられ、身体に取り込まれたプネウマが魂（プシュケー）であるとする。

＊30　Joseph Priestley（1733–1804）　イギリスの非国教派の牧師。ガスの捕集方法とその科学的分析法に関するいくつかの著作を残した。

＊31　Joseph Black（1728–1799）　イギリスの化学者。気体の化学の新たな扉を開いたことで有名。石灰石を強く熱し、発生する気体を調べ二酸化炭素を独立した一つの物質と認めた。

＊32　Henry Cavendish（1731–1810）　イギリスの科学者。金属に希硫酸を作用させることにより、今日の水素である「可燃性空気」を発生させた。当時、この「可燃性空気」がフロギストン（燃素）と見なされた。

＊33　フロギストン説（Phlogiston theory）　「燃焼」はフロギストンという物質の放出によって起こる、という考え方。燃素説とも呼ばれる。

＊34　Gaston Bachelard（1884–1962）　フランスの哲学者、科学哲学者。合理性や科学的カテゴリーに関する固定的な見方を批判し、理性の可塑性を主張した。本書の著者であるダゴニェの師でもある。

＊35　芳香族カーバイド（carbure aromatique）　芳香族炭化化合物。ベンゼン環を持つ。

＊36　August Wilhelm von Hofmann（1818–1892）　ドイツの化学者。最初リービッヒのもとでコールタールの研究を行い、これをもとにアニリン関連の研究を生涯にわたり続けた。

*37 William Henry Perkin（1838–1907） イギリス、ロンドン出身の化学者でナイト爵。世界初の人工染料であるモーヴや、芳香族の香料クマリンの合成で有名。

*38 Macedonia Melloni（1798–1854） イタリアの物理学者。放射熱の本性を明らかにするため放射熱と光との比較研究を行ったことで知られる。

*39 Nicolas Léonard Sadi Carnot（1796–1832） フランスの軍人、数学者、物理学者。仮想熱機関「カルノーサイクル」の研究により熱力学第二法則の原型を導いたことで知られる。

*40 James Prescott Joule（1818–1889） イギリスの物理学者。最も重要な熱力学者の一人。熱量の単位ジュールは彼にちなむ。

*41 Gustave Adolphe Hirn（1815–1890） フランスの実業家、物理学者。

*42 Jules Violle（1841–1923） フランスの物理学者。

*43 Henry Augustus Rowland（1848–1901） アメリカの物理学者。

*44 クランクシャフト（crankshaft） エンジンの構成部分の一つ。ピストンの往復運動を回転力に変えるための軸。

*45 ハミルトンの原理 イギリスの物理学者、ウィリアム・ローワン・ハミルトン（1805–1865）によって定式化された解析力学の原理。ある始点からある終点まである時間をかけて物体が運動する時の運動の経路は、考えられるすべての経路の運動の中で作用が最小となる経路になる、という原理。「最小作用の原理」とも呼ばれる。

*46 Etienne Bonnot, Abbé de Condillac（1714–1780） フランスの論理学者、哲学者。ロック、バークレー、ヒュームといったイギリス経験主義哲学の伝統に、フランス人として主要な貢献を行った。ロックによる、感覚（外部の感覚による）と内省（内部の感覚による）との区別を否定して、外部の感覚から来る外的印象によってすべての概念や精神操作を説明できると主張した。

*47 Michel Eyquem de Montaigne（1533–1592） 十六世紀ルネサンス期のフランスを代表する哲学者。モラリスト、懐疑論者、人文主義者として知られる。現実の人間を洞察し、人間の生き方を探求して断章形式の文章で綴

り続けた彼の影響は、フランスのみならず、世界中に及んでいる。

＊48 Jean-Jacques Rousseau（1712–1778） フランスの哲学者、政治思想家、教育思想家、作家。単なる純理論にとどまらない多感さを反映した著作は広く読まれ、フランス革命にも多大な精神的影響を及ぼした。

＊49 John Law（1671–1729） イギリスの財政家、経済学者。『貨幣に関する考察』において金属貨幣に対する紙幣の優位を説き、フランスに迎えられて銀行を設立。土地および東インド会社の利益を担保とする紙幣を大量に発行したが、結局恐慌を招いた。

＊50 トポス 修辞学における常套的主題のストックを意味する。

＊51 換言法（épanorthose） 言及したばかりの事柄を訂正するために、それに再度言及することによって、より明確化したり強調する修辞法。

＊52 転置法（hyperbate） 通常の語順に従わない修辞法。

＊53 逆言法（paralipse） ある事柄についてあえて言及しないふりを装うことによって、その事柄に注意を向けさせる修辞法。

＊54 予弁法（upobole）「〜と反論されるだろうが」のように予め反論や批判を提示し、次にそれを論駁する修辞法。とくに後半の論駁部分を指す。

＊55 頓絶法（aposiopèse） 文を途中で突然中断すること。

＊56 迫真法（hypotypose） 生き生きとした描写法。

＊57 George Berkeley（1685–1753） アイルランドの経験論哲学者、聖職者。物質の客観性を否定し、「存在することは知覚されることである」（"Esse est percipi"）という基本原則の素朴観念論を提唱した。

＊58 ヘルメスの教義 紀元前三世紀頃からエジプトのアレクサンドリアを中心に発生した混淆的な宗教思想。魔術、錬金術さらには占星術などの理論体系の根本を支えた西洋神秘学の理論的源流と考えられている。万物の背後にある同一性を追求する万物照応論を特徴とする。

＊59 オルフェウス教（orphisme） 神話上の詩人オルフェウスに始まるとされる古代ギリシャの密儀宗教。霊肉二

元論に立ち、霊魂が肉体から解放されて神と合一できるとする教義は、ピュタゴラス学派やプラトンの思想に大きな影響を与えた。

第2章

＊1　ポップアート（pop-art）　従来の芸術が保ってきた、ある種の品格、聖性を、きわめて日常的なイメージに置き換えたニューアート。表現の題材やイメージを徹底して大衆社会の世俗性に求める。

＊2　オプアート（op-art）　オプティカルアート（optical art）の略称で、錯視効果を強調した抽象絵画の一群を指し、フランス語では「アールシネティック」ともいう。

＊3　ランドアート（land-art）　一般の彫刻が持つ個体性の範囲を越えた、規模の大きい野外彫刻を指す語。実際に土や岩そのものを素材にすることもある。アースアート（earth art）とも呼ばれる。

＊4　ボディアート（body-art）　木や石、またはカンバスに油彩といった伝統的な素材に代わり、アーティストの身体そのものを素材として使う美術。

＊5　メックアート（mec-art）　一九六五年に、アラン・ジャケ（Alain Jacquet）らによって「メカニカルアート（mechanical art）」の略号として作られた用語。オリジナルの写真画像の複製を目的としたシルクスクリーンとは対照的に、感光乳剤によって覆われたカンバスに画像を直接投射することで、オリジナルの写真画像を変質させることを目的とした。

＊6　Jean Fautrier（1898–1964）　フランスの画家。パレットナイフによって厚く、入念に塗り重ねた淡い色彩によって、既成の形に頼ることなく、絵画の絵肌の自発的な働きを尊重した作品によって、アンフォルメル（不定形絵画）の源流となる。

＊7　Antoni Tapies（1923–）　スペイン現代美術を代表する抽象画の大家。

＊8　Raoul Ubac（1909–1985）　二十世紀前半に活躍したベルギーの写真家。マン・レイの影響を受け、その作品にはシュルレアリスム系の作品が多い。

＊9 Claude Lagoutte（1935–1990） フランスの画家。

＊10 Victor Vasarely（1908–1997） ハンガリー生まれの抽象画家。オプティカルアートの代表的画家の一人。ブダペスト・バウハウスで学び、クレー、カンディンスキー、マレーヴィチの作品に強い影響を受ける。構成主義的抽象の原理的探求を都市計画その他の社会性を持った仕事と結合し、独自の立場を確立した。

＊11 Jean Dubuffet（1901–1985） フランスの画家。伝統的な西欧文化を嫌って、子どもや精神病患者のうちに本質的な創造性を見出し、アンフォルメル（不定形絵画）運動の先駆者として、大きな影響を与え続けた。

＊12 Claude Viallat（1936–） フランスの画家。一九六〇年代末にフランスで結成された「シュポール－シュルファス〔支持体と表面〕」（訳注33参照）の中心メンバー。額縁から解放された布の上に、スポンジで規則的な斑点を描く作風を確立した。

＊13 タシスム（tachisme） フランス抽象絵画の様式の一つ。顔料を紙やカンバスに垂らしたり飛び散らせることによりイメージを描出する画法。「タシスム」は、もともと汚れや染みを意味するフランス語「タッシュ」に由来する。

＊14 『白の上の白（の正方形）』 ウクライナ、ロシア、ポーランドの画家カジミール・マレーヴィチ（訳注26参照）の一九一八年の代表作。白く塗った正方形のカンバスの上に傾けた白い正方形を描くことにより、意味を徹底的に排し、抽象的理念を表現しようとした作品。

＊15 マニエリスム（mannierism） 十六世紀後半にイタリアを中心に見られる美術の様式。この様式名は盛期ルネサンス時代に「優美さ」とほぼ同義の概念であった「マニエラ（maniera＝手法・スタイル）」に由来する。

＊16 キネティスム（cinétisme） キネティックアート。人力や風力、あるいはモーターなどで動く部分を持った彫刻の総称で、その運動を動力に依存することにちなんで、ダイナミズム（動力学）の一部をなすキネティックの名が与えられた。

＊17 Alexander Calder（1898–1976） 二十世紀を代表する彫刻家。「モビール〔動く彫刻〕」に見られるように、彫刻に動きを取り入れることにより、表現の可能性を大きく広げ、近現代美術に大きな影響を与えた。

＊18　Jean-Paul Sartre（1905–1980）　実存主義の旗手といわれるフランスの哲学者、作家、批評家。主著『存在と無』において現象学的存在論を展開。

＊19　モビール（mobile）　抽象美術に動きをもたらすことを目的として生み出された動く彫刻。この名称は、マルセル・デュシャン（Marcel Duchamp, 1887–1968）が提案したもので、「動き」と「動機」という二重の意味を持つフランス語。

＊20　Yaacov Agam（1928–）　イスラエルの画家、彫刻家。

＊21　Jesús-Rafael Soto（1923–）　ベネズエラの画家、キネティックアート（動きと光の時空）で有名。

＊22　Jean Tinguely（1925–1991）　スイスの芸術家。キネティックアートで有名。

＊23　歪像画法（anamorphose）　アナモルフォーシス。歪んだ画像を円筒などに投影したり角度を変えてみたりすることで正常な形が見えるようになるデザイン技法の一つ。

＊24　Giuseppe Arcimboldo（1530–1593）　イタリア・ミラノ出身の画家。マニエリスムを代表する画家の一人とされる。静物画のように緻密に描かれた果物、野菜、動植物、本などを寄せ集めた、珍奇な肖像画の製作で世に知られる。

＊25　ゲシュタルト理論（gestalt-théorie）　心理学理論。ゲシュタルトは姿・形・現象・状態などを意味するドイツ語。われわれに直接に経験されるのは体制化された全体で、全体は要素の連合による機械的結合やそれに形態質が加わったものではないとして、要素に対する全体の原初的優位性を主張する。ルビン（Edgar John Rubin, 1886–1951）は、視野内に異質の領域がある時、注意を向けると否とにかかわらず、まとまりのある形としてみえる領域とその他の領域とに分かれるとし、前者を「図」、後者を「地」と呼んだ。

＊26　アルルカン模様　ダイヤ柄の一種。ピエロの衣装のような鮮やかな色のダイヤ柄。

＊27　Kasimir, Malevich（1878–1935）　ウクライナ、ロシア、ポーランドの画家。抽象芸術開拓者の一人。幾何学的抽象画を描き、それを理論化してシュプレマティスム（Suprematisme〔絶対主義〕）と名付けて発表。作品「白の上の白（の正方形）」（訳注13参照）、「非対象の世界」などで有名。ここでのダゴニェの解説は、実際のヴァザ

ルリの作品「マレーヴィチへのオマージュ」（一九五三年）とはくい違いがあるように思われる。

＊28 モアレ加工（moiré） プレス加工により布面に部分的に光沢を与え、木目状や波形の模様が出る加工のこと。モアレは、フランス語で「木目・波形」を意味する。

＊29 エンボス加工（gaufrage） 布面を図柄状にくぼませて立体感を出す加工法。

＊30 クレープ加工（crépage） しぼ出し。布の表面に縮み皺を出すこと。

＊31 フランバージュ（flambage） 布の毛羽焼き。

＊32 Max Loreau（1928–1990） フランスの詩人。

＊33 Leon Battista Alberti（1404–1472） 初期ルネサンスの人文主義者、建築理論家、建築家。専攻分野は法学、古典学、数学、劇作、詩作であり、また絵画、彫刻については実作だけでなく理論の構築にも寄与する。『絵画論（De pictura）』が有名。

＊34 シュポール－シュルファス〔支持体と表面〕 一九六〇年代末から一九七〇年代にかけてのフランスを代表する美術の動向。

＊35 Yves Michaud（1944–） フランスの哲学者。ヒューム、ロックをはじめとするイギリス経験論の研究で博士号を取得。美学にも造詣が深く、パリ美術学校の校長も務める。

＊36 Gottfried Semper（1803–1879） ドイツの建築家。代表作であるドレスデンの歌劇場などの設計で著名。

＊37 Paul Ambroise Valéry（1871–1945） フランスの作家、詩人、小説家。多岐にわたる旺盛な著作活動によってフランスを代表する知性と称される。一八九四年から『カイエ』と呼ばれる公表を前提としない思索の記録を綴り始め、その量は膨大な量となった。

第3章

＊1 始める、縦糸を揃える、秩序づける（ordiri, ourdir, ordonner） フランス語の秩序づける（ordonner）の語源は、ラテン語の ordiri であるが、この語は、「織る」と「始める」という二つの意味を持つ。つまりフランス語

の「秩序づける」は、横糸を通す前に、はじめに縦糸を整えることに由来する。また「縦糸を揃える」の意味を持つフランス語の ourdir も同じく ordiri を語源とする。

＊2 René Antoine Ferchault de Réaumur（1683-1757） フランスの科学者。数学、とくに幾何学に取り組んだが、実用的な工業の分野にも多くの業績を残す。『昆虫誌』六巻の著者として有名。

＊3 Marcello Malpighi（1628-1694） イタリアの解剖学者。顕微鏡を利用して生物の微細構造の研究を行う。マルピギー管、マルピギー小体などにその名を残す。

＊4 Jacque de Vaucanson（1709-1782） フランスの発明家、機械技師。水を汲み上げる機械、世界初の全自動織機、スライド旋盤、穿孔機などの多くの機械を考案した。オートマット（自動人形）を製造したことでも有名。

＊5 Louis Pasteur（1822-1895） フランスの生化学者、免疫学者。後年予防接種法となって発展する各種ワクチンの発見、製造を行う。生物の自然発生を、実証的に否定した。

＊6 Christian Friedrich Schönbein（1799-1868） ドイツの化学者。木綿を硝酸と硫酸の混合液で処理して硝化綿（ニトロセルロース）を作り出すことに成功。オゾンの発見でも知られる。

＊7 バティスト（batiste） 下着などに用いる薄地のリネン。

＊8 メルキュール・ギャラン（Mercure Galant） 一六七二年にフランスで創刊された知識人向けの雑誌。後の『メルキュール・ド・フランス』。

＊9 Christophe Philippe Oberkampf（1738-1815） バイエルン生まれのフランスの実業家。一七五七年にパリに定住。その後、捺染綿布とインド更紗の第一の製造所であるジュイ＝アン＝ジョザの工場を創設。

＊10 Charles François de Cisternay du Fay（1698-1739） フランスの化学者、物理学者。

＊11 Georges-Louis Leclerc（Comte de）Buffon（1707-1788） フランスの博物学者。パリ王立植物園長を務める。『博物誌』のほか、『地球の歴史』、『博物学の扱い方に関する論考』など多くの著作がある。リンネの人為的な分類法に対し、自然界を総合的に捉えたうえで判断するという「自然的分類法」を提唱。

＊12 Jean-François Persoz（1805-1868） フランスの薬剤師、化学者。

＊13 Pierre Macquer（1718–1784） フランスの化学者。『理論と実践を含む化学辞典』を出版。

＊14 Claude Louis Berthollet（1748–1822） フランスの化学者。鉱物の組成などを例に挙げ、化合物を構成する成分元素の比は産地や製法によって変化するとして、プルーストの定比例の法則に反対した。当時はまだ混合物と化合物の違いが明確に区別されていなかったため、このベルトレーの考え方が主流であった。

＊15 Jean Antoine Chaptal（1756–1832） フランスの化学者、企業家、政治家。

＊16 Basil Bouchon（生没年不詳） フランス・リヨンの織布工。パンチカードを利用した自動織機の設計を試みた。

＊17 Falcon（1705–1765） フランスの織布工。ブッションの助手を務め、自動織機の改良に努めた。

＊18 階差機関（instrument à diffrences） 十九世紀前半、イギリスの応用数学者チャールズ・バベッジ（Charles Babbage, 1791–1871）が構想した蒸気機関を動力とする巨大計算機。

＊19 Jean-Batiste Lully（1632–1687） フランス・バロック音楽の基礎を築いた作曲家。イタリア生まれながら若いうちにフランスに渡り、フランス様式のオペラを確立する。

＊20 Franfçois Couperin（1668–1733） フランス・バロックの中期を代表する作曲家。音楽一族に生まれ、叔父のルイ・クープランとともに音楽史にその名を残している。当代一のクラヴサン（チェンバロ）奏者としても知られ、彼の著した「クラヴサン奏法」は優れた教本としてヨーロッパ中で用いられた。

＊21 Jean-Philippe Rameau（1683–1764） 十八世紀フランスにおける最大の作曲家および音楽理論家。クラヴサンによる曲が、ベルリオーズやドビュッシー、ラヴェルなどのロマン派から後期ロマン派のフランスの作曲家に高く評価された。

＊22 Denis Diderot（1713–1784） フランス啓蒙思想の作家・哲学者。思想的には、初期の理神論から唯物論、無神論へと向かう。一七四九年以降、『百科全書』の発刊と編集に関わる。事業としての「百科全書」は、主に新興のブルジョア階級を対象として企画され、その中心は当時の先端の技術や科学思想を紹介した項目であったが、それらに交えながら、社会、宗教、哲学等の批判を行ったため、「百科全書」を刊行すること自体が宗教界や特権階級から危険視された。

＊23　Joseph Marie Jacquard（1752–1834）　フランスの発明家。ヴォーカンソンの自動織機に、パンチカード装置を取り付けることによって、ジャカード織り機を完成させた。

＊24　Herman Hollerith（1883–1929）　アメリカの統計学者。コンピューターの前身である「ＩＢＭホレリス・パンチカードマシーン」を発明。この機械は、アメリカ国勢調査のデータを数字化し、アルファベット順にする際に使用された。現在のＩＢＭ社の前身である「タビュレーティングマシーン社」を設立。

＊25　Michel Butor（1926–）　フランスの小説家、文芸批評家。

＊26　Charles Péguy（1873–1914）　フランスのカトリック詩人、作家。熱烈な愛国主義者としても知られる。

＊27　スルプリ　衣の上に着る膝丈の祭服。

＊28　Patrice Hugues（1930–）　フランスの現代画家。織り地を利用した作品を制作する一方で、『織り地の言語（Le langage du tissu）』、『織り地と文明化（Tissu et travail de civilisation）』など、織りをテーマにした文化論でも知られる。

＊29　Gerard David（1460–1523）　オランダ初期ルネサンスを代表する画家。

＊30　Rembrandt Harmenszoon van Rijn（1606–1669）　十七世紀を代表するオランダの画家。生涯を通じて数多くの自画像を描いたことでも知られる。

＊31　Fra Angelico（1387/1400–1455）　イタリア、ルネサンス期の画家。本名グイード・ディ・ピエトロ。フラ・アンジェリコ（天使僧）という通称のとおり、その作品は清らかで深い精神性に満ちている。

＊32　モノタイプ（monotype）　ガラスや金属板などの表面にインクや絵の具などで直接描画し、これに用紙をあててプレスする版画。モノプリントともいう。

＊33　カマイユ（camaïeux）　ヨーロッパの絵画技法である単色画法。

＊34　Jean-Baptiste Huet（1745–1811）　ロココ時代のフランスの画家。

＊35　Horace Vernet（1789–1863）　フランスの画家。

＊36　クレトン（cretonne）　カーテンや椅子などのカバーに用いる厚手のプリント地。フランスの村クルトンに由

来する。

＊37 Joseph Dufour（1757–1827） フランスの壁紙作家。

＊38 Antoine Berjon（1754–1843） フランス、ロマン主義の画家。

＊39 Jean Baptiste Pillement（1728–1808） フランス、ロココ時代の画家。

＊40 François Vernay（1821–1896） フランスの画家。静物画で有名。

＊41 Eugène Brouillard（1870–1950） フランス、リヨン派の画家。

＊42 ナビ派 十九世紀末に活動したフランスの画家グループ。象徴主義的、装飾的傾向を持つ。

＊43 Raoul Dufy（1877–1953） フランス、フォーヴィスム（Fauvisme〔野獣派〕）の画家。一九二〇年代より、当時の有名デザイナーに協力して、生地のデザインやドレスの制作にたずさわる。

＊44 Sonia Delaunay（1885–1979） フランスの画家、デザイナー。絵画はもちろん、ファッションや舞台衣装など、さまざまな分野で才能を発揮した。

＊45 Pierre Tal-Coat（1905–1985） フランスの画家。

＊46 Henri de Toulouse-Lautrec（1864-1901） 十九世紀フランスの画家。作品には「ムーラン・ルージュ」などのポスターの名作も多く、ポスターを芸術の域にまで高めた美術史上に特筆されるべき画家。

＊47 Edgar Degas（1834-1917） フランスの印象派の画家。踊り子の動きの瞬間を鋭く捉えた表現や、競馬、街頭風景、浴女などの近代生活を主題として、パステルや版画を用いた多くの秀作を残す。

＊48 ガッシュ（gouache） 顔料をアラビアゴムで溶いた不透明な水彩絵の具。

＊49 外光派（plein-airisme） 広義には、戸外の明るい光を取り入れた画派を意味し、そうした表現を外光表現、外光主義という。またとくに、十九世紀末のフランス絵画の中では、アカデミックな表現に、印象派絵画の影響を受けて戸外の光を取り入れた明るい色彩表現を加えた折衷的な画風を指して外光派（プレネリスム）と呼ぶ。

＊1　Joseph Louis Proust（1754–1826）　フランスの化学者。定比例の法則を唱え、ベルトレーとの論争を通じて化合物が、元素の整数比の組み合わせでできているという概念を広めたことで知られる。

＊2　John Dalton（1766–1844）　イギリスの化学者、物理学者。質量保存の法則と定比例の法則とが矛盾しないよう説明するため、次のような原子説を提唱。①同じ元素の原子は、同じ大きさ、質量、性質を持つ。②化合物は、異なる原子が一定の割合で結合してできる。③化学変化は、原子と原子の結合の仕方が変化するだけで、新たに分子が生成したり、消滅することはない。

＊3　定比例の法則（lois quantitatives fixes）　物質が化学反応する時、反応に関与する物質の質量の割合は、つねに一定であるという法則。また化学反応において元素の転換は起こらないので、これは化合物を構成する成分元素の質量の比はつねに一定であることも意味する。たとえば水を構成する水素と酸素の質量の比はつねに一対八である。

＊4　プルシアンブルー（bleu de Prusse）　紺青。ヘキサシアノ鉄(II)酸塩と鉄(III)塩を、もしくはヘキサシアノ鉄(III)酸塩と鉄(II)塩を混合することによって沈殿する濃青色の顔料。

＊5　デミウルゴス（démiurgie）　プラトン『ティマイオス』に登場する宇宙の創造者。ギリシャ語の原義は工匠、建築家。イデアを規範として模倣しながら物質世界を作る創造者。

＊6　ショットキイ欠陥（défaut de Schottky）　理想的な完全結晶に対し、現実の結晶には、不純物や、格子の乱れ、原子空孔、転位などが存在するが、これらを総称して欠陥（格子欠陥）と言う。結晶中において、陽イオン・陰イオンが結晶の外に出た後に空孔が残った欠陥のこと。

＊7　フレンケル欠陥（défaut de Frenkel）　結晶中において、格子点イオンが、格子間に移りその後に空孔が残った欠陥のこと。塩化銀（AgCl）にて観察される。このフレンケル欠陥の生成は、密度に関しては変化はないが、電気伝導性を増加させる。

＊8　キュクロプス（Cyclopes）　ギリシャ神話に登場する単眼の巨人。卓越した鍛冶技術を持つ。

＊9　インヴァー（invar）　ニッケル三六％、鉄六四％のニッケル鋼。日本語では不変鋼と呼ばれる。フランス語読

みでアンヴァーともいう。

＊10　パーマロイ合金（alliage permalloy）　Fe-Ni の合金。

＊11　Henri Louis Le Chatelier（1850–1936）　フランスの化学者。一八八四年に化学平衡に関するルシャトリエの原理を提出した。

＊12　Floris Osmond（1849–1912）　フランスの化学者、冶金学者。熱を利用した鉄合金の分析法を開発した。

＊13　面心立方格子構造（CFC: cubic à faces centrées）　結晶構造の一種。単位格子の各頂点および各面の中心に原子が位置する。

＊14　Jean-Baptiste Colbert（1619–1683）　十七世紀フランスの重商主義者。太陽王ルイ十四世の財務大臣を長年務めた。

＊15　Lucrèce（B.C. 99?–B.C. 55）　ローマ共和政期の詩人、哲学者。エピクロスの宇宙論を詩の形式で解説。主著『事物の本性について』で唯物論的自然哲学を説いた。

＊16　反磁性（diamagnétisme）　磁場をかけた時、物質が磁場の向きと逆向きに磁化される性質。一八四五年にマイケル・ファラデーによって発見された。

＊17　Louis Georges Gouy（1854–1926）　フランスの物理学者。ブラウン運動が、分子の運動に起因することを証明したことで有名。

＊18　常磁性（paramagnétisme）　外部磁場がない時には磁力を持たず、磁場をかけるとその方向に弱く磁化する磁性を指す。熱揺らぎによるスピンの乱れが強く、自発的な配向がない状態である。

＊19　反強磁性（antiferromagnétisme）　隣り合うスピンがそれぞれ反対方向を向いて整列し、全体として磁気モーメントを持たない物質の磁性を指す。

＊20　強磁性（ferromagnétisme）　隣り合うスピンが同一の方向を向いて整列し、全体として大きな磁気モーメントを持つ物質の磁性を指す。そのため、物質は外部磁場がなくても自発磁化を持つことができる。室温で強磁性を示す単体の物質としては、鉄、コバルト、ニッケル、ガドリニウムがあるが、その数は少ない。

＊21 ソレノイド（solénoïde） 電磁力によって鉄心が駆動する変換器。

＊22 Pierre Teilhard de Chardin（1881-1955） フランス人のカトリック思想家。カトリック司祭（イエズス会士）であり、古生物学者、地質学者でもある。主著『現象としての人間』で、キリスト教的進化論を提唱し、二十世紀の思想界に大きな影響を与える。北京原人の発見と研究でも知られる。

＊23 Auguste Comte（1798-1857） フランスの哲学者。神学的、形而上学的なものに依拠せず、経験的事実にのみ認識の根拠を認める学問上の立場である実証主義を説いた。いっさいの社会活動を支配する普遍的原理、歴史的発展の法則が、数学や物理学と同様の科学的、実証主義的方法によって体系的に説明されねばならないと主張し、フランス革命後のフランス社会の「道徳的無政府状態」に新たな秩序を与え、政治的統一に導くことを目指した。

＊24 François Auguste Victor Grignard（1871-1935） フランスの化学者。グリニャール試薬発見の功績で、一九一二年にノーベル化学賞を受賞。

＊25 エポキシド 三員環のエーテルであるオキサシクロプロパンを構造式中に持つ化合物の総称。反応性に富み、極性を持った化合物と付加反応を起こす。そのため、さまざまな化合物を作るための材料として実験室や工場で用いられている。

＊26 Jöns Berzelius（1779-1848） スウェーデンの化学者。ラヴォアジエに次ぐ化学の祖として知られる。ダルトンの弟子。イオンとイオン化合物の概念を発展させた。正確な量的測定を行う体系的なプログラムを創始し、化学物質の純粋性を確固たるものにした。

結論

＊1 ミロボリュス・マカダム商会（Mirobolus, Macadam et Cie） デュビュッフェの作品に付けられたタイトル。マカダムは、石を砕いてローラーで固める近代的道路塗装法を発明したスコットランド人。デュビュッフェは、厚塗りの絵画に異質な物質を混ぜて固め、表面にひっかき傷をつけた自作をその道路舗装になぞらえたと考えられている。ミロボレは、「おったまげた」という意味のラテン語。

＊2　コブラ（Cobra）　一九四八年にアムステルダムで結成された芸術家グループ。コブラの名称は、結集した作家の生国が、デンマーク、ベルギー、オランダの三国にわたっていたことから、それぞれの首都のコペンハーゲン、ブリュッセル、アムステルダムの頭文字に由来する。激しい筆触、鮮やかな色彩による表現主義的な作風を特徴とする。また、精神障害者や子どもによる作品に表現の可能性を見出し、アンフォルメルの運動とも深く関わる。

＊3　ティマイオス（Timaeus）　古代ギリシャの哲学者プラトン後期の著作。古くから「自然について」という副題が付いており、アトランティス伝説、世界の創造、元素、医学などについて記されている。自然を論じた書としてはプラトン唯一のもので、神話的な説話を多く含む。自然の諸物は、火・土・水・空気の四元素が混じり合うことによって形成されているとされる。

＊4　彷徨する種類の原因（cause errante）　ティマイオス篇において、「理性」に対立するものである「必然」を意味するものとして導入された語。具体的には、火・空気・水・土といった素材の世界のことを意味する。これらの素材は、理性よって説得されない限り、それ自体としては盲目的で、秩序を欠いた働きをするものとして理解されている。

＊5　Epikouros（B.C. 341-B.C. 270）　快楽主義などで知られる古代ギリシャのヘレニズム期の哲学者。エピクロス派の始祖。それ以上分割できない粒子である原子と空虚から、世界が成り立つとするデモクリトスの原子論の影響を色濃く残している。

＊6　クリナメン（clinamen）　ラテン語の「斜にそれる」（declinare）という動詞から派生した名詞。エピクロスが、世界のうちにある生成変化と偶然性を説明するために導入した。ある原子が突然、かすかにコースを偏倚させることにより、原子間の衝突、融合、反発が生じ、世界に変化がもたらされると考えられた。

＊7　Gottfried Wilhelm Leibniz（1646-1716）　ドイツの哲学者、数学者、科学者。世界全体を表象するモナドの集まりによって、世界が構成されるとする独自の存在論を展開した。

＊8　Nicolas de Malebranche（1638-1715）　フランスの哲学者。オラトリオ会修道士。オラトリオ会が帰依するア

ウグスティヌスの神秘的な思想と理性を重視するデカルト哲学の総合を目指した。現象としての物体（身体）の運動を認めながら、その原因を物体そのものに与えることを拒み、物体の衝突や精神の意欲をきっかけ（機会）として神が発動し、最終的には神がさまざまな運動を引き起こしているとする「機会原因論」を唱えた。

＊9　Friedrich Engels（1820–1895）　ドイツ出身の経済学者、哲学者、革命家。マルクスの協力者。哲学、自然科学の研究を通してマルクス主義経済学説の定式化に貢献した。

＊10　細胞説　それぞれあらゆる生物は細胞から成り立っているとする学説。さらに細胞が生物の構造および機能的な単位であり、生命を持つ最小単位であるとする現在の認識の基礎となった。一八三八年に植物学者シュライデンによって、一八三九年に動物学者シュヴァンによって提唱された。

＊11　Charles Robert Darwin（1809–1882）　イギリスの自然科学者。進化論の提唱者として知られる。ガラパゴス諸島での観察から着想を得て「自然淘汰」による進化論を提唱。一八五九年『種の起源』を著す。

＊12　マニ教（Manichéisme）　ササン朝ペルシャのマニ（二一〇–二七五頃）を開祖とする宗教。ユダヤ教、ゾロアスター教、キリスト教、グノーシス主義などの流れを汲む。その根幹はグノーシス主義に基づいた禁欲主義であり、肉体を悪と見なし、霊魂を善の住処とした。またゾロアスター教の影響による善悪二元論の立場をその特徴とする。

＊13　Maine de Biran（1766–1824）　フランスの哲学者。内的感覚、内的反省を哲学の方法とした。『心理学の基礎についての試論』（一八一二年）において、意識の中心は努力という原始的事実にあると考えた。「意志し働くことが自己の存在の証であるとして、この事実を出発点にして、実体、力、因果性、自由などの形而上学的概念を規定した。

＊14　Auguste Laurent（1807–1853）　フランスの化学者。師であるデュマ（Jean Dumas, 1800–1884）との共同研究でナフタレン研究の論文を発表以来、置換反応の研究を精力的に展開。芳香環のハロゲン化、ニトロ化などの置換反応を中心に新しい研究を推進し、置換理論の正しいことを主張した。

＊15　Charles Frédéric Gerhardt（1816–1856）　フランスの化学者。一八三九年にデュマとローランの置換の法則を

拡張する形で「残余の理論」と呼ばれる論文を発表。さらに、有機化合物の構造と正しい分子式表現に考察を加えて化学的分類を試み、一八四五年にこれらを統一した「同族列の理論」を発表した。

*16 William Lawrence Bragg（1890–1971） イギリスの物理学者。父ヘンリー・ブラッグの勧めで、数学から物理学に転じる。J・J・トムソンのもとでM・ラウエの論文の検討を行い、ブラッグの条件を導く。父とともにX線回折によって結晶構造の研究を行い、ともにノーベル物理学賞を受賞。

*17 炭素一四法 放射性炭素年代測定法。生物や炭素化合物中の炭素に一兆分の一程度含まれる放射性同位体炭素一四が、約五七三〇年の半減期で減じていく性質を利用し、試料中の炭素同位体一二、一四比から年代を推定する。

*18 Abraham Trembley（1710–1784） スイスの動物学者。ヒドラの尾の再生を発見し、前成説に疑問を投げかけた。

*19 ヒドラ 刺胞動物のうち、ヒドロ虫綱・ヒドロ虫目・ヒドラ亜目のヒドラ科に属する動物の総称。細長い体に長い触手を持つ動物。強力な再生能力を持ち、体をいくつかに切っても、それぞれが完全なヒドラとして再生する。発生生物学の分野で細胞分化のモデル生物として研究される。

*20 Ivan Pavlov（1849–1936） ロシアの生理学者。一九〇二年に唾液が口の外に出るよう手術した犬で唾液腺を研究中、飼育係の足音で犬が唾液を分泌していることを発見、そこから条件反射の実験を行った。行動主義心理学の古典的条件づけに大きな影響を与えた。

*21 Wallace Hume Carothers（1896–1937） アメリカの科学者。ポリマーの研究で有名。一九三五年に世界初の合成繊維の合成に成功した。

*22 Niepce de Saint-Victoir（1765–1833） フランスの発明家、物理学者。暗室と銀の塩化物の下塗り紙を利用した写真術の研究で知られる。ジオラマ画の製作に暗室を使用していたダゲール（Louis Daguerre, 1789–1851）と共同研究を行うが、成功を待たずに死去。

*23 Joseph Antoine Ferdinand Plateau（1801–1883） ベルギーの物理学者。光学の分野で網膜の残像の研究を行い、

フェナキスティスコープなどの光学玩具の元祖を発明した。

＊24 フェナキスティコープ（phenakistiscope） 驚き盤。円形の紙を軸で止め、その縁に連続した絵を描いたもの。一つの絵に注目し、円を回転させると、絵が動いているように感じる。

＊25 プラクシノスコープ（praxinoscope） 円筒形の箱を中心軸に固定し、その内面に一連の動きを描いた紙テープをセットしたもの。円筒を回転させると、絵は軸上にセットした多面鏡に次々に反射し、この鏡を見る人間には絵が滑らかに動くように見える。

＊26 Louis Jean Lumière（1864–1948） 映画の発明者であるといわれるリュミエール兄弟の弟。

＊27 Pierre Louis Maupertuis（1698–1759） フランスの数学者、自然科学者。一七三六年にフランスの自然科学にニュートン力学を導入、定着させた功績者。生命論の問題にも関心を持ち、すべての生物はあらかじめ精子のなかに小さな形で存在していてそれが順番に大きくなってくるという前成説に反対し、発生に際し、両性の液体の混合から新たな生命が生まれてくるという説を唱え、ディドロと論争した。一七四六年にはベルリン王立アカデミーの会長に就任。

＊28 Paul Henri Thiry, Baron d'Holbach（1723–1789） フランスの哲学者。主著である『自然の体系』（一七七〇年）において、機械論的かつ無神論的唯物論を展開した。反宗教論者としても知られる。

訳者あとがき

本書は François Dagognet, *Rematérialiser*, J. Vrin, Paris, 1985 の全訳である。

著者のダゴニェは、バシュラール、カンギレムにつらなるフランスの科学認識論を代表する哲学者である。ダゴニェの著作については、すでに数冊が日本語に翻訳されている。とりわけ『具象空間の認識論』（金森修訳、法政大学出版局、一九八七年）の訳者解説によって、ダゴニェの全体像を知ることができる。本書はバシュラールの『合理的唯物論』を直接的に継承しつつ、ダゴニェ自身の議論を敷衍した物質論と言える。従来、文学的観点から解釈されることが多かったバシュラールの哲学についても、『バシュラール――科学と詩』（金森修『現代思想の冒険者たち』講談社、一九九六年）によって偏りなくアプローチすることができる。この「訳者あとがき」を書くにあたっても大いに参考にさせていただいた。

本書の原題である Re-matérialiser とは、直訳すれば「再物質化」という意味になるが、これは一般的な脱物質化（dé-matérialisation）の傾向に抗して、唯物論を正当に評価し直そうとするダゴニェの企図を表現したものである。ダゴニェは、本書のなかでこの再興された唯物論哲学を「ネオ唯物論（néo-matérialisme）」と呼んでいる。また金森氏も『具象空間の認識論』の訳者解説のなかで本書を「ネオ唯物論」として紹介されているが、これは著作全体の趣旨に合致しており、また語の座りが良いということもあり、邦訳タイトルとしてそのまま採用させていただいた。

そもそも哲学の歴史は、物質的なものと精神的なものという二つの傾向の絶えざる抗争の歴史と見なしうるが、この抗争はプラトンが原子論的機械論者であるデモクリトスを退け、その後デカルトが、ガッサンディを凌駕するというように、精神的なものの優位を主張する唯心論的傾向が常に唯物論に対して勝利してきた。唯心論者は、精神に優位を与えるために、物質からその様々な特性をはぎ取り、「否定的な物という怪物」を生み出し、彼らの論敵を否定的な含意を持って「唯物論者」と呼んだのであった。しかし、われわれは古来から、物質に様々な特性を認め、それを活用してきたのであり、それは石器時代、鉄器時代、青銅器時代というように、文明に金属や合金の名が与えられてきたことから明らかである。合理性はまず物質のうちに存するのであり、われわれ人間は物質によって開かれた地平によって決定されている。しかしわれわれは、次には自らの必要に応じて物質を加工することにより、物質が潜在的には有していたが、人間の技術的な介入なしでは具体化され得ない諸能力を現実化させる。つまりわれわれは、物に促され刺激されて思考し、その思考を物の内に結実させる。ダゴニェは、バシュラールの『合理的唯物論』から、思考と物との、あるいは文化的な生活と物質的な資源とのこうした切り離し得ない関係という思想を継承しているのである。

ここで本書の内容について、訳者なりの簡単な要約を記しておく。読書の道標となれば幸いである。

第1章では、哲学、芸術、社会生活、学校教育のうちに存在する一般的な脱物質化の傾向が批判される。思想の歴史と同様に、文学や絵画においても脱物質化の傾向は顕著である。文学のテクストは、ほとんど物質に視線を向けることなく、まるで人間だけが豊かさと複雑さを保持しているかのように、無制限に個人的な印象、感情、相互主観性を主題にした。また視覚芸術ですら、物質を回避し消滅させてきた。たとえば抽象絵画は、形象化不可能な、あるいは知覚不可能な印象に執着したのである。

哲学者の芸術理解においても脱物質化の傾向は顕著であった。カントは、芸術美をわれわれの悟性と想像力との合致へと「主観化」した。またこの傾向を継承したヘーゲルの美学は、様々な創造的活動を階層化し、音楽や詩という「主観的な芸術」を頂点に据え、建築や彫刻はそれらの対極にあると考えた。こうした序列化を可能にするものは、感覚的なものの負荷の絶えざる減少に他ならなかったのである。

第2章においては、こうした脱物質化に抗う運動として、つまり物質との和解の運動として、ヴァザルリ、デュビュッフェ、ヴィアラという三人の画家を主題とした現代絵画論が展開される。ヴァザルリの幾何学アートは、様々な視覚的効果を生み出すために色彩や形態を効果的に利用する。ここでは画家は、物理学者ないしは知覚に関する精神工学の専門家となる。さらにジャン・デュビュッフェは、子供、知的障害者などによる絵画をアール・ブリュット（生の芸術）と呼んで評価し、物質のさらなる解放を訴えた。彼は物質を、ヴァザルリのプログラムされた組み合わせの造形性という主知主義からも解放するのである。最後にダゴニェは、「シュポール－シュルファス（支持体と表面）」という芸術運動の中心人物であったヴィアラの手法の「潜在的な工業化」という側面に注目する。ヴィアラは、額縁から開放された布の上に、スポンジで規則的な斑点を描く作風を確立したが、彼の作品を構成しているのは、「染色－加工」という工業技術なのである。現代の造形芸術において、物質はその正当な地位を回復し、それと同時に神秘のヴェールに包まれていた芸術創造は、むしろ物理学者の探求や染色加工などの工業的な技術と比肩されるようになる。

第3章においては、繊維産業を主題とした文化論・科学技術論が展開される。ダゴニェによれば、糸あるいはそれによって紡ぎ出される繊維は、「最も知性化された物質」であり、繊維産業の急速な機械化が科学の進歩を推し進め、間接的にコンピューターを出現させ、科学技術を主導したのである。

そもそも繊維を織り上げる糸は、動植物から入手されたものだが、それらの糸も非常に多くの調合と変換の産物である。さらに人間は自然を認識し模倣することによって人工繊維を製造し、ついにはそのメカニズムから着想を得て、それを変容することで合成繊維へと到達し自然への従属から脱する。繊維において物質は、反抗的で、制御しがたい「非我」という性格を喪失し、完全に人間の決定に服するのである。

絹織物産業のめざましい発展を生み出したのは、ジャカード機の出現とその技術的革新を可能にしたパンチカード化の技術である。またこのパンチカードという記録システムは、ホレリスによって、初期のコンピューターの記録メディアとして使用されることになる。本書においてダゴニェは、この他にも、たとえば蒸気機関のクランク・シャフトシステムに見られるような様々な伝達・変換システムに言及し、こうした翻訳作業こそが科学技術の本領であると主張する。

第4章の物質論でダゴニェは、ガストン・バシュラールの『合理的唯物論』の哲学的指摘を取り上げなおす。「もし我々が心理学者に、心理学的な組み合わせは、化学的な組み合わせに比して、数が少なく、繊細さも欠いていると語るとすれば、彼は衝撃を受けるであろう。しかし、実際には、現代化学における観念と実験の産出は、人間の記憶、想像力、理解力を凌駕している」(『合理的唯物論』序論)。これは、幾何学の精神と繊細の精神というパスカルの区別にしたがって、科学的分析を前者に、心情や直観による物事の把握を後者に割り当てるという伝統的な判断が、もはや現代科学においては通用しなくなっていることを指摘した一節である。第四章の大半を占める鉄原子の構造とそれに由来する鉄の幅広い諸能力の記述は、この指摘の例証となっている。

鉄は常温で最も強い磁性を持つ元素であるがゆえに電気文明をもたらし、また分子構造の特性から加工しやすいという特性を持ち、そればかりか鋼という強靭な物質に簡単に変化できたため、武器、道具、建築物の製造を可能にした。さらに鉄は、その構造特性によって、酸素の受け渡しが可能であるため、生物の代謝連関にも関与することにより、生命と非生命を媒介し、生命-無機化学という科学を支持する根拠ともなっている。われわれは人類の歴史を、可塑性、延性、弾性、磁性、電気伝導性などの鉄のさまざまな隠された能力を発見し、具体化していく歴史として記述することもできるだろう。さまざまな加工を施され、その使用法を限定していたものが絶えず矯正されることによって、鉄はその都度われわれに自らの秘密を開示してきたのである。ダゴニェが、繰り返し論じるように、そもそも鉄は、それ自体としては存在しない。鉄が存在するのは、書物の中だけである。われわれは「物体」という観念によって、統一性を持った総体について考えるが、鉄は統一性を持つ閉じた実体としてではなく、開かれた一つの系譜なのである。

結論部の生命と物質の関係について論じられた箇所について簡単に指摘しておくことで、本書の概観を締めくくりたい。ここでもダゴニェはバシュラールを引用する。「生命は、蒸留し濾過する。緑の地球、森、草原は、光化学を実践し、太陽のエネルギーを化学的に吸収する。しかし、こうしたいっさいの前‐人間的な諸現象は、人間が文化的な段階へ到達した時には追い越されるであろう。……真に化学を実践しようと欲している自然は、最終的に化学者を創造する」(『合理的唯物論』序論)。生物は、自己を増殖するだけで自分と同じものしか生み出さない。生物は「部分的化学」にしか従わず、それは現代化学という「合理的化学」によって追い越されてしまうのである。こうしたバシュラールの指摘に対して、ダゴニェが「自然に関する初めての実験室」としての生命の先行性を主張していることを強調しておきたい。ダゴニェは、もちろん生命を謎めいた神秘的力として実体化することを戒めつつも、生命を完全に物質に帰着させることにも反対するのである。第3章において繊維産業について論じた際、動植物を模倣し変容することで自然への従属から脱すると述べたとおり、合理的化学も生命という媒介を必要としたのであり、生命が化学者に先行していたことを認めねばならない。ダゴニェがバイオテクノロジーの先駆けとして繊維産業を称揚する所以である。

さて訳者は、ベルクソンやフランス現象学を専門に研究してきた者であり、同じフランス哲学とはいえ、まったく傾向を異にする本書の訳出には戸惑うところが多かった。また訳者は科学技術や芸術に特別通じているわけでもなく、ダゴニェの博覧強記の哲学には予想以上の難航を強いられ、訳出は膨大な時間と多くの方の助けを必要とすることとなった。大学院で高分子学を学んだ後、北海道大学薬学部に在籍中であった中村直樹氏には、一年以上の長きに渡り、第1章の化学論、第4章の科学技術論の訳語の点検に協力していただいた。感謝に堪えない。

また校正者の中村孝子さんには、草稿に細かく目を通していただき、本書がより読みやすく正確な内容になればという御配慮から、いくつもの有益なアドバイスをいただきました。心から感謝いたします。なおダゴニェのフランス語原典には、多くの誤記、誤植の類が見られたが、これらに関しては、一部は訳注において指摘し、一部は訳者の判断で訂正して訳出した。

今回、翻訳の機会を与えてくださったのは、杉山吉弘先生（札幌学院大学）であった。御礼申し上げたい。また法政大学出版局前編集代表の平川俊彦氏、現代表の秋田公士氏には遅々として進まない訳出作業を辛抱強くお待ちいただき、いろいろとお世話いただいた。改めて感謝申し上げたい。

二〇一〇年一月

大小田重夫

《叢書・ウニベルシタス　708》
ネオ唯物論

2010年 3 月25日　初版第 1 刷発行

フランソワ・ダゴニェ
大小田重夫訳
発行所　財団法人　法政大学出版局
〒102-0073 東京都千代田区九段北3-2-7
電話03(5214)5540 振替00160-6-95814
組版・印刷：三和印刷，製本：ベル製本

Printed in Japan

ISBN 978-4-588-00708-8

著　者

フランソワ・ダゴニェ（François Dagognet）

1924年フランスのオート・マルヌ県に生まれる．1959年哲学のアグレガシオンを，その後文学・医学博士号を取得．リヨン第三大学教授を経て，1986年秋からパリ第一大学の科学技術史研究所教授．バシュラール，カンギレムの系列を引く現代フランス認識論の代表的なひとり．多くの著書があり，本書のほか，『具象空間の認識論』『面・表面・界面』『バイオエシックス』『イメージの哲学』（以上，法政大学出版局）などが邦訳されている．

訳　者

大小田重夫（おおこだ しげお）

1965年生まれ．北海道大学大学院文学研究科博士課程単位取得退学．フランス現代哲学専攻．現在，札幌医科大学非常勤講師．著書：『現代倫理学』〔第４章担当，共著〕（ナカニシヤ出版，2007年），論文：「経験論哲学とベルクソン因果性の概念を中心に」（『倫理学年報』日本倫理学会，第49号，2000年），「メルロ＝ポンティにおける自由の問題」（『哲学』日本哲学会，第48号，1997 年），他．